教育行政學

（第二版）

林天祐　策畫主編

林天祐、吳清山、張德銳、湯志民、

丁一顧、周崇儒、蔡菁芝、林雍智　著

作者簡介

○ **林天祐**（策畫主編，撰寫第三章）

學歷：國立臺灣師範大學教育學系學士

美國紐約州立大學水牛城校區教育碩士、教育行政學博士

美國加州大學聖塔芭芭拉校區訪問學者

英國倫敦大學訪問學者

經歷：臺北縣福和國中教師

臺北市政府教育局科員、股長、專員

臺北市立師範學院助教、副教授、教授

臺北市立師範學院國民教育研究所教授兼所長

臺北市立教育大學教育學系教授兼系主任

臺北市立教育大學教育行政與評鑑研究所教授

臺北市立教育大學校長

○ **吳清山**（撰寫第一、十二章）

學歷：國立高雄師範大學教育學士

國立政治大學教育研究所碩士、博士

美國紐約大學水牛城校區博士後研究

考試：教育行政類高考及格（1981 年）

教育行政類普考及格（1978 年）

經歷：教育部國民及學前教育署署長

教育部參事

國家教育研究院院長

國家教育研究院籌備處主任

臺北市立教育大學教育行政與評鑑研究所教授

臺北市政府教育局局長

財團法人高等教育評鑑中心基金會執行長

臺北市立師範學院校長

臺北市立師範學院國民教育研究所教授
臺北市立師範學院初等教育研究所教授兼所長
臺北市立師範學院初等教育系副教授兼系主任
臺北市立師範學院初等教育系副教授兼主任秘書
臺北市政府教育科員、秘書
高雄市立三民國中教師

現職：臺北市立大學教育行政與評鑑研究所教授
俄羅斯教育科學院海外院士
111 教育發展協進會理事長

◎ 張德銳（撰寫第七、九章）

學歷：國立臺灣師範大學社會教育學系學士
國立臺灣師範大學教育研究所碩士
美國奧瑞崗大學教育政策與管理研究所哲學博士
美國伊利諾大學香檳校區訪問學者
美國加州大學洛杉磯校區訪問學者

經歷：國立新竹師範學院初等教育研究所所長
臺北市立師範學院初等教育學系主任
臺北市立師範學院國民教育研究所所長、教授
臺北市立教育大學教育行政與評鑑研究所教授
臺北市立教育大學教育學院院長

現職：天主教輔仁大學師資培育中心教授

◎ 湯志民（撰寫第十章）

學歷：國立政治大學教育研究所教育學博士

經歷：臺北市政府教育局局長
國立政治大學教育學院院長、教育學系主任
國立政治大學附屬中學校長
臺北市政府教育局秘書、專員、督學、科長
省、縣、市教育廳局課員、科員、督學、課長

現職：國立政治大學教育學院教授
　　　中華民國學校建築研究學會名譽理事長

● **丁一顧**（撰寫第五、十一章）
　學歷：臺北市立師範學院國民教育研究所碩士、博士
　經歷：臺北市立大學教授兼教務長
　　　　臺北市立大學副教授兼總務長
　　　　臺北市立教育大學助理教授兼學程組組長
　　　　臺北縣錦和國小教師兼主任
　現職：臺北市立大學教育行政與評鑑研究所教授兼教育學院院長

● **周崇儒**（撰寫第二、八章）
　學歷：臺北市立師範學院國民教育研究所碩士
　　　　臺北市立教育大學教育學博士
　經歷：國小級任導師、科任教師
　　　　國小組長、教務主任、總務主任、輔導主任
　　　　新北市平溪區十分國小校長
　現職：新北市新莊區興化國小校長

● **蔡菁芝**（撰寫第四、六章）
　學歷：國立臺灣師範大學教育研究所碩士
　　　　臺北市立教育大學教育學博士
　經歷：大崗國中、三和國中、平鎮國中、平鎮高中、臺東高中專任教師兼
　　　　導師、組長
　　　　平鎮高中秘書、學務主任
　　　　國立空中大學（北二中心&花蓮中心）面授教師
　　　　玄奘人文社會學院、開南管理學院、臺北市立師範學院、新竹師範
　　　　學院兼任講師
　　　　臺北市立教育大學、新竹市立教育大學兼任助理教授
　現職：基隆市立八斗高中專任英文教師兼導師

○ 林雍智（第三章增修）

學歷：日本東京學藝大學哲學博士候選人

臺北市立大學教育行政與評鑑研究所博士候選人

2006 年教育部公費留學獎學金社會科學組第一名

經歷：中華民國中小學校長協會研究員、兒童福利聯盟基金會顧問、

日本東京學藝大學助手、國小資優班、特教班教師

現職：111 教育發展協進會理事、台灣玩具圖書館協會顧問

策畫主編序

　　教育行政是處理教育人、事、物的職責與過程，目的在提升教育組織的效能與效率，而教育行政學則是探究教育行政人事物的基本概念、原理原則、有效方法，以及發展趨勢的一門學問。

　　教育行政學的發展已經有相當悠久的歷史，國外教育行政學的發展可追溯自二十世紀初的科學管理時期，國內教育行政學的發展則比較慢，大約到 1950 年劉真先生撰寫的《教育行政》一書才開始，和西方國家相比，大約晚了一百四十年，但發展至今已經逐漸完備。目前教育行政學的專書已經漸漸增多，但仍有待更多教育行政學者與實務工作者的投入，讓教育行政學的學術園地更加成長、茁壯。

　　近年來，教育改革運動風起雲湧，如何提升教育行政運作的效率與效能，成為教育改革成敗的關鍵之一。換言之，教育行政工作者在面對新的問題與挑戰時，能否正確掌握最新的行政概念和原理原則，並運用適當的方法加以分析與解決，關係教育革新的成敗。本書撰寫的目的，即在協助有志於從事教育行政工作以及現行的教育行政工作者，了解現代化教育行政的基本概念、原理原則，以及處理教育行政事務的方法，期能更有效的處理教育行政問題，以及進一步研究教育行政問題的興趣。

　　本書共分十二章，各章分別探討教育行政的基本概念、理論發展、行政計畫、行政決定、行政組織、行政領導、行政激勵、行政溝通、行政衝突管理、行政視導、行政評鑑，以及教育行政的回顧與展望等十二個主題，每一主題除了提供基本的知識基礎之外，還提供最新的理念與作法。另外，為利讀者閱讀，全書行文力求簡潔，並在每章揭示學習目標、摘要、關鍵詞彙，

讓讀者能夠清楚的了解學習重點；此外，也提供自我評量題目，讓讀者在閱讀完每一章之後，能夠自我評估閱讀理解的程度；更重要的是章末的個案研究，其提供目的在促使學習者能夠活用該章所學，增進實務分析與解決問題的能力。

　　本書由吳清山、張德銳、湯志民諸位教授以及本人主筆，部分章節由各位教授指導本所博士班研究生撰寫，對於他們的辛勞要致上最誠摯的謝意。在撰寫過程當中，心理出版社許總經理麗玉的催促，是本書能夠出版問世的主要動力，出版部同仁的細心編輯也功不可沒。本書撰寫的過程當中，雖然經過多次討論與修正，但因時間所限，內容恐有疏漏或不盡一致之處，敬請惠予指正。

林天佑　謹誌

臺北市立師範學院國民教育研究所

2003 年 6 月 20 日

二版序

《教育行政學》一書出版迄今，已達十多年，承蒙讀者的愛護與支持，深表謝意。這十多年來，臺灣的教育無論在教育體制與法制、教育政策、教育創新等均有相當大之變革，包括：《教育部組織法》的修正公布、十二年國民基本教育的推動、實驗教育三法的施行、第二期技職教育再造計畫的實施，以及各類教育報告書或白皮書的發布，均影響教育發展相當深遠。

本書第一版係由臺北市立大學前校長林天祐教授策畫主編，令人傷痛的是林前校長因積勞成疾辭世，他的學術涵養和道德風範，為教育界所稱許，留下非常美好的身影，帶給大家無限的懷念。為了完成林前校長修訂本書的遺願，林敬堯總編輯積極連絡各章作者，進行內容修正，以告慰林前校長在天之靈。

本書第二版的修正部分，係依據最近教育行政發展的理論與實務，提供教育行政發展的最新資訊，讓讀者能掌握教育行政發展之脈動。本書各章，除了第三章係由林前校長的弟子林雍智先生負責增修外，其餘各章皆由原作者就其負責章節的內容修正，且仍維持第一版章節，以保持本書體例的一貫性和知識系統性。

由於各作者分散各地，加上職務也迭有變更，連絡頗為不易，但林總編輯排除萬難，誠懇地拜託各作者協助，才能讓本書之修訂得以順利完成，在此要特別感謝林總編輯的辛勞與投入。

本書各作者都已盡力做好修訂工作，以確保本書能夠具有一定的品質和水準，幫助讀者理解教育行政的相關理論、實務運作和發展動向，深信對讀者在自我進修、升學或參加各種教育考試，都具有相當大的參考價值。作者

在修訂過程中，已力求完整與正確，然書中恐有疏漏或不盡之處，仍請教育先進賢達之士給予指正是幸。

吳清山　謹誌

臺北市立大學教育行政與評鑑研究所

2017 年 7 月

目次

第一章

教育行政的基本概念

吳清山

1. 了解教育行政的意義。

2. 認清教育行政的特性。

3. 熟悉教育行政的內容。

4. 理解教育行政的功能和類型。

5. 知悉教育行政的研究方法。

■ 摘要 ■

　　教育行政，係指教育機關對於其所掌理的教育事務，透過計畫、決定、溝通、協調、激勵、領導、組織、視導、評鑑等管理，以謀求經濟有效的方法，促進教育事業健全發展，俾實現所訂教育目標。其主要特性計有：目標抽象性、功能複雜性、社會關切性、影響深遠性、評鑑困難性。

　　教育行政事務範圍甚廣，其內容主要含括三方面：教育行政組織、教育行政行為、教育行政工作實務。

　　教育行政存在的價值，在於為教育界服務，為師生提供最好的學習環境，其主要功能在於：(1)制定教育政策，推展教育活動；(2)提供支援服務，增進教育效能；(3)評估教育成效，改進教育事業；(4)引導研究發展，促進教育革新。

　　基本上，教育行政體制的類型，受到其社會背景及文化傳統的影響，會發展出不同的型態，一般依其權力分配，可分為三大類：(1)中央集權制；(2)地方分權制；(3)均權制。至於教育行政常用的研究方法，主要有：歷史研究法、文件分析法、調查研究法、相關研究法、實驗研究法、事後回溯法、個案研究法、行動研究法、內容分析法、比較研究法、質性研究法。未來的研究取向逐漸兼顧質與量的研究。

教育目標主要在於強化個人適應能力和促進社會健全發展。為了實現教育目標，必須有賴於行政的推動。是故，教育行政的作為，攸關教育事業的發展及教育目標的達成，因此世界各國無不致力於教育行政的革新，俾以發揮最大效果。

本章主要分別就教育行政的意義、特性、內容、功能、類型、研究方法等部分說明之。

第一節　教育行政的意義

「教育行政」一語，就其「行政」（administration）一詞來看，其中文字義，有「行使政事」之意；而英文字義，則有「管理或導引事務」之意（吳清山，2014）。基本上，「行政」之中英文字義，差異性並不太大，中文字義偏國家事務處理，而英文則泛指一般事務處理。

學者們對於「教育行政」所下的定義不盡相同，茲分別列舉之，以供參考。

劉真（1973）：「教育行政，就是國家對於教育事業的行政。換言之，亦即政府對於教育負起計畫執行考核的責任，採用最經濟和最有效的方法，實現教育宗旨與政策，以達到建國的理想或目的。」

雷國鼎（1986）：「教育行政，係指中央及地方所設之教育行政機關，依其地位與權力，對於所屬之一切教育活動，從事計畫、執行及督導等工作，其目的在以經濟有效之方法，改進一切教育事業，實現國家教育目的，以謀全國各地人民教育程度之普遍提高。」

林文達（1989）：「教育行政是在教育情境及問題的限定之下，透過計畫、組織、領導及評鑑等活動，以完成教育目的的連續歷程。」

瞿文鶴（1992）：「教育行政是國家設置行政機關、學校、社會教育機

關和人員，依法授其職權，對主管教育事務和教育活動，藉研究、計畫、執行及評鑑等行政歷程，以組織、領導、溝通、協調、倡導、關懷和激勵等行政行為，發揮行政功能，執行行政政策，提高行政績效，以完成行政任務和實現國家預期的教育目標。」

黃昆輝（1993）：「教育行政即是教育人員在上級—部屬的階層組織中，透過計畫、組織、溝通、協調及評鑑等歷程，貢獻智慧，群策群力，為圖謀教育進步所表現的種種行為。」

秦夢群（1997）：「教育行政乃是一利用有限資源，在教育參與者的互動下，經由計畫、協調、執行、評鑑等步驟，以管理教育事業，並達成有效解決教育問題為目標的連續歷程。」

謝文全等人（2006）認為：「教育行政是推動教育工作的行政行為，透過教育人力與物力資源的糾合，制定與執行教育政策，以有效達成教育目標。」

Campbell、Corbally 與 Nystrand（1983）認為：「教育行政係指對於教育機關的管理，以幫助教與學。」

綜合以上學者之看法，茲將「教育行政」之意義界定如下：「教育行政，係指教育機關對於其所掌理的教育事務，透過計畫、決定、溝通、協調、激勵、領導、組織、視導、評鑑等管理，以謀求經濟有效的方法，促進教育事業健全發展，俾實現所訂教育目標。」

依此而論，教育行政可從下列四方面再予以說明：

1. 教育行政主體：即教育機關，包括教育行政機關及公私立學校。

2. 教育行政對象：即為所處理的教育事務，包括人、事、財、物等方面。

3. 教育行政活動：亦即教育行政作為，包括計畫、決定、溝通、協調、激勵、領導、組織、視導、評鑑等方面。

4. 教育行政方式：在於採用經濟有效的方法，避免不當的浪費人力與物力，以增進教育效果。

5. 教育行政目標：在於提高教師教學和學生學習的效果，以及改進教育事業，促進教育事業健全發展。

第二節　教育行政的特性

　　教育行政與一般行政有相通之處，也有互異之處；尤其是教育行政常常須藉助於一般行政管理理論，來提升教育效率（efficiency）與效能（effectiveness）。在行政運作上，會發現其相通之處，例如：組織的科層結構、人員的領導、溝通與激勵、工作的計畫與決定，以及人與事的督導與考核，其原理大同小異。然而，教育行政仍有一些地方與一般行政有不同之處，黃昆輝曾引用 Campbell 等人的看法指出，教育行政與其他行政有六個方面不同：(1)對社會的重要性；(2)大眾的注目與敏感；(3)功能的複雜性；(4)關係的密切性；(5)專業化；(6)評鑑的困難（吳清山，1995）。因此，教育行政之所以異於其他行政，其主要原因在於目標、功能、關係、影響、成效等方面所造成。所以，教育行政特性可歸納如下。

 ## 一、目標抽象性

　　教育的主體為「人」，每個個體都有其差異性，故教育目標的訂定不像一般的企業界具體明確，例如：我國《憲法》第 158 條所規定的教育目標：「教育文化，應發展國民之民族精神、自治精神、國民道德、健全體格、科學及生活智能。」又如 B. S. Bloom 所提出的認知目標六個層次：知識（knowledge）、理解（comprehensive）、應用（application）、分析（analysis）、綜合（synthesis）、評價（evaluation），而這些目標很難加以數量

化。是故，教育行政目標之內容受到整個教育目標的影響，而教育行政本身是以服務為導向，所以教育行政所訂的目標，常常以下列方式呈現：「提升教育行政效果，協助教師教學或學生學習。」這樣的目標也較難以具體化；反之，一般企業界的目標是以營利為導向，故常以達到多少利潤或業績為公司的努力方向。依此而言，教育行政目標之抽象性，可視為其特質之一。

 ## 二、功能複雜性

　　教育之目的在開啟個體的潛能，為了達到此項目的，教育功能必須有效發揮。然而，個體本身具有易變性、多樣性、不確定性與個別差異性，所以教育功能要能有效發揮，是相當艱鉅之事。教育行政為了促進教育目標的達成，小至學校排課、編班，校園安全之執行，大至整個國家教育政策之擬定，鉅細靡遺，無所不包，可見其功能具有複雜性。其他一般行政大都以處理事情為重點，故偏重於例行事務之執行，其功能也較單純化。由於教育行政功能的複雜性，所以教育行政人員必須具有專業的知能，處理業務才能得心應手，勝任愉快。

 ## 三、社會關切性

　　接受教育已成為國民的權利和義務，即使個人目前不在學校接受教育，亦有親戚或子女在學校接受教育。因此，不管是教育行政或學校行政單位的一舉一動，都成為家長或社區人士關注的焦點，例如：教育部宣布實施十二年國民基本教育或者高中（職）多元入學方案，立即引起社會大眾的重視。這種社會關切性高的原因，主要有下列三項：(1)教育行政的任何措施，立即會影響到學生學習；(2)大多數人都接受過教育，自然而然對教育行政作為會產生關心；(3)人人都期待自己子女接受最佳的教育，故對於教育行政之革新會提出建言。事實上，社會人士都關心教育行政作為是好事，這是促進教育

進步的動力；若是對教育行政有些批評，也應該給予善意的回應。

四、影響深遠性

教育是屬於「百年樹人」的工作，故其任何作為影響學生學習極為深遠。由於教育行政是推動教育的主力，所以各種教育活動都有賴教育行政負起計畫、執行、考核之責。為了確保學生有效的學習，教育行政人員在研擬計畫或執行政策時，都必須考慮其影響性。在一般公司，若是營運發生偏差，最嚴重的就是遣散員工、關門大吉；可是學生的身心發展是屬於不可逆性，繼續不斷往前走，若是教育政策失誤，可能影響的不是少數人，也不是一時，說不定是多數的一群人。是故，每位教育行政人員都應體認教育行政影響的深遠性，要以「如履薄冰，如臨深淵」的態度，處理各項行政業務。

五、評鑑困難性

由於教育行政的目標抽象性和影響深遠性，故其成效也較不易評估。在工商業界，常以生產量、銷售量及利潤，作為評量指標，這種具體有形的數字很容易量化，評量較為容易。但是，教育行政效果的評量，經常涉及到個體的成長，而不只是單純的事務處理而已，例如：個體認知、技能和情意的評量，或者個體德、智、體、群、美的評量，都很不容易評估，所以國內在推動學生學力指標或各級教育指標的建立，恐怕是一件極具挑戰性的工作。當然，教育行政評鑑之難度，除了其內在主觀條件因素外，尚有一些外在客觀因素，例如：受到外在各種環境的影響、家長的參與及介入等，很多因素都不是教育行政或學校行政所能掌握。

第三節　教育行政的內容

教育行政事務的範圍甚廣,其內容主要含括三方面:教育行政組織、教育行政行為、教育行政工作實務。茲分別說明如下。

 ## 一、教育行政組織

教育行政組織,一是靜態的組織結構,例如:中央及地方教育行政機關、各級學校,以及政府依法設置的社會教育機構;另一是動態的組織文化(organizational culture)和組織氣氛(organizational climate)。前者為構成組織運作的骨架,後者則影響到組織運作的表現(performance),此兩者交互作用,形成教育行政的組織面,成為整個教育行政之核心所在。

 ## 二、教育行政行為

教育行政人員在行政運作歷程中,必須從事各種行政活動或作為,方能使教育行政工作推展順利。其行政行為主要有下列六項(吳清山,1995)。

(一)計畫行為

係指教育行政人員採用科學、有系統的方法,研擬各種合理、可行的行動策略,以達成既定目標的行為。

(二)組織行為

係指教育行政人員將人、事、財、物等資源,實施適當合理的分配,以達成預期任務的行為。

（三）決定行為

　　係指教育行政人員依其權責，研擬若干解決途徑或行動方案，所做的一種最佳選擇行為。

（四）激勵行為

　　係指教育行政人員激發其員工的工作意願、滿足其員工需求、提高員工工作成就感，所採取的各種獎勵方式或策略。

（五）領導行為

　　係指教育行政人員試圖影響其成員，引導成員對組織的向心力，以達成組織目標所表現的各種行為。

（六）溝通行為

　　係指教育行政人員傳達情感、訊息、意見或事實給其他的個人或團體，彼此能夠產生相互了解的行為。

 ## 三、教育行政工作實務

　　教育行政工作實務是教育行政運作的主要支柱，基本上有下列項目（吳清山，1995）。

（一）教育法規

　　教育法規是教育行政人員最重要的辦事原則，即依法行事，以避免侵害到人民的各種權益。為使教育法規具有增進教育事業發展的功能，教育行政機關通常會就社會變遷或環境之需要，訂定或修訂各種法規，以做為教育施

政之準繩。在有些教育法規中，具有強制作用（例如：《強迫入學條例》），而要求人民遵守，若違法者，將遭受處分。因此，教育行政在實際運作過程中，教育法規是不可或缺的要件之一。

（二）教育人事

教育行政業務需由人員來推動，因此我國的教育行政機關、各級學校、社會教育機構等均須建立各種人事制度，舉凡考試、任用、服務、俸給、考績、保險、退休、撫卹及資遣等項目，都包括在內。教育人事制度的健全與否，深深影響到教育人員的士氣和工作績效。是故，教育人事關係到教育事業的發展，是教育行政實際運作中重要的項目之一。

（三）教育財政

教育財政是教育行政組織展開教育活動、實現教育目標的保證，基本上，涉及到教育經費的籌措、分配與運用，使經費發揮最大效果。教育的各項建設均有賴經費作為支援，所以開闢財源，以資支應，實為教育財政之重要課題。各國教育經費之來源不一，各有其社會背景，有些國家是可以獨立徵收教育稅（例如：美國部分學區所徵收之財產稅），也有些國家則由一般財政中分配一部分經費，作為教育經費（例如：我國和英國）。

（四）教育視導

教育視導是教育行政部門根據國家制定的教育政策，對下級教育行政機關和各級各類學校進行視察、調查和考核的工作，以做出評定，指出優缺點，並對他們的工作給予指示和輔導，提出改進意見和建議，以提高行政管理以及教育和教學工作的品質。因此，世界各國都會建立其教育視導制度，有些國家（例如：我國和俄羅斯）從中央到地方均設有視導單位，並置督學

專門負責視導工作。

（五）教育評鑑

教育評鑑係教育行政機關透過系統的方法來蒐集、分析和解釋學校的各種資料，並進行價值判斷，以作為改進教育缺失、謀求教育有效發展。因此，教育行政機關或學校為了解辦學之績效，通常會採取適當的評鑑方式進行客觀及有系統的評估，對於整個教育的長期發展，具有其實質的幫助。

第四節 教育行政的功能和類型

 ### 一、教育行政的功能

教育行政存在的價值，在於為教育界服務，為師生提供最好的學習環境，因此須負起計畫、執行、考核和研究發展的責任。其主要功能可歸納如下（吳清山，1995）。

（一）制定教育政策，推展教育活動

教育行政機關和教育人員根據教育目標、社會需求和經濟發展，計畫和擬訂各級各類的教育政策，作為推動學前教育、初等教育、中等教育、技職教育、高等教育、師資培育、社會教育、資訊教育、環保教育、原住民教育等方面的指針。

（二）提供支援服務，增進教育效能

教育行政或學校行政的本質，在於扮演協助者的角色，故應有效支援各種教育活動。在推展教育活動中，經常需要足夠的人力、物力或經費的協

助,才能使活動順利進行。所以,教育效果的發揮,有賴教育行政提供各種支援服務,此亦是教育行政機關或人員責無旁貸之事。

(三)評估教育成效,改進教育事業

各級各類的教育活動實施成效如何,常常是社會各界和教育界關心的課題。因為教育活動中所投入的經費,大部分是來自於人民所繳的稅,所以人民有權利要求提供高品質的教育。為了讓人民接受高品質的教育,政府或學校必須針對教育活動進行有系統、客觀的評鑑,以了解其教育成效,並就其缺失提出改進對策,使教育事業更具績效。

(四)引導研究發展,促進教育革新

教育是促進社會進步的原動力,所以教育行政機關或學校行政單位應該配合時代潮流、掌握社會脈動,從事各種教育研究及實驗,使教育活動更具活力與創新,展現出教育生命力。因此,教育要追求革新與進步,研究發展是頗為重要的問題。

 ## 二、教育行政體制的類型

教育行政的類型,受到其社會背景及文化傳統的影響,會發展出不同的型態,一般依其權力分配,可分為三大類(吳清山,1995)。

(一)中央集權制

中央教育行政機關對於教育行政具有絕對的決定權力,地方教育行政機關須奉行中央的命令,接受中央的領導與監督。在主要國家中,採取中央集權制的型態,以法國最具典型,其他如日本、俄羅斯、中國大陸亦屬之。

（二）地方分權制

採取地方分權制的國家，其地方享有教育自主決定的權力，而中央教育行政機關不加以干涉，僅居於協助、輔導的地位。在主要國家中，採取此種型態的國家，以美國為代表，其他如德國、英國亦屬之。

（三）均權制

採取均權制的國家，其教育行政權力依據教育特性和功能分配於中央和地方政府，不偏於中央集權，亦不偏於地方分權。凡教育事務有全國一致之性質者劃歸中央，有因地制宜之性質者劃歸地方。依我國《憲法》規定，我國的教育行政體制是屬於均權制，但實際運作結果則偏重於中央集權制。

第五節　教育行政的研究方法

教育行政要追求進步、革新與發展，不斷的研究是必要的手段。尤其，處在教育問題日趨複雜的今日，任何問題的解決，光憑過去的經驗或舊有的處理模式，實無法應付社會所需。

其實，教育研究法所談到的研究方法，例如：調查研究法、個案研究法、實驗研究法、歷史研究法等，都可應用到教育行政上。茲將教育行政常用的研究方法列舉如下。

一、歷史研究法（historical research）

係指有系統的蒐集和評鑑資料，並加以描述和解釋，俾理解過去所發生的活動或事件。這種方法具有了解過去、吸取教訓、協助預測未來等多項功能。其研究題目，例如：「我國師資培育改革之研究：1975～2017」、「我

國 1970 年代學生運動之研究」、「清末學制改革之研究」等，都屬於歷史研究法。

 ## 二、文件分析法（documentary analysis）

係指就所蒐集到的研究相關資料，予以整理、歸納、分析的一種研究方法，與歷史研究法有類似之處，只不過歷史研究法較偏重於過去的史料，以及具備史料的鑑定能力，而文件分析法則較偏重於目前所蒐集到的政府官方或學校紀錄等資料整理，係以一手資料的取得為主。其研究題目，例如：「國中學生編班方式之探討」、「學校教師會組織與運作之分析」等，若是運用官方或學校紀錄的資料作為分析的題材，都可視為文件分析法。

 ## 三、調查研究法（survey research）

係指研究者就所關切的課題，編擬問卷、調查表或訪談表，然後依所抽取的樣本，進行問卷調查或訪問調查，以了解現況，做為改進現狀或策劃未來的一種研究方法。其研究題目，例如：「教育人員及家長對於國小辦理營養午餐意見之調查研究」、「中小學教師對當前教育改革之意見調查研究」、「國小資訊設備之現況研究」等，都屬於調查研究法，是故有些調查研究法是屬於意見反應，有些則屬於事實調查。

 ## 四、相關研究法（correlational research）

係指研究者就變項（variable）與變項之間的關係進行研究的一種方法，主要目的在於解釋和預測，且常以相關係數來解釋。其研究題目，例如：「國民小學校長領導方式與教師工作滿足關係之研究」、「國民中學家長社經背景與校務參與之相關研究」等，均屬於相關研究法。

五、實驗研究法（experimental research）

係指研究者操弄自變項，控制依變項，觀察自變項對於依變項的影響。其研究題目，例如：「情緒管理訓練對於國中行政人員人際關係影響之研究」，其中的自變項為情緒管理訓練，而人際關係效果為依變項，類似這種研究都屬於實驗研究法。

六、事後回溯法（ex-post facto research）

又稱原因—比較法（causal-comparative），係指研究者無法控制自變項，只從自變項與依變項的共存變異中推論變項間關係的一種研究方法（郭生玉，1987），也就是從問題或現象發生之後，探究其形成原因。其研究題目，例如：「國中不適任教師人格特質之研究」，即屬於事後回溯法；換言之，不適任教師已成為事實，研究者無法加以掌控，故用事後回溯法研究較為適宜。

七、個案研究法（case study）

係指研究者針對某一個人或社會單位進行深入探究的一種研究方法。在教育行政上的研究，大都以一個教育機構為主，例如：以某一所學校或行政機關為研究對象，進行質性深入分析。其研究題目，例如：「○○教育局人員工作士氣之研究」、「○○國小校長領導之研究」，都屬於個案研究法。

八、行動研究法（action research）

係指學者專家和學校教師共同針對學校實際發生的問題進行研究的一種方法，其目的在於解決問題，而不是建立理論。早期偏重於班級教師解決班級問題，目前已擴大到學校或行政機關問題之解決。其研究題目，例如：

「學校行政工作效率改進之研究」，即屬於行動研究法。

 ## 九、內容分析法（content analysis）

係指研究者對於文件內容進行深入、客觀的探究，以了解其實質和隱藏意義的一種研究方法。其研究題目，例如：「師資培育法及其相關子法內容之分析」、「國小國語科人際關係內容之分析」，即屬於內容研究法。

 ## 十、比較研究法（comparative studies）

係指研究者就兩國或以上之教育制度或行政措施，進行其異同優劣比較的一種研究方法。其研究題目，例如：「中、日、法三國教育行政體制之比較研究」、「中、美學制之比較研究」，均屬於比較研究法。

 ## 十一、質性研究法（qualitative research）

係指研究者進入特定的現場情境中，蒐集深入資料，並以文字描述的方式，捕捉真實情境意義的一種研究方法。這種研究方法與個案研究法有些相似之處，但研究者角色、蒐集資料方法、詮釋資料等，要比個案研究法複雜。其研究題目，例如：「○○國小學校文化觀察研究」，即屬於質性研究法。

基本上，進行教育行政問題相關研究時，不會固定只採取某一種研究方法，經常基於研究目的和需要，而採取二種或多種研究方法。目前有愈來愈多兼顧質與量的研究，以期獲得更為深入和客觀的資料。

關鍵詞彙

- 教育行政
- 教育行政組織
- 教育行政行為
- 教育法規
- 教育人事
- 教育財政
- 教育視導
- 教育評鑑
- 中央集權制
- 地方分權制
- 均權制
- 歷史研究法
- 文件分析法
- 調查研究法
- 相關研究法
- 實驗研究法
- 事後回溯法
- 個案研究法
- 行動研究法
- 內容分析法
- 比較研究法
- 質性研究法

 自我評量

1. 如果一個人有志於從事教育行政工作，你認為需要做好哪些心理準備？
2. 如何有效進行教育行政研究，以提升教育效果？
3. 你認為教育的哪些成果，能夠有效看出教育行政的功效？

參考文獻

中文部分

吳清山（1995）。教育的制度與行政。載於王文科等人（編著），教育概論
（頁 269-270）。臺北市：五南。

吳清山（2014）。學校行政（第七版）。臺北市：心理。

林文達（1989）。教育行政學。臺北市：三民。

秦夢群（1997）。教育行政：理論部分。臺北市：五南。

郭生玉（1987）。心理與教育研究法。中和市：精華。

黃昆輝（1993）。教育行政學。臺北市：東華。

雷國鼎（1986）。學校行政。臺北市：正中。

劉真（1973）。學校行政。臺北市：正中。

謝文全、黃乃熒、吳清山、陳麗珠、王麗雲、王如哲、…潘慧玲（2006）。
教育行政學：理論與案例。臺北市：五南。

瞿立鶴（1992）。教育行政。臺北市：茂昌。

英文部分

Campbell, R. O., Corbally, J. E., & Nystrand, R. O. (1983). *Introduction to education administration* (6th ed.). Boston, MA: Allyn & Bacon.

教育行政理論的發展

周崇儒

1. 認識教育行政理論發展的各個時期。
2. 了解教育行政理論各時期的代表學派或理論。
3. 了解各時期教育行政理論的重點。

■ 摘要 ■

教育行政理論的發展可分為四期，分別為傳統理論時期、行為科學時期、系統理論時期、新興理論時期。

傳統理論時期，約在1900至1930年之間。其代表學派有：科學管理學派、行政管理學派、科層體制學派。本時期的理論重視組織制度層面的分析，在領導上主張採權威式，強調生理或物質的獎賞。

行為科學時期，約在1930至1960年之間。其代表學派有：人群關係學派、動態平衡學派、需要層次理論學派、激勵保健理論、XY理論。本時期的理論重視組織成員行為的分析，在領導上主張採民主式，強調心理或精神的獎賞。

系統理論時期，約在1960至1990年之間。其代表學派有：社會系統理論、Z理論、權變理論。本時期的理論兼重組織制度與成員行為的分析，在領導上採權變方式，強調兼顧生理與心理的獎賞。

新興理論時期，主要是1990年以後受到相當重視的理論，它對組織生活提供了另類的解釋。其重要的理論有渾沌理論、全面品質管理、學習型組織。

　　教育行政學是行政學的一種應用科學，其發展自始即受到行政學的影響；在二十世紀以前，行政學皆併入在政治學中來討論。自從 1887 年美國學者 W. Wilson 在《政治學季刊》（*Political Science Quarterly*）發表了〈行政的研究〉（The Study of Administration）一文後，行政學才逐漸從政治學的領域獨立成為一門學科（吳定，2007）。教育行政學是行政學的一支，許多的行政理論亦適用於教育行政組織中，故行政理論的發展自然導引著教育行政理論的發展。有關教育行政理論發展的分期或演進，不同學者有不同的區分。

　　國內學者黃昆輝（2002）將教育行政理論的發展分為三個時期，分別是：科學管理時期（1900～1930 年）、人際關係時期（1930～1950 年）、行為科學時期（1950 年以後）。楊振昇（2002）將之分為四個階段，分別是：古典理論時期（1900～1930 年）、人際關係時期（1930～1950 年）、系統理論時期（1950～1990 年）、新興理論時期（1990 年以後）。秦夢群（2011）也將之分為四個階段，分別是：理性系統模式（1900～1930 年）、自然系統模式（1930～1950 年）、開放系統模式（1950～1990 年）、非均衡系統模式（1990 年以後）。謝文全（2012）則將之分為三個時期，分別是：科學實證（1900～1930 年）、行為科學（1930～1970 年）、系統途徑（1970 年以後）。

　　國外學者 Hanson（1996）認為，教育行政理論的發展約可分為三個時期，分別是：古典理論時期（工業革命至 1930 年）、社會系統理論時期（1930～1960 年）、開放系統理論時期（1960 年以後）。Hoy 與 Miskel（1996）則將教育行政理論的發展劃分為四個階段，但未明確指出各階段的起迄時間，這四個階段分別是：古典組織時期、人際關係時期、社會科學時期、新興非傳統的觀點時期。

　　綜合上述學者對教育行政理論發展的劃分，可以發現：有的學者劃分為

三個階段（如黃昆輝、謝文全、Hanson 等人），也有的學者劃分為四個階段（如秦夢群、楊振昇、Hoy 與 Miskel 等人）。至於對各階段起迄時間的界定，有的未加以界定，有的加以界定，但時間不盡相同，不過大體上仍是大同小異。本章綜合各學者的看法，採用四階段的劃分，將教育行政理論的發展分為四個時期，每期約三十年，分別是：傳統理論時期（1900～1930年）、行為科學時期（1930～1960 年）、系統理論時期（1960～1990年）、新興理論時期（1990 年以後）。有關各時期的主要代表人物及理論，將分成以下四節加以說明。

第一節　傳統理論時期的行政理論

在教育行政理論的發展過程中，第一階段是傳統理論時期，約在 1900 至 1930 年之間，這個時期又稱為理性系統模式。理性系統模式認為，組織與其他的集合體不同，組織能夠以理性的方式建立確切的目標，並透過正式化的手段達成目標（秦夢群，2006）。傳統理論時期的代表學派主要有：科學管理學派、行政管理學派、科層體制學派。

一、科學管理學派

科學管理學派的主要代表人物為 F. W. Taylor（1856-1915）。Taylor 為美國人，是一位從基層幹起的行政人員，歷任工人、職員、機械師、領班、主任及總工程師，他以在企業機構擔任各種工作所吸取的經驗，發展出名聞遐邇的科學管理原理。他於 1911 年編著《科學管理原則》（*The Principles of Scientific Management*）一書，奠定了他在科學管理學派的領導地位，因此被尊稱為科學管理之父。

Taylor 認為，只有利用科學的方法來管理，找出最佳的工作方法，並訂

出客觀的績效標準，才能提升成員的工作效率，提高行政的效果（謝文全，1997）。而科學管理原則應該包含六大項，分別是：(1)時間設定原則：用科學的方法，來確定完成某項工作所需的標準時間，並以此來設定組織生產的標準程序；(2)按件計酬原則：員工的報酬是根據個人的工作績效來決定，而不應根據工作時間的長短及所屬團體的工作量來訂定；(3)計畫與生產分離原則：為提高工作績效，必須實施專業分工：計畫的工作應由專人（行政人員）負責，員工則負責執行的任務，以收全時投入之效；(4)科學方法工作原則：用科學的方法從事工作及管理，以找出最好的工作方法，提高員工的績效；(5)管理人員控制原則：行政管理人員應接受專業訓練，運用科學方法管理，控制全局，以提高績效；(6)功能管理原則：員工應依其專長而分類，並固定從事其所分配的工作，以便提高工作績效，達到標準化生產的地步（Taylor, 1911）。

二、行政管理學派

行政管理學派的主要代表人物有 H. Fayol 與 L. Gulick，分別說明如下。

（一）H. Fayol

Fayol（1841-1925）是法國人，自 1860 年起即擔任 Compagnie de Commentry-Fourchambault-Decazeville 的工程師，之後升任為總經理。由於工作職位的關係，Fayol 特別偏重管理人員管理方法之研究。他於 1916 年出版《一般與工業管理》（*General and Industrial Management*）一書，是最早對行政管理歷程做分析的人，因此被稱為行政歷程之父。

Fayol 認為，行政是一種計畫、組織、指揮、協調與控制的歷程，其要旨是：(1)計畫：在行動之前，依過去、現在及未來的情況，預先擬定妥善的行動計畫；(2)組織：將人力資源與物力資源組織起來，以完成計畫中的任

務；(3)指揮：指揮成員執行工作，激發成員的潛能，達成其所擔負的任務；(4)協調：設法使組織中的所有單位及成員，彼此同心協力，步調一致，共同為達成組織的目標而努力；(5)控制：對整個行政歷程做評鑑，以便做為改進的依據（謝文全，1997）。

另外，Fayol 又提出了十四項管理原則，分別是：(1)專業分工：實施專業分工，提升績效；(2)權責相稱：員工依其職位，界定其權力與責任；(3)紀律：訂定規章與紀律，使團體成員遵守；(4)指揮統一：部屬只接受一個直屬長官的命令，以收統一功效；(5)目標一致：組織目標集中一致，引導成員行動；(6)組織至上：任何利益以組織的利益為優先考量；(7)報酬合理：員工的報酬公平合理，同時依專長與工作性質獲取報酬；(8)權力集中：權力集中於領導者，以求組織行動一致；(9)層級節制：命令的傳達與權威的運用，照層級依次遞進，不得越級；(10)職位適當：各種職位應由專人擔任，使適當的人做適當的事；(11)公正無私：組織任用員工、處理經費、決定升遷，都應保持公正無私；(12)人事安定：保障任期，建立制度；(13)主動自發：鼓勵員工主動自發完成工作；(14)團隊精神：鼓舞員工發揮團隊精神，完成組織的目標（Fayol, 1949）。

（二）L. Gulick

Gulick 為行政管理學派的另一代表人物，他認為行政工作包括：計畫（planning）、組織（organizing）、用人（staffing）、指揮（directing）、協調（coordinating）、報告（reporting）、預算（budgeting）七種，簡稱POSDCORB。其意旨是：(1)計畫：擬定工作的大綱及完成工作的方法；(2)組織：建立正式的權力結構，透過此結構，從事各個工作部門的安排、界定和協調；(3)用人：全部的人事作業，包括：人員的選擇、訓練、培養、工作職位的安排及待遇福利等；(4)指揮：對下屬的領導、監督和激勵；(5)協調：

組織各部門及成員的聯繫與整合；(6)報告：下級對上級的報告以及上級對下級的考核、調查和審核等；(7)預算：有關財務運用方面的活動，包括：預算編製、運用、會計及控制等（張潤書，2007）。

三、科層體制學派

科層體制學派的主要代表人物為 M. Weber（1864-1920）。Weber 為德國人，他提出了「科層體制」的組織理論，對政府的行政及管理造成了深遠的影響。他認為，科層體制是一種完美的理想型態，只要依據這種體制運作，組織便能做最合理的決定，發揮最高的效率，充分達成組織的目標。

Weber認為，科層體制的理想是建構在「合法權力」觀念之基礎上，而合法權力的演變，依歷史的發展可分為三個階段，分別是（Weber, 1947）：

1. 傳統權力階段：領導者的權力是來自人們對傳統制度或文化的信仰，這種權力不是靠個人的努力或才能，是靠繼承得來的，而權力的內容則是根據習慣確定的。傳統權力是世襲的權力，所以國王之子恆為國王，公侯之子恆為公侯，一般人民服從國王公侯的權力，是對傳統的信仰使然。他們認為領導者代表傳統，故其權威是至高無上的。

2. 超人權力階段：領導者的權力是來自本身之特殊人格對人們的吸引力。人們信仰領導者的天賦、超人特質或能力等，所以對他們的權力是絕對服從、忠心不二。超人領袖的自由意志和行為是不受任何慣例約束的。

3. 法定權力階段：人們服從某一領導者，是緣於領導者職位所賦予他的法定權力。也就是說，成員對領導者的服從，不是服從他個人，而是服從其法定權力。此一時期，法令具有至高無上的權威。

傳統權力源自傳統，因而容易流於保守，無法適應環境的變遷，加上是世襲，繼承者未必代代賢明，故容易流於腐化、專制獨裁。超人權力源自領

導者的特殊人格與特質，同樣容易流於獨裁專制或導致繼承者之間的奪權鬥爭。法定權力來自法令，領導者依法行事，不能為所欲為，所以組織較為穩定，同時成員的權利亦可獲得保障，因此法定權力遠比傳統權力及超人權力為佳（謝文全，1997）。總之，法定職權是任何組織的基礎，它能建立秩序、防止混亂、推動工作。

依 Weber 的想法，理想的科層體制應具有下列特徵：(1)依法行事：組織的功能與運作，一切依法行事；(2)專業分工：成員依專長分工，從事明訂的工作；(3)層級體系：組織依循層級體系，分層負責，下級單位應接受上級單位的指揮與監督；(4)專業訓練：人員必須具備資格並通過組織甄選後，才能被任用，同時必須接受專業訓練；(5)依據理性：組織的決定應基於理性，不應摻雜個人的情緒或好惡；(6)建立書面檔案：組織的活動、決定、法令或規定等，應以文字記錄，做成書面檔案資料（Weber, 1947）。

四、傳統理論時期的主要觀點

傳統理論時期的行政強調，運用科學化、系統化的方法，透過專業分工、層級體系、統一指揮、權責紀律等，藉以提高成員的工作效率，提升組織的效能，其主要的觀點如下。

（一）強調效率與標準的觀念

傳統理論主張，用科學的方法來確定完成某項工作所需的標準時間與作業方法，藉以提升工作的績效；同時，以標準的工作程序處理事務，以便提供所有成員遵循。

（二）視人性偏惡，管理上採取監督與控制

傳統理論認為人是好逸惡勞、不喜歡工作的，故管理上採取嚴格監督與

控制的方式，例如：Taylor 的按件計酬等原則，Fayol 的紀律、層級節制、指揮統一等原則，Weber 的依法行事、層級體系等原則，均是偏重監督與控制的管理。

（三）重視組織靜態層面（結構）的分析

傳統理論關注組織的專業分工、法令規章、工作標準、升遷制度、層級節制、權責相稱、目標一致、指揮統一、建立檔案等問題的研究與探討，這些都是組織的靜態結構，亦即是所謂的「制度」。

（四）注重組織目標的達成

傳統理論重視如何達成組織的目標，因此強調：運用科學方法，提高工作績效；集中權力，使成員的行動一致；採行控制原則，以提高績效；組織至上，以組織利益為最高考量。

（五）偏重物質性獎懲

傳統理論視人為經濟人，只追求物質或生理層面的滿足。行政管理主張以提高薪資、建立分紅制度、改善工作的物質環境等，來提高成員的士氣（謝文全，1997）。

（六）偏重正式組織的研究

傳統理論認為，組織能夠透過正式化的手段達成其目標，故學者重視正式組織的研究，強調成員應具有法定的職位與權責；主張組織的功能與運作，一切應依法行事；同時透過層級體系、集中指揮、專業分工等，來達成組織的目標。

第二節　行為科學時期的行政理論

　　在教育行政理論的發展過程中，第二階段是行為科學時期，約在 1930 至 1960 年之間。在這個時期，一些行政管理人員與學者發現：只注意靜態結構的改善，並不能使組織發揮最高的成效，必須同時對「人」的問題有所改善，才能收到事半功倍之效（謝文全，1997），於是逐漸將研究重心由「結構」（制度）轉向「人」的問題上。此時期的學者認為：人是提高行政效率與增進組織生產力的關鍵因素，個人的動機、興趣及發展期望才是行政與管理的核心；要提高工作效率，必須從人的行為著手才能有效。行為科學時期的代表學派主要有：人群關係學派、動態平衡學派、需要層次理論學派、激勵保健理論、ＸＹ理論。

 一、人群關係學派

　　人群關係學派的代表人物為 G. E. Mayo、W. J. Dickson、E. J. Roethlisberger。他們三人於 1927 至 1932 年間，在美國芝加哥附近的西方電器公司霍桑工廠（Hawthorne Works）從事一系列實驗研究，並將研究發現編輯成《管理與工人》（*Management and the Worker*）一書，倡導並支持人群關係的論點，因此人群關係學派又稱為霍桑實驗學派。

　　Mayo 根據霍桑實驗的研究，在 1933 年出版了《工業文明中人的問題》（*Human Problems of an Industrial Civilization*）一書，並提出了人群關係學說，其主要的觀點是：⑴人是社會人，影響人的生產積極性，除了物質因素外，還有社會和心理的因素，所以應該把工人當作社會人，加以尊重，而不應把人視為機器；⑵生產效率的上升或下降，主要取決於員工的工作情緒，即員工的士氣；而士氣又取決於兩個要素：員工從家庭生活和社會生活中所

形成的態度，以及企業組織內部的人群關係；(3)組織中會產生「非正式組織」，它會影響組織目標的達成，所以組織的領導者要注意傾聽與溝通成員的意見，使組織的目標與非正式組織的社會需求取得平衡（俞文釗，1993）。

　　霍桑實驗的發現推翻了科學管理所認定的事實：只有金錢的鼓勵、物質條件的改善才是提高效率的不二法門。霍桑實驗顯示，社會與心理因素是影響組織工作績效的最重要因素（謝文全，1997）。這種發現引起行政學者對組織成員心理及其社會關係的關注與研究，開啟了行為科學時期的序幕。

二、動態平衡學派

　　動態平衡學派的代表人物為 C. Barnard（1886-1961），曾任紐澤西貝爾電話公司總裁，對管理問題有獨到的見解。他從組織高階層進行研究，在1938 年編著《主管人員的職能》（*The Functions of the Executive*）一書，對後世影響深遠；1948 年再出版《組織與管理》（*Organization and Management*）一書。

　　傳統理論將重心放在組織目標的確立與正式化上，人群關係理論則強調個人的需求。Barnard 試圖將這兩者做融合，因此主張團體期望與個人需求彼此之間要獲得平衡，才能締造佳績。組織是一種有目的之「合作系統」，唯有上級與成員彼此溝通、取得共識，組織才能發揮最大效率（秦夢群，2006），故其理論又稱為合作系統理論。

　　Barnard（1964）對組織理論的重要觀點包括：

1. 組織是一種互動的體系：組織是人群間互動關係所組成的系統，這種系統是由人們：(1)共同的目標；(2)奉獻的意願；(3)相互溝通的能力等三種因素所組合而成。有了這三種條件，組織成員才能在互動的體系中，共同為組織的目標而努力。

2. 組織中存有非正式組織：非正式組織是一種無意的、不定型的、無結構的體系，是自然因素（如個人接觸或互動）使人們結合在一起的組織。非正式組織與正式組織之關係密切，有正式組織的地方就有非正式組織的存在。非正式組織不只對組織產生制約作用，而且亦可賦予正式組織活力。

3. 精神誘因或獎勵比物質有效：人之所以願意為組織貢獻所能，乃是組織提供成員各種滿足（包括物質與精神），故成員的滿足對組織的發展有重大影響。就組織的發展而言，精神的獎賞（如聲望、權力、成就感之獲得）遠比金錢獎勵有效，所以誘因不能只靠物質的條件，更要重視非物質的條件。

4. 權威的接受理論：命令是否具有權威，不是決定於發令者，而是決定於受命者接受的程度，這種接受程度的大小依下列四個條件而定，包括：⑴受命者了解命令的程度；⑵命令合乎組織目標的程度；⑶命令符合受命者利益的程度；⑷受命者執行該項命令的能力程度。

5. 組織應建立良好的溝通系統：溝通是行政工作極重要的一環，主管人員應建立有效的溝通管道，才能增進組織成員的團結與合作意識。

6. 主管的職能：在正式組織中，主管人員具有三項最重要的職能，分別是：⑴建立一套溝通系統；⑵激發成員為組織努力；⑶制定與界定組織的目的及目標（張潤書，2007；謝文全，1997）。

三、需要層次理論學派

需要層次理論學派的代表人物為 A. H. Maslow（1908-1970）。Maslow 為美國 Brandeis 大學著名的心理學者，他對於組織與管理的研究，特別重視人員需要的滿足。他在 1943 年提出需要層次理論，並於 1954 年出版了名著《動機與人格》（*Motivation and Personality*）。

　　Maslow 認為，人類的所有行為都是由「需要」所引起，人類的需要是彼此相關的，而且形成一種層級體系，在滿足較高層次的需要之前，一定要先滿足較低層次的需要。組織必須滿足成員的需要，才能使他們發揮最高的工作績效。「需要」有高低層次之分，人類的需要排列有五個層次，這些需要依序分別是：(1)生理的需要：維持生存所必需的基本需要，如食、衣、住、行、性等需要均屬之；為滿足個人的生理需要，組織應給予員工基本的薪資、提供良好的工作環境等；(2)安全感的需要：個人希望生活免於威脅、免於恐懼、免於剝奪，可以獲得保障與安全感；故在組織裡應保障員工的工作不受到剝奪與威脅，使他們能安心地工作；(3)社會需要：指能愛他人，能被他人所愛，能隸屬於團體，成為團體中的一份子，並且為團體所接納；故組織應接納每位成員，並營造和諧的組織氣氛；(4)尊榮感的需要：指受尊敬、受賞識的需要；為滿足個人的尊榮感，組織應多讚美員工的優點，並賦予員工責任感；(5)自我實現的需要：人會發揮自己的才能，對人對事盡全力，追求真善美的境界；故組織宜提供個人具有挑戰性的工作，使員工能盡力發揮創造力，能在組織中進步，並在工作中獲得成就感（Maslow, 1970）。

 ## 四、激勵保健理論

　　激勵保健理論的代表人物為 F. Herzberg。他於 1959 年與匹茲堡心理服務中心的研究員從事一項專題研究，他們訪問了匹茲堡地區事業機構的工程師與會計人員，同時請受訪者說出過去與目前工作中最滿意和最不滿意的事，並說明其理由。經過分析歸納的結果發現，影響工作滿足與不滿足的因素並不相同。受訪者覺得不滿意的項目，多與工作的「外在環境」有關；感到滿意者，則多屬於工作本身。對於能帶來滿足的因素，稱之為「激勵因素」，對於能夠防止不滿足的因素，稱之為「保健因素」，此即為 Herzberg

的「激勵保健理論」。

　　Herzberg提出的激勵保健理論又稱為兩因素工作滿足理論，他認為導致滿足與不滿足的因素，各有其範圍，包括激勵因素與保健因素。

（一）激勵因素

　　影響工作滿足的因素，稱為激勵因素，此因素可以激發人員的工作意願，產生自動自發的工作精神。這些因素都與工作直接有關係或隱含於工作之中，故又稱為內在因素。下列因素如果存在或是屬於積極性的話，則會引起人的滿足感；反之，如果不存在的話，則不一定會引起人的不滿足感。這些因素包括：⑴成就：成功完成一項工作、解決問題或一件工作獲得完滿的結果等；⑵認同：上司、管理人員、職員、同僚的注意、讚美或責難；⑶工作本身：工作的變化性、例行性、困難性或創造性等；⑷責任：權力及責任的輕重多寡，如獲得主管的授權而承擔較多的責任等；⑸升遷發展：個人地位或職位的提高。

（二）保健因素

　　影響工作不滿足的因素，稱為保健因素，此因素與工作只有間接關係，是工作本身的外在，故又稱為外在因素。下列因素如果不存在或是屬於消極性的，則會引起人的不滿足；反之，如果存在或屬於積極性的話，則不一定會引起人的滿足感。這些因素包括：⑴組織政策和行政管理：組織的人事政策、制度與管理是否適當，工作職務是否明確，意見溝通方式是否周全等；⑵視導技巧：視導人員的能力、對部屬是否公平、對部屬的工作是否挑剔或給予協助等；⑶薪資：指一切所有的報酬；⑷人際關係：主管、同事與部屬三者間的關係；⑸工作條件：工作的物質環境，如光線、通風及設備等（Herzberg, 1966）。

　　保健因素只有不讓工作水準降低的消極作用，並不能促使人員發揮潛力，為組織努力奮鬥；激勵因素則可以在心理上產生激勵作用，使人覺得滿足（張潤書，2007）。因此，一個組織不僅要提供「保健因素」，維持一定的工作水準，同時更應該設法增進「激勵因素」，如此才能提高組織工作的績效。

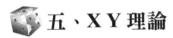

五、X Y 理論

　　XY 理論以 D. McGregor（1906-1964）為代表。他是美國麻省理工學院的教授，在 1960 年出版《企業的人性面》（*The Human Side of Enterprise*）一書，從人性的觀點來探討組織的管理問題，並認為管理人員對人性不同的假定，會產生管理的差異。

　　McGregor 將傳統時期的理論稱為 X 理論，而把他的理論稱為 Y 理論。X 理論是代表傳統時期的嚴格控制管理，根據 X 理論所推論出組織的基本原則是：透過威權的運用以執行督導與控制，通常稱為「階梯原則」。持這種理論的人，對人性的基本假定是：⑴一般人均對工作具有天生的厭惡，所以只要可能，便會規避工作；⑵由於人類具有不喜歡工作的本性，故大多數人必須給予強制、控制、督導，才能使他們朝向達成組織的目標而努力；⑶一般人大都寧願受人監督，生性喜歡規避責任，但企求生活的安全。

　　McGregor 認為，X 理論的假設是把人當作「壞人」來看，認為人是好逸惡勞，只追求物質需求的滿足，但這是不正確的。人之所以會好逸惡勞，乃是組織特性、管理哲學、策略不當所引起的。於是，他提出了 Y 理論來代替之。

　　Y 理論是代表民主管理的理論。持這種理論的人，對人性的基本假定是：⑴一般人並非天生厭惡工作，工作究竟是一種滿足的來源，或是一種懲

罰的來源，完全視人為的情況而定；(2)外力的控制及懲罰的威脅並不是促使人朝向組織目標努力的唯一方法，人為了達成其本身已經承諾的目標，會「自我督導」和「自我控制」；(3)自我需求與自我實現需求的滿足，可以促使人朝向組織的目標而努力；(4)一般人在適當的條件下，不但願意學習接受責任，而且還會尋求爭取責任；(5)一般人都具有運用高度想像力、智力和創造力來解決組織問題的能力；(6)在現代產業生活的情況下，一般人的智慧潛能只有部分獲得發揮（McGregor, 1960）。

根據 Y 理論的假定，人類具有自我督導與自我控制的能力。所以，McGregor 主張採用人性激發的管理，在這種管理方式下，個人與組織的目標可以相結合，不僅可達成組織的目標，同時也可達成個人的目標。而其採用的管理方法和原則，包括：民主領導、意見溝通、人性激發、積極激勵、適當授權，以及滿足需求等（張潤書，2007）。

六、行為科學理論的主要觀點

行為科學理論認為，人是增進組織生產力與績效的關鍵因素，個人的動機、興趣及發展期望等，才是行政與管理的核心，其主要的觀點如下。

（一）重視成員行為的研究

行為科學理論認為「人」是提升組織績效的關鍵，故重視「人」的行為研究，包括：(1)心態層面的探討：著重成員心理與人性等的研究；(2)動態層面的探討：著重成員衝突、溝通等的研究。

（二）注重成員需求的滿足

行為科學理論學者注重成員需求的滿足，認為人類的行為是由「需求」所引起，組織必須滿足成員的需求，才能使他們發揮最高的工作績效，故行

政上強調人性激發的管理與滿足個人的需求。

（三）重視心理層面的獎懲

行為科學理論學者主張將人視為「心理人」及「社會人」，因此重視心理性與社會性的獎懲（謝文全，1997）。行政管理上則採用尊重人格、滿足需求、提供參與、充分授權等來提高成員士氣，進而提升工作的績效。

（四）強調民主式的領導

行為科學理論學者視人性為善或偏善，故主張民主式的領導，強調以輔導代替指揮，以鼓勵代替控制，以參與代替獨裁，以自律代替他律（謝文全，1997）。

第三節　系統理論時期的行政理論

在教育行政理論的發展過程中，第三階段是系統理論時期，約在 1960 至 1990 年之間。系統理論的崛起，其原因是：(1)為改進傳統理論與行為科學的缺失：傳統理論的若干缺失，雖被行為科學加以修正與補充，但行為科學自身也犯了一些錯誤，為謀求解決這兩種理論的缺陷，乃產生了整合的系統理論；(2)人類社會自二十世紀後，日趨複雜、變動快速，知識不僅擴充迅速，而且變得高度的專門化與分化；知識到了一定時期後，必須有一個綜合、調和及整合的時期，以便將這些分析的、發現事實的元素統一而變成更廣泛、更多面的理論，因此具有整合作用的系統理論乃因應而生（張潤書，2007）。系統理論時期的代表學派主要有：社會系統理論、Z理論、權變理論。

一、社會系統理論

社會系統理論的代表人物是 J. W. Getzels、J. M. Lipham、R. F. Campbell 等三人,他們於 1968 年合著《教育行政即是一種社會歷程》(*Education Administration as a Social Process*)一書,提出「行政是社會系統運作的歷程」之觀點。

Getzels 等人認為,人類在社會系統中表現社會行為,這些行為(或組織行為)是由制度與個人兩個部分交互作用而成的,如圖 2-1 所示。制度與個人在概念上是獨立的,但在現象上是互動的。「制度」是由「角色」構成,而「角色」則被賦予角色「期望」,這三者構成(組織)行為的規範層面,其目的在達成組織的目標。「個人」具有「人格」,而人格則由「需要傾向」產生,這三者構成(組織)行為的個人層面,其目的在達成個人的目標。所以要了解、預測或控制組織的行為,就要對制度層面做社會學的分析,對個人層面做心理學的分析。

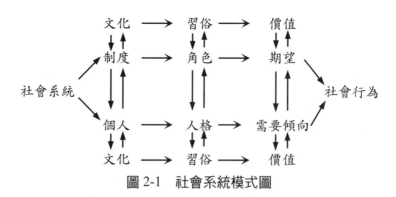

圖 2-1　社會系統模式圖

資料來源:Getzels、Lipham 與 Campbell(1968, p. 106)

　　社會系統或社會行為不能獨立存在，它會與環境發生交互作用，故組織的行為會受環境的影響。Getzels 等人以文化來代表環境，而文化是由習俗所構成，習俗則是由價值觀念發展而來。由於社會制度與個人無法擺脫社會文化的影響，其角色與期望、人格與需要傾向，也必須符合社會的文化、習俗或價值。因此，文化、習俗與價值三者會影響組織的行為或社會行為。是故，組織應視為開放系統，是具有環境而且會與環境發生交互作用。

　　組織如果要做最有效的運作，則必須兼顧效能與效率。效能是指組織目標的達成，而效率則是指個人目標的實現。當成員所表現的行為與角色期望一致時，則組織的目標就能達成（角色期望被達成），效能也就會提高；當成員所表現的行為與需要傾向一致時，則個人的目標就能達成（需要傾向被滿足），效率也就會提高（Getzels et al., 1968）。

　　傳統理論時期偏重制度層面的分析，行為科學時期則偏重個人層面的分析（謝文全，民 1997），兩者都忽略了環境對組織的影響，將組織視為封閉系統。Getzels 等人則融合了傳統理論與行為科學時期的理論，兼重制度與個人層面的分析，重視環境對組織的影響，並將組織視為開放系統。

二、Z 理論

　　Z 理論學派的代表人物為 W. G. Ouchi。Ouchi 是一位日裔美國人，也是加州大學洛杉磯分校管理學教授。他以個人對日本文化的體會，以及對美國企業的多年研究，提出了「Z 理論」，並於 1981 年出版了《Z 理論：美國企業如何迎接日本的挑戰》（*Theory Z: How American Business Can Meet the Japanese Challenge*）一書。

　　Z 理論重視成員對組織目標的認同，主管人員應協調解決問題、鼓勵參與、尋求共識。組織的決策過程採取協議參與的方式，成員可以參與研究重大決策，這種參與方式可以傳播組織的價值觀與合作心意，故組織必須透過

訓練或方案培養有效團體決策所需的人際關係技巧。

Z 理論重視整體的觀念，在人際關係上強調整個人與其他人在工作上相互的接觸，而不只是主管和工人、職員和技工（階級與職務的區分）。每一個成員都可以自由判斷，不需嚴密監視即可獨立工作，他們相互坦白、彼此信任，重視共同工作，而且對組織目標具有共享的信念與價值。

Z 理論不採用階級式的控制方法，但依賴象徵的手段，促成平等的互信態度，鼓勵員工之間維繫整體關係，以自我指揮取代階級指揮，藉以提高成員的承諾、忠誠和工作慾望。故組織應創造一種文化──培養人與人之間親密的感覺，鼓勵成員組成工作團體，結合個人和團體的目標，促使大家自動自發地努力工作。在 Z 型組織中，強調透過協議文化，一群平等的人彼此合作以達成共同目標，它不是完全依賴階級制度與監督指揮，而是依靠承諾與信任（Ouchi, 1981）。

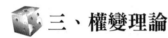 **三、權變理論**

權變理論的代表人物為 F. E. Fiedler。他從事多項研究實驗，並於 1967 年提出「權變理論」，認為人類的行為是個人人格（需求、動機等）與所處情境的交互產品，此觀點結合了領導的特質論與情境論。

Fiedler 認為，管理人領導效能的高低，受到兩種因素的影響：一是領導者的行為動機；另一是領導者控制情境的程度。故領導是否能夠有效，要看領導者的領導型式，是不是與情境相配合而定；亦即不同的領導情境必須有不同的領導型式，才能產生良好的效果（謝文全，1997）。

Fiedler 認為，領導型式有兩種，分別是：⑴工作導向：領導者重視工作績效的要求，強調成員圓滿達成任務，對於人際關係較輕忽；⑵關係導向：領導者重視人際關係，注重成員的需求與感受，處理人事問題能夠顧及多方面的因素。而領導情境則有三種情況，分別是：⑴高度控制：主管獲得

部屬普遍支持，工作目標與內容明確，主管職權大；⑵中度控制：主管可能獲得部屬支持，但工作目標與內容不明確，主管職權小；也可能是工作目標與內容明確，主管職權大，但卻得不到部屬支持；⑶低度控制：工作目標與內容不明確，主管職權小，而且得不到部屬的支持。

領導者必須依其所處的（領導）情境，採取適合的領導型式，這樣才能使工作發揮最大的效果，達成組織的目標。一般而言，在高度控制與低度控制的情境中，主管採用工作導向的領導型式，其工作效能較佳；在中度控制的情境中，主管採用關係導向的領導型式，其工作效能較佳。

至於領導情境的控制程度，則決定於三個因素，包括：⑴領導者與部屬間的關係：部屬對領導者的忠誠、信賴與支持程度；⑵工作結構：工作目標、流程與工作方針的明確性；⑶職權：領導者在其職位上所擁有的權威與控制力。這三種因素對情境的控制程度影響不一，其中以領導者與部屬間的關係最大，其次是工作結構，職權則居末（Fiedler, 1967）。

四、系統理論的主要觀點

系統理論試圖擷取傳統理論與行為科學理論的長處而避其短處，並融入一些新的觀點，其主要的觀點如下。

（一）兼顧組織靜態與動態的研究與應用

傳統理論著重組織「結構」（制度）的研究，行為科學理論著重「人」（成員心態與行為）的研究，兩者各有所偏。系統理論則兼顧「結構」與「人」的研究，不僅強調組織制度的分析，而且重視成員行為的探討。

（二）主張激勵與懲罰兼用

傳統理論認為人天生懶惰、不喜歡工作，故強調應用「懲罰」（控制）

的手段；行為科學理論認為人並非天生厭惡工作，工作可以帶給人快樂或滿足感，故重視應用「激勵」的手段。而系統理論則認為應依不同的對象，採用激勵或懲罰的手段。

（三）主張生理與心理需求並重

傳統理論重視成員的生理需求，故主張按件計酬、給予獎金等；行為科學理論重視成員的心理需求，故主張溝通、激勵、民主領導、自我實現等。而系統理論則認為生理與心理需求應並重。

（四）主張依據不同的情境，採取不同的領導或管理

傳統理論視人性偏惡，故主張專制式的領導；行為科學理論視人性偏善，故主張民主式的領導。而系統理論則主張依據不同的情境，採取不同的領導或管理。

（五）視組織為一開放系統，重視組織與外在環境的交互作用

傳統理論與行為科學理論基本上都將組織視為一封閉系統，忽視外在環境對組織的影響。而系統理論認為，組織的行為受到外在環境，例如：文化、習俗、價值觀念等的影響，所以組織為一開放系統，會與環境發生交互作用。

第四節　新興理論時期的行政理論

在教育行政理論的發展過程中，第四階段是新興理論時期，主要是 1990 年以後受到相當重視的理論，它對組織生活提供了另類的解釋。在新興理論時期重要的理論有渾沌理論、全面品質管理、學習型組織。

 ## 一、渾沌理論

J. Gleick 曾於 1987 年著作的《渾沌：新科學的產生》（*Chaos: Making A New Science*）一書，以淺近的方式介紹「渾沌理論」。基本上，渾沌理論強調現象與系統的無秩序性、隨機性與不可預測性，即使是微小的起始行為，都可能引起巨大的影響，而導致系統的崩潰；此一動態的過程會持續進行，並透過重組的行動建構另一個新的組織形態。這種論點與傳統觀點〔現象與系統是有秩序的、穩定的、平衡的、可預測的（線性的）〕有很大的不同。因此渾沌理論的主張，對 1990 年以後的社會科學及教育行政的應用，產生重大的衝擊與影響。

有關渾沌理論應用的論著極多，但真正敘述其方法論，而且可為社會科學背景讀者所了解的學者，有 I. Prigogine、I. Stengers、J. Gleick、N. K. Hay-les、G. A. Cziko 等人。秦夢群（2006）綜合學者的論點，指出渾沌理論的基本理念應包括如下幾項。

（一）耗散結構

系統的能量消耗之後，為了維持系統的穩定，必須與外部環境產生交互作用，進而吸收外部的能量。耗散結構並不是穩定的系統，有時會陷入渾沌混亂的情境，這種不穩定的狀態達至臨界點或是分歧點時，系統內部的平衡

即造成斷裂，導致長期的渾沌狀態，或是趨向於另一新的、更高層次的耗散結構。一旦建成，新系統中的另一平衡關係在各次系統中重新建立，此時外部與內部的隨機波動又起，開始另一波的變化。基本上，耗散結構的變化是一種連續的過程，是一種穩定→崩潰→重組的更新過程。

（二）蝴蝶效應

在耗散結構運作中，對於起始狀態都極為敏感，絕不可等閒視之；所謂「巴西之蝴蝶展翅，德州就可能颳颶風」，其意義即在此。渾沌理論主張，任何現象都代表某些意義，不應該被歧視或丟棄。忽視細微的事件，可能無法了解各次系統之間的連結關係，甚至會造成巨大的損失。

（三）奇特吸引子

吸引子為軌道中的一點，能吸引系統朝其方向而去。當吸引子改變時，系統的走向自然隨之改變。吸引子的性質極為不定，有時簡單，有時複雜，有時顯而易見，有時潛藏其中，這些都值得我們重視。

（四）回饋機制

系統的各項產出，可以經由回饋機制成為新的輸入，而新的輸入會再產出，但再經過輸入所產生的結果，很可能是嶄新而且有別於上一次的輸出結果，因此我們有時無法加以控制或預測。

二、全面品質管理

「全面品質管理」一詞是於 1985 年由美國海軍的心理學家 N. Warren 所提出，其目的在建立一套日本式的品質改進模式。此一模式源自日本企業界所推行的「全公司品質管制」（Company-Wide Quality Control，簡稱

CWQC）（戴久永，1994）。「全面品質管理」的理論與模式經過十多年之研究與實驗，已經趨於成熟，重要的代表學者有 W. A. Shewart、W. E. Deming、J. M. Juran、P. B. Crosby、A. V. Feigenhaum、Kaoru Ishikawa 等人。而自 1990 年以來，世界各國均致力於教育改革，設法提升國家人力素質，產業界與服務界使用「全面品質管理」轉型成功的經驗，也開始受到教育學者與實務工作者的注意。因此，「全面品質管理」的理念便受到教育界廣泛的重視與應用。

　　「全面品質管理」是促使組織不斷改善與永續經營的管理哲學與原則。「全面」係指所有單位、所有人員均參與品質改進，且為品質負責；「品質」係指活動過程、結果與服務均能符合標準及消費者的需求；「管理」係指有效達成品質目標的手段與方法（吳清山、林天祐，1994）。故全面品質管理旨在透過系統的原則與方法，引領組織中所有部門及人員不斷為滿足顧客的需求或超越顧客的期望而努力，使得組織可以永續生存與發展。其主要的理念包括：(1)顧客至上：組織所有成員應了解內外部的顧客為何，掌握與滿足顧客對品質的要求；(2)持續改進：組織內所有成員應不斷創新與學習，持續改進工作、產品及服務；(3)事先預防：組織強調事先預防的觀念，成員重視平時工作的歷程，避免錯誤結果，導致成本浪費；(4)團隊合作：組織成員有效運用品管小組，透過團隊合作方式解決問題；(5)資料基礎：正確運用品質技術工具，蒐集事實資料，幫助解決問題；(6)品質承諾：組織成員了解並重視追求品質的要求，為提升產品與服務品質而努力；(7)全面參與：組織成員了解個人與部門在全面品質管理中之重要性，全員共同參與品質管理工作；(8)人力資源：組織協助成員了解工作發展與教育訓練之重要，充分訓練與發展所有成員，使成員持續改進自己（張家宜，2002）。

　　而實施全面品質管理時，必須遵循五項原則，包括：(1)以客為尊：以顧客滿意為核心，提供廣受歡迎的產品及服務，同時兼顧內外顧客的滿足；(2)

全員參與：組織中的所有部門、所有人員都必須肩負品管的責任；⑶品質承諾：上層人員認同並全力推動品管工作，同時營造組織追求品質的氣氛，使所有人員為提升產品與服務品質而努力；⑷永續改進：組織內部對設計、製造、服務過程等不斷地自我改進，同時了解外部顧客的需求情形，推出新產品；⑸事實管理：隨時蒐集與掌握可靠的資訊，包括內部的工作表現與外部顧客的需求情形（林天祐，1998）。

 ## 三、學習型組織

P. M. Senge 是麻省理工學院教授，也是一位管理學家。他在 1990 年出版了《第五項修練：學習型組織的藝術和實務》（*The Fifth Discipline: The Art and Practice of the Learning Organization*），在全球引發創建學習型組織的管理浪潮。Senge 被譽為領導全球「學習革命」的先趨，他所談的第五項修練，就是系統思考，其他四項學習修練分別為：自我超越、改善心智模式、建立共同願景、團隊學習。他認為透過這五種修練才能建立學習型組織，使組織成員全心投入與學習，不斷創新與進步，促使組織變革與發展。學習型組織的五項修練雖然是分開的，但是每一項修練對於建立學習型組織都是不可或缺的，而且是緊密相關的。

學習型組織是指一個組織能夠持續不斷的學習，以及運用系統思考模式，結合成員的自我超越，從事各種不同的實驗與問題解決，進而增強個人知識、經驗與改變整個組織行為，以強化組織適應與創新的能力（吳清山，1997；林新發，1998），其主要內涵包含（張宇樑，2010）如下幾項。

（一）自我超越

自我超越是學習型組織的基礎，是一種終身學習的體現，對於學習如同對待自己的生命一般，能全心投入，同時客觀地觀察事實，釐清與了解自己

的真正需求願望，突破自我的極限，創造個人想要的結果，獲得自我實現的歷程（林芳瑜，2016）。組織學習乃基於成員對學習的意願與能力，藉由建立個人的願景、保持其創造力、促其客觀面對現實，追求自我突破與卓越精進，建立更高的價值觀，願意為更大的目標而努力。而透過組織成員對自我的期許與學習承諾才能展開組織學習，故自我超越是學習型組織的基石。

（二）改善心智模式

心智模式是人們深植於其心中對周遭世界運作的認知模式，它深深地影響個體的行為表現。唯有以開放的內心世界並隨時審視之，藉由對話與反思，持續澄清與修正個體對世界認知的圖像，改善僵化的、刻板的、錯誤的認知方式，在多元的意見交流中凝聚組織共識，才不會使固有的認知模式或思考盲點阻礙其未來之學習。

（三）建立共同願景

成員共同參與勾勒發展出理想組織的未來藍圖，共同建立組織目標、價值觀與使命感，凝聚組織成員向心力與認同感，激發工作承諾感，進而主動為達成組織的目標與願景全力以赴，此共同願景即為組織發展與成長的原動力。

（四）團隊學習

現代組織學習之基本單位是團體而不是個人，單打獨鬥的時代已成為過去式。團隊學習在匯集眾人的智慧，透過理性的溝通與對話進行互動式的學習分享，激發成員運用集體智慧能力創造新知。學習型組織特別強調以團隊方式共同學習成長。

（五）系統思考

　　系統思考模式之運用能使人在面對問題時，經由綜合審慎考量其間各項因素之互動關係，以整體角度思索問題的來龍去脈，有效掌握變化，避免產生片斷的、偏狹的思考，落入頭痛醫頭或治標不治本的困境之中。林芳瑜（2016）也指出，系統思考是學習型組織的軸心，可以整合其他四項修練，發揮整體的效果，使各部分互相結合，觀照全局，產生完美的整體搭配。

關鍵詞彙

- 科學管理學派
- 行政管理學派
- 科層體制學派
- 人群關係學派
- 動態平衡學派
- 需要層次理論學派

- 激勵保健理論
- XY 理論
- 社會系統理論
- Z 理論
- 權變理論
- 渾沌理論

- 耗散結構
- 蝴蝶效應
- 回饋機制
- 全面品質管理
- 學習型組織

 自我評量

1. Weber 將權力分為三種，請分別說明之。

2. 請說明傳統理論與行為科學理論的主要觀點。

3. 請說明 XY 理論和 Z 理論的主要觀點。

4. 請簡述社會系統理論的主要觀點。

5. 請簡述權變理論的主要觀點。

6. 請簡述激勵保健理論的主要觀點。

7. 何謂渾沌理論？請簡述其基本的論點。

8. 何謂全面品質管理？請簡述其主要理念與實施原則。

9. 何謂學習型組織？請簡述其主要內涵。

個案研究

欣欣國小（化名）是一所歷史悠久的學校，創校至今已有85年的歷史。學校教職員個個資深，又多是本地人。大家對學校事務都抱著多一事不如少一事的心態，不僅對各項新的教育措施或改革不感興趣，對於各項團隊訓練（如國語文、體育團隊等）也沒有人願意參與或協助，而這種缺乏動機與不願參與的心態，使得學校在推動各項措施、活動或參加各類競賽時，總是績效不佳。

學校開會時，臺上臺下各說各話，有改考卷的，有批改作業的，有看報紙的，還有高談闊論的，總是亂七八糟。經過校長幾次指正後，雖然已經改善，但卻變成另一現象：開會時，臺下個個是沉默的聽眾，開會後卻是議論紛紛。這種情形使得學校很難透過各種會議，讓教職員工進行溝通與互動，凝聚大家的共識。

各處室也是各管各的，彼此缺乏溝通聯繫，各項業務一團亂。工友職員比誰都大，他們不做事，誰也叫不動，弄得主任、組長只好自己來。各處室主任，也是一個口令一個動作，校長不指示，他們就什麼都不做，大家似乎都安於現狀不求進步。幾年下來，這種風氣與文化，已經嚴重影響到學校經營的績效。

幾任調派到該校服務的校長，任期屆滿後都自動請調他校或辦理退休。許校長今年被遴選調派至欣欣國小服務，心中想有一番作為。他充滿教育理想與工作熱誠，因此全心投入工作，希望能夠改善這種情形，使學校成為一所有績效的學校。

問題討論

1. 從上面的故事敘述中，你覺得欣欣國小出了什麼問題？

2. 如果你是該校的校長，你會採用哪一種行政理論來經營管理學校，改進這些現象，提升學校的績效呢？

∶ 參考文獻 ∶

中文部分

吳定（2007）。行政學基本概念。載於吳定、張潤書、陳德禹、賴維堯、許立一（編著），行政學（上）（修訂再版）（頁 3-33）。臺北縣：國立空中大學。

吳清山（1997）。學習型組織理論及其對教育革新的啟示。國教月刊，43（5/6），1-7。

吳清山、林天祐（1994）。全面品質管理及其在教育上的應用。初等教育學刊，3，1-27。

林天祐（1998）。全面品質管理與學校行政革新。教育資料與研究，22，19-22。

林芳瑜（2016）。技術型高中教師學習型組織知覺、教師自我效能與創新學關係之研究（未出版之碩士論文）。國立臺北科技大學，臺北市。

林新發（1998）。學習型組織與學習型學校。國民教育，39（2），11-18。

俞文釗（1993）。管理心理學。臺北市：五南。

秦夢群（2006）。教育行政：理論部分（第五版）。臺北市：五南。

秦夢群（2011）。教育行政理論與模式。臺北市：五南。

張宇樑（2010）。學習型組織與數學教師專業發展。教育研究月刊，198，103-117。

張家宜（2002）。高等教育行政全面品質管理：理論與實務。臺北市：高等教育。

張潤書（2007）。行政學學說發展。載於吳定、張潤書、陳德禹、賴維堯、許立一（編著），**行政學（上）**（修訂再版）（頁 35-93）。臺北縣：國立空中大學。

黃昆輝（2002）。**教育行政學**。臺北市：東華。

楊振昇（2002）。教育行政思想演進。載於伍振鷟（主編），**教育行政**（頁 31-52）。臺北市：五南。

戴久永（1994）。企業經營永不休止的努力：TQM 的起源及其國際發展。**管理雜誌，245，**60-61。

謝文全（1997）。**教育行政：理論與實務**（第十二版）。臺北市：文景。

謝文全（2012）。**教育行政學**（第四版）。臺北市：高等教育。

英文部分

Barnard, C. I. (1964). *The functions of the executive*. Cambridge, MA: Harvard University Press.

Fayol, H. (1949). *General and industrial management*. London, UK: Sir Isaac Pitman & Sons.

Fiedler, F. E. (1967). *A theory of leadership effectiveness*. New York, NY: McGraw-Hill.

Getzels, J. W., Lipham, J. M., & Campbell, R. F. (1968). *Educational administration as a social process*. New York, NY: Harper & Row.

Hanson, E. M. (1996). *Educational administration and organizational behavior*. Needham Heights, MA: Allyn & Bacon.

Herzberg, F. (1966). *Work and the nature of man*. Cleveland, OH: The World.

Hoy, W. K., & Miskel, C. G. (1996). *Educational administration: Theory, research, and practice* (5th ed.). New York, NY: McGraw-Hill.

Maslow, A. H. (1970). *Motivation and personality* (2nd ed.). New York, NY: Harper & Row.

McGregor, D. M. (1960). *The human side of enterprise*. New York, NY: McGraw-Hill.

Ouchi, W. G. (1981). *Theory Z: How American business can meet the Japanese challenge*. New York, NY: Avon Books.

Taylor, F. W. (1911). *The principles of scientific management*. New York, NY: Harper & Row.

Weber, M. (1947). *The theory of social and economic organization*. New York, NY: Oxford University Press.

第三章

教育行政計畫[1]

林天祐、林雍智

1. 認識教育行政計畫的重要概念。
2. 了解教育行政計畫的相關方法。
3. 掌握教育行政計畫的基本原則。

---

[1] 本章原由林天祐撰寫，本次改版由林雍智增修。

■ 摘要 ■

　　教育行政計畫是教育行政單位或學校行政單位，因應社會變遷下教育的發展需求，為求經濟有效地達成特定目標，有系統地蒐集資料並加以整理，以找出重要的工作項目、方法、資源和時間分配之過程和結果。

　　教育行政計畫具有：未來導向、目標導向、階段性、協調性、調適性等五項特徵。

　　有效運用行政計畫可以：(1)落實政策；(2)掌握發展方向；(3)有效運用資源；(4)提供理性決定的參考；(5)維持教育實施的持續性與穩定性；(6)釐清輕重緩急；(7)明定工作權責；(8)提供具體的工作規範。

　　在擬定教育行政計畫的過程時，可以善用 PDCA 循環圈、德懷術、腦力激盪、具名團體技術、SWOT、甘梯圖等方法，以提供周延而豐富的資訊。

　　在訂定、執行以及檢討教育行政計畫時，要把握以下原則：(1)理論與經驗原則；(2)前瞻原則；(3)可行性原則；(4)階段性原則；(5)優先順序原則；(6)標準化原則；(7)績效原則；(8)改進原則。

第一節　教育行政計畫的基本概念

一、教育行政計畫的意義、目的、過程與結果

（一）意義

「計畫」是指一個單位或個人為求經濟有效地達成特定的目標，有系統地蒐集資料，並將資料加以整理、分析之後，找出重要的工作項目、方法，以及所需要的資源和時間分配之過程和結果（林鎮坤，2001；Carlson & Awkerman, 1991）。所以，教育行政計畫是指，教育行政單位或學校行政單位，為求經濟有效地達成特定的目標，有系統地蒐集資料，並將資料加以整理分析之後，找出重要的工作項目、方法，以及所需要的資源和時間分配之過程和結果。

教育行政計畫包括六個要素：第一是擬定計畫的組織和單位；第二是特定的目標；第三是系統性蒐集資料；第四是資料的整理、分析；第五是工作項目、方法、時間及資源；第六是過程和結果。

就教育行政計畫來說，擬訂計畫的組織和單位分別是負責教育行政事宜的教育行政組織或是學校行政單位。教育行政組織包括中央政府層級的教育部與直轄市、縣市政府層級的教育局（處）等。中央及地方教育行政組織及其所屬各有執掌的單位，例如：負責高級中等學校教育、國民教育、幼兒教育和特殊教育的教育部國民及學前教育署；掌理臺北市國中及高級中等學校教育的臺北市政府教育局中等教育科。學校行政單位則包括國小、國中、高中、高職、大學校院的學校單位，例如：高級中等學校以下學校負責教師教學及學生入學事項的教務處；大學校院負責學生事務的學務處。上述這些單

位都可以依據上級所授權的法規,來訂定教育行政計畫,也可以本於工作職權訂定教育行政計畫。

(二) 目的

　　教育行政計畫的擬定是為了達成特定的政策目標,這些目標包括:規劃前瞻性的教育發展目標、確保組織正常運作的年度工作目標,以及為了解決學生在學習上的各種問題,或是遭遇特殊問題的問題解決目標。前瞻性的教育發展目標,以規劃未來的教育發展為目的,例如:十二年國民基本教育課程綱要所揭示的「素養導向」課程之規劃、教訓輔三合一方案的規劃、大學整併的規劃、學校本位課程的規劃等。年度工作目標在於實現一年之內的工作事項,例如:教育行政單位的年度施政目標、學校一年一度的行事曆中所要完成的工作事項,或是為整備進行教育之各種基本條件的工作事項。以解決學生學習問題的目標在於對學生各種學習需求,訂立相對應的學校處理方針,例如:補救教學計畫等。而以解決特殊問題為主的目標,重點則在於發現問題之後,提出及時、有效的解決步驟與方法,例如:校園 SARS 的防制、私立學校經營的再生、不適任教師的輔導等。

(三) 過程

　　計畫的擬定必須經過系統性的資料蒐集,所謂系統性是指周延而又正確的蒐集資料。要確保資料的周延性和正確性,必須要透過多種途徑蒐集到多樣化的資料。蒐集資料時可以透過書面資料、人員諮詢、意見調查、實地觀察等途徑,多方了解相關的事實,也要含括人員、事務、設備、環境等四大項,並同時兼顧量化的數據及質性的數據;量化的數據,例如:人數、教育程度、經費、面積等;質性的數據,例如:士氣的高低、氣氛的好壞、口碑的良窳等。

　　蒐集到的資料要進一步加以整理和分析之後，才可以顯現出意義。分析的時候，可以依據人員、事務、設備、環境等大項逐一分析。首先，依據三項基準來分析：第一是以時間為基準，分析有無隨著時間而有增加或減少的情形，或者有沒有周期性的變化；第二是以性別為基準，分析男性與女性之間有無高低或差異的情形；第三是以類別為基準，分析有哪些種類存在，例如：教育程度的種類、教育設施的種類、職業的種類等。其次，分析有沒有共同的趨勢，例如：年齡低、高學歷；再分析是否有比較特別的例子，例如：某項有卓越的表現或某項有嚴重不足的現象等。這些分析的目的在於了解組織或單位裡有什麼資源可以使用、有什麼資源短缺。

（四）結果

　　根據資料分析的結果，發現組織或單位的可用資源後，接著就要安排達成目標的工作項目、工作方法、工作所需的資源，以及時間的分配。在工作項目方面，必須排出工作順序，並將每一個工作事項分配給相關的人員負責；接著，要決定採用最適當的方法來完成這些工作，例如：有些要辦理研習或研討會、有些要調查相關人員的意見、有些要安排宣傳廣告；同時，也要評估各項工作所需要的人力、物力或經費，最後再安排每一工作事項完成的時間。如此，行政計畫即告完成。

　　但是，計畫是不斷修正的過程，所以在實際執行的時候，必須不斷地檢查有沒有問題、可不可以做得更好。如果發現有問題，就必須儘速加以修正，使計畫更有效、可行。計畫也必須以書面的方式呈現，以做為控制進度的依據，而且因為計畫必須適時修正，所以計畫書最好採用活頁簿的方式，以便可以隨時抽換，保持最新的內容。

二、教育行政計畫的特徵

教育行政計畫是組織或單位用來規劃未來工作內容的過程與結果，具備未來導向、目標導向、階段性、協調性和調適性的特徵（吳清山，2014；林鎮坤，2001；鄭崇趁，1995；Carlson & Awkerman, 1991），說明如下。

（一）未來導向

計畫是根據現有的資訊，安排未來一段時間之內所要做的事，其目的是希望能更有效率地達成工作目標。因此，所有行政計畫都是為未來做打算，只是有的時間比較長，有的時間比較短。

（二）目標導向

所有計畫都是為了達成某種特定目標而來，例如：某教育發展計畫，乃設定「培育能具備自立、協作、創造能力，並能進行主動學習的學生」為目標；換句話說，沒有目標就沒有計畫的必要。有的目標比較不容易達成，需要花比較多的人力、物力和時間，也需要比較縝密的計畫；而有的目標比較容易達成，計畫就比較簡單。

（三）階段性

計畫是為未來做安排，但是未來的時空變化太大，由於資訊有限，並無法做無限制的時間規劃，所以任何一個行政計畫通常會設定以某一階段為執行期程，並在完成某些目標之後結束該計畫。如果評估結果還有繼續存在的必要時，就得再重新擬訂計畫，開始另一階段或是後續期程的計畫任務。

（四）協調性

計畫的目的就是要協調現有的人力和物力，使組織或單位發揮最大的力量；也就是說，計畫把整個組織或單位的人力和物力經過協調之後，做最有效的分配。這種協調、分配的性質，是行政計畫的重要特徵之一。

（五）調適性

計畫訂定之後，由於受到時空環境變化的影響，所以必須視需要加以修正；也就是說，計畫訂定之後並不表示就不能再改變，而是可以改變的，但是改變的幅度不能太大，改變太大表示先前的計畫欠缺周詳的考慮，有計畫等於沒計畫。

 # 三、教育行政計畫的功能

從計畫的意義和特徵來看，教育行政計畫具有以下八項功能。

（一）落實政策

教育行政機關有許多教育政策，這些教育政策不能隨隨便便就去執行，必須仰賴可行的計畫來落實，例如：政府為了促進教育機會均等，曾經提出「教育優先區計畫」；為了強化學生的學習成效，近年來也推動「精進教學計畫」。同樣的，學校也有學校層級的政策，學校政策的推動也需要靠學校行政計畫來執行，例如：許多學校為了提升學生的閱讀興趣和能力，而訂定「學童閱讀計畫」等。

（二）掌握發展方向

教育行政計畫是為了達成特定目標而來，這個特定目標就是計畫目標，

為了達成計畫目標，計畫中必須確定更具體的子目標，例如：訂定重點執行項目等；不論是計畫目標或是子目標，都要讓全體人員能夠明確地掌握組織或單位的發展方向，並朝向一致的目標邁進。以教育部推動的「獎勵大學教學卓越計畫」為例，該計畫為補助公私立大學辦理教學卓越的獎勵計畫，在該計畫執行下，也引導了學校將自己定位為研究型或教學型大學。

（三）有效運用資源

在計畫的過程中，計畫人員在經過評估之後，將人力、物力做最有效的分配，包括哪些人員負責哪些工作？哪些工作需要多少經費？經過詳細的規劃之後，就可以減少不必要的浪費，讓資源做最有效的使用。

（四）提供理性決定的參考

計畫經過詳細的評估之後，通常可以發現組織或單位的優勢和弱點。行政主管可以參考這些具體的資訊，來做各種不同的行政決定，讓行政決定更客觀、更正確。尤其是在做前瞻性的規劃時，行政計畫可以提供非常豐富且具體的訊息。

（五）維持教育實施的持續性與穩定性

教育行政計畫明確詳列未來一段時間之內的重要方向和工作重點，其中雖然會隨著時空環境的改變，例如：社會各界對教育議題的重視或國際上教育思潮等變遷而修正，但是絕大部分的計畫內容在執行期間是維持不變的。因此，不論就教育行政部門或學校行政部門而言，都可以維持相當的穩定性，避免因不確定感而造成執行上的困難。

（六）釐清輕重緩急

計畫的重要特徵之一，是在凝聚一個組織或單位的努力方向，但是因為資源有限，沒有辦法在一段時間之內同時進行許多工作，所以必須釐清事情的輕重緩急，讓一個組織或單位發揮最大的力量，而不會因為太過繁雜而影響工作效率。

（七）明定工作權責

計畫的重要工作之一，在於分配工作事項和負責的單位，讓每一個人和單位都清清楚楚地了解自己的職責所在，並對自己的工作事項負責，以建立績效責任的制度，讓重要工作能夠徹底執行，最後達成目標。

（八）提供具體的工作規範

計畫記載每一項工作的工作內容、工作方法和資源多寡，所有單位或人員在計畫的引導之下，依據既定計畫進行，比較不會產生方向偏差、沒有確實執行，或是相互衝突的情形。所以，計畫可以提供所有單位和人員做為共同遵循的工作規範。

 # 四、教育行政計畫的類型

各個組織或單位依實際需要訂定各種行政計畫，因此計畫的類別相當多，大致可以歸納成以下五種分類法（Carlson & Awkerman, 1991; Sybouts, 1992）。

（一）以目的做區分

以計畫的目的做區分，教育行政計畫可以分為策略性計畫、運作性計

畫、問題解決計畫。策略性計畫之目的在透過前瞻性的規劃，使組織或單位能夠發展最具競爭力的特色，甚至在某些領域能夠居於領導地位；運作性計畫之目的在確保組織或單位能夠正常、有效地運作，屬於例行性的工作規劃；問題解決計畫是針對某一個問題必須加以解決所提出的作法，此一問題解決之後，計畫就不需要存在。

（二）以時間做區分

以時間的長短來區分，可以分為短程計畫、中程計畫、長程計畫。短、中、長程計畫如何區分，見仁見智。一般來說，短程計畫的期程通常在一到兩年之間，中程計畫通常在三到五年之間，六年以上的計畫通常稱為長程計畫。

（三）以層級做區分

以計畫的層級來區分，可以分為全國性計畫、縣市計畫、地區性計畫、學校計畫。牽涉全國一致性的事務，一般由中央政府訂定之，而屬於縣市自治範圍的項目則由縣市訂定，鄉鎮市也可以訂定職權範圍之內的行政計畫，學校依法也可以訂定相關的行政計畫。上述這些計畫，有的具有上下從屬關係，有的則是獨立推動的計畫，另外也有不具從屬關係，但彼此相呼應、具備連絡調整作用之計畫。

（四）以部門做區分

以計畫訂定的部門做區分，可以分為組織計畫、部門計畫、個別計畫。組織計畫是指整個組織的整體計畫，部門計畫是指組織的各個部門依據組織之整體計畫所訂定出來的計畫，個別計畫則是部門內的個人依據部門計畫所訂定出來的計畫。基本上，組織計畫、部門計畫、個別計畫三者之間必須銜

接一致。

（五）以範圍做區分

以計畫的範圍做區分，可以分為宏觀計畫、巨觀計畫、微觀計畫。這種分法是根據範圍的相對大小來做區分：宏觀計畫通常牽涉到跨國之間的互動與交流，巨觀計畫屬於一國之內的整體規劃，微觀計畫則屬於一個縣市之計畫。如果以一國之計畫做為宏觀的計畫，則縣市之計畫可以是巨觀的計畫，學校計畫可以是微觀計畫。

另在上述五種分類以外，以資源／經費取得的方式，有區分為一般業務型計畫與競爭型計畫的趨勢。有別於以往行政計畫在申請時，透過上級的行政審查與裁量，決定附加補助經費的一般業務型計畫，競爭型計畫乃是由縣市對中央、學校對縣市提出各種計畫，透過公開報告與專業評審過程，擇優予以差別補助。競爭型計畫強調的是計畫落實政策的程度、前瞻性與可行性等，在財政日益困難與社會對政府資訊公開的要求下，此類競爭型計畫的比重，將會逐步提高。

 五、教育行政計畫的內涵

目前，教育行政計畫的區分有朝向策略性、運作性、問題解決計畫的趨勢，在此僅介紹這類計畫的重要內涵（Carlson & Awkerman, 1991; Goodstein, Nolan, & Pfeiffer, 1993）。

（一）策略性計畫

策略性計畫的內涵通常包括：發展願景、計畫目標、內外在條件、發展策略、行動計畫、計畫評鑑。發展願景揭示組織成員共同努力的方向，計畫

目標具體顯示預期的成果，內外在條件的分析呈現有利的資源和限制，發展策略指出有效達成目標的途徑，行動計畫記載工作項目、資源、時間，以及負責人員，計畫評鑑則用於評估實施成效與問題。

（二）運作性計畫

運作性計畫的內涵通常包括：實施目標、實施內容、實施進度、執行人員、所需資源、實施結果。實施目標列舉預期的成果，實施內容條列出工作項目，實施進度規劃工作進度，執行人員就是負責的人員，所需資源為辦理這些工作所需要的人力、物力、經費，最後是完成之後要如何處理。

（三）問題解決計畫

問題解決計畫的內涵通常包括：實施依據、實施目的、實施對象、實施時間、實施地點、實施方式、實施內容。為了解決非例行性的問題，通常必須找出解決問題的相關依據，並確定實施目的，再界定實施的特定對象，訂出辦理的時間、地點、方式和內容。

六、教育行政計畫的參考案例

在分述教育行政計畫的意義、特徵、功能、類型與內涵後，為使讀者能充分了解完整之教育行政計畫的實際案例，茲以日本制定的「教育振興基本計畫」為例進行說明。援引國外案例，讀者可以用客觀的視角檢視該計畫的結構，亦可同時了解近期國外的教育發展動向，該計畫之架構如本章附錄所示。

日本的「教育振興基本計畫」，類似我國的教育發展計畫，其為日本中央政府基於《教育基本法》的授權所訂立之階段性國家教育發展計畫。在日本，《教育基本法》素有教育憲法之稱，其位階雖與相關教育法規平行，但

一向被視為其他教育法規的根源。因此，該計畫係為規劃未來教育發展上的各項重大政策實施與教育制度調整之依據。

第一期「教育振興基本計畫」的執行期間為 2008 至 2013 年，第二期計畫的執行期間則為 2013 至 2018 年。在中央政府發布「教育振興基本計畫」後，各級地方政府亦須依法提出該地方的「綜合施策大綱」，以做為中央和地方在教育行政上，相互協調與角色分擔的政策計畫。日本第二期「教育振興基本計畫」以四大基本方向性、八項成果目標與三十個基本政策所組成。依該計畫之策定，中央及地方的教育行政、財政所應執行事項，在計畫期間應涵蓋於上述方針內，此即為一種被視為以計畫為本的行政模式，亦可稱之為「計畫行政」（planning administration）。

從該計畫當中，可以見到其同時具有未來導向、目標導向與階段性的教育行政計畫特徵，也具有落實政策、掌握發展方向等功能，同時在擴大教育投資的面向上，計畫策定機關在過程中亦有尋求財務省（財政部）在財政支出上的共識，因此亦具有合理分配資源的特色。

第二節　教育行政計畫的方法

在訂定教育行政計畫的過程當中，為了提高計畫的適當性，可以充分使用各種不同的方法，這些方法主要包括：PDCA 循環圈、德懷術、腦力激盪、具名團體技術、SWOT，以及甘梯圖，說明如下。

 一、PDCA 循環圈

PDCA 循環圈（cycle）是品質管理大師 Deming（1982）於 1950 年在日本所提出來的概念，目前 PDCA 的概念在日本仍被廣泛用於擬定教育行政計畫或進行學校評鑑之用（早田幸政，2016）。PDCA 的概念源自於 W.

A. Shewhart 的「檢核—改進—分析」循環。Shewhart 認為，任何計畫或方案在正式提出來之前，必須經過這個過程，以確保計畫的周延性。他的學生 Deming 則進一步將 Shewhart 的三步驟增加一個步驟，而成為「計畫（Plan）—試做／模擬（Do）—檢核／驗證（Check）—確認／修正（Act）」，以提高計畫形成、執行過程，以及執行結果的可行性與周延性，並稱為 Shewhart 循環圈，後人也稱為 Deming 循環圈（Deming cycle），或直接稱之為 PDCA 循環圈（如圖 3-1 所示）。

（一）使用時機

在計畫的形成階段、執行階段及結果階段，為了確保計畫的周延性、可行性與有效性，隨時可以使用 PDCA 循環圈的概念與方法進行修正。

（二）實施步驟

PDCA 循環圈的使用就是依據 PDCA 的四個階段來進行計畫、試做／

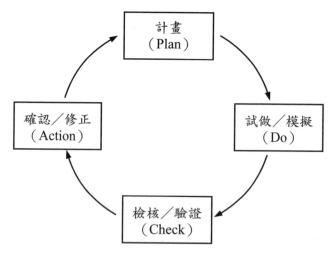

圖 3-1　PDCA 循環圈

模擬、檢核／驗證，以及確認／修正的過程，實施步驟如下：

1. 計畫（Plan）：在計畫階段，計畫小組要討論與確定計畫問題、計畫目標、計畫項目及計畫實作過程，並依據討論結果提出初步的計畫構想。

2. 試做／模擬（Do）：在試做或模擬階段，計畫小組則依據初步的計畫依計畫進行試做，如請部分人員進行小規模的實驗；但是有些工作項目是無法進行實作的，則改以紙上作業等情境模擬或沙盤推演的方式進行。

3. 檢核／驗證（Check）：經過試做或是模擬之後，接著要進行蒐集資料的工作，一方面檢核是否達成計畫目標，另一方面要了解計畫是否可行，以做為進一步判斷之依據。

4. 確認／修正（Act）：依據上一階段的檢核或驗證結果，做進一步的驗證或修正。如果達到預期目標，計畫也可行，則可以確定計畫，並依據原計畫但再對不同對象或地區進行再試做，以確定計畫的普遍可行性；如果未達預期目標或不可行，則必須要提出修正建議。無論是確認計畫或是修正計畫，都必須要再回到計畫階段。

（三）實施要領

在實際實施 PDCA 循環圈時，必須掌握以下要領：

1. 四階段之間會形成永無止息的動態循環關係，並不是做完一次循環就結束。

2. 此一循環可以從計畫開始，可以從試做／模擬開始，也可以從確認／修正開始。如果在擬定 PDCA 的過程中遇到難以執行的情形，也可以轉個順序，改以 CAPD 的方式，從 C（掌握現況）開始做起。不過，一般是從計畫開始，形成完整的循環圈。

3. 此一循環可以在進行整體計畫時使用，也可以在進行細部計畫時使用，而且使用的次數愈多，範圍愈廣，效果愈好。

4. 在規劃階段使用 PDCA 之目的在確保計畫的周延性，在執行階段使用 PDCA 之目的在減少執行的落差，在結果階段使用 PDCA 之目的在確定執行的成效。

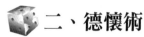 ## 二、德懷術

德懷術（the Delphi technique）是美國蘭德公司（Rand Corporation）的研究人員在 1948 年所創用，其目的是用來預測未來事件的可能發展與演變。1960 年代之後，德懷術開始在教育領域使用（謝文全，1992），迄今已經成為教育研究的常用方法，並發展出改良的方式，包括：「現場實施的德懷術」（live modified Delphi）、「質性控制回饋」（qualitative controlled feedback）（Sybouts, 1992）。

（一）使用時機

在擬訂計畫的過程當中，凡是需要結合多數專家的專業意見，以獲得比較一致性的答案時，就可以使用德懷術。在計畫當中，德懷術最適合用來預測未來教育發展的可能走向，以掌握社會脈動。

（二）實施原則

德懷術的設計在於集合智慧，由成員約十至十五人（異質性高之成員約五至十人），在匿名的情形之下，相互溝通、交流，以獲致共識。在實施時必須把握以下原則（Linston & Turoff, 1975）：

1. 匿名原則：所有參與調查的人員在不受干擾的情形下，自由發表個人的意見、建議、對問題的看法。

2. 重複原則：不是一次調查就結束，而是由主持人針對相同的對象反覆實施調查，持續蒐集受調查者的意見。

3. 回饋原則：每次調查時，均請受調查者填寫意見，並將這些意見提供給所有受調查者參考，以做為進一步填答的依據。

4. 共識原則：實施德懷術的主要目的在於獲得專家群的共識，以做為決定的依據，所以德懷術的實施最後一定要到獲得一致的意見為止。

（三）實施步驟

德懷術通常是以四回合的問卷調查為主，也可以視實際需要減少或增加。在實施時包括以下幾個步驟（Delbecq, Can deVen, & Gustafson, 1975）。

1. 確定所要預測的問題

在擬訂計畫時，通常需要了解未來的可能發展。使用德懷術的第一步驟，就是要確定所要預測的問題是什麼，以做為選擇專家與編製問卷的依據。

2. 選擇接受調查的專家

使用德懷術的第二步驟是選擇接受調查的專家。專家的選擇標準如下：⑴關心本問題；⑵對本問題有專業的經驗或著作；⑶有意願接受數回合的調查；⑷在本問題上具有代表性之人物。

3. 進行第一回合調查

專家選擇之後，接著就進行第一次問卷的編製與實施。第一次問卷的內容通常是先詳細說明蒐集資料的問題與目的，然後請受調查者針對問題提出其看法或解決途徑。通常第一次調查是採半開放式的問卷，讓填答者自由發

表意見。為蒐集未來的資料,可以問如:「五年或十年之後的可能發展為何?」等問題。

第一回合的問卷回收之後,將填答者的意見做歸納整理,以做為編製第二回合問卷的依據。

4. 進行第二回合調查

第二回合的調查是將第一回合的調查結果整理出來,再送請受調查者提供意見,請其提出贊成、反對程度或遺漏的部分,並說明贊或反對的理由。

第二回合的問卷回收之後,必須計算每一項目的平均數、中數或眾數,並整理質性的意見,這些資料要連同填答者原先的意見一起送請再次填答,進行第三回合調查。本次的調查,如受調查者與多數人的意見不同,必須說明理由。

5. 進行第三回合調查

第二回合的問卷回收之後,要依據填答結果做等第順序統計,把各題的順序排列出來,將多數人評定為最重要或最優先的排在最前面,然後將評定等第的順序及填卷者在第二次問卷所填寫的答案編製成第三回合問卷。

第三回合問卷的主要目的是要填答者把自己的看法與群體的看法做對照比較,再決定是否要改變立場來附和多數人的意見,或是仍舊維持自己原來的立場。如果填卷者不願附和多數人的意見,則要求其寫出堅持己見的理由。

6. 進行第四回合調查

第三回合的問卷回收之後,要再度將所得的答案及理由加以整理歸納,以做為編製第四次問卷之用。而第四次問卷的內容,主要包括前三次問卷所

獲得的種種資料，即第一次問卷所得的答案，第二次或第三次問卷所得的優先順序，以及少數堅持己見的理由。第四次問卷調查的目的，是要填答者參考上述資料之後，做最後的決定，決定是否改變立場或仍維持原先的意見。最後調查的結果，要找出共同的看法或意見，以做為採用的依據。

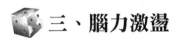

三、腦力激盪

腦力激盪法（brainstorming）的使用已經有相當悠久的歷史，早在 1930 年代，A. F. Osborn 在紐約的一家廣告代理商就發表了腦力激盪法的功用與作法，並獲得廣泛的迴響。但是許多使用者並未把握要領，以致於常常浪費時間而無法獲得創新的想法，若能正確實施腦力激盪法，通常可以發現許多創意的想法，所以目前也常常被使用。

（一）使用時機

腦力激盪法適用於找尋新的答案或作法，以提供新的思考方向。在計畫的進行當中，為了跳脫現有的思考架構，可以採用腦力激盪的方法，提出許多可能的思考方向，再從這些思考方向中找出最適合的部分，例如：在擬定願景或策略的時候，就可以採用腦力激盪法，以收集思廣益之效。

（二）實施原則

在實施腦力激盪法時，必須遵守以下四個原則（Osborn, 1941）：

1. 不批評：為了刺激多元的想法，在實施腦力激盪的過程中，不論是主持人或是其他成員，都必須將好壞等價值判斷丟在一邊，完全不批評每個人的意見。

2. 不限制：在進行時，主持人要告訴所有成員儘量拋開束縛，自由發揮想像力。每一個人所提出來的每一個意見都同樣受到重視，而且記錄

下來。

3. 數量多：數量愈多、愈會引發思考的流暢性，也愈可能引發創意，所獲得的答案就愈有可能具有前瞻性、獨特性，而且選擇的機會愈多，對於尋找最佳答案有很大的幫助。

4. 交流多：主持人在進行時，要隨時引導每個人做相互結合、相互連結，或逆向思考，讓每一個答案都能夠引發另一個答案，達到量多、快速、創意的目標。

（三）實施步驟

腦力激盪通常是由一組五至十五人的人員組成，在主持人的引導之下，提出眾多創意點子。實施步驟如下（Osborn, 1941）：

1. 確定討論的主題：在進行之前，必須先決定要尋找何種答案，例如：願景或策略等，以做為討論的依據。

2. 選取參加人員：參加人員可以包括對問題和情境比較熟悉的人員，以及不熟悉的人員，也就是部分異質性的組成。在不同群人員的相互激盪之下，比較容易產生突出的想法。

3. 預備活動：在正式討論之前，主持人要告訴所有與會人員所要討論的主題，以及進行的規則。另外，為了使與會人員能思路清晰，發揮自由聯想的效果，也可以準備一些前置活動，例如：提出一個假設性的問題，由所有成員自由表達看法，但不必做任何記錄，以增加自由奔放的氣氛，然後再回到主題。

4. 提出初步意見：在預備活動之後，接著就是由參加者腦力激盪提出各種想法，例如：學校願景的訂定，可以請大家提出對學校未來的憧憬為何，主持人則負責引導的責任，鼓勵所有人儘量發表，而且互不批評。在發表的過程中，每一個人的意見都要記錄下來。

5. 整理初步意見：初步意見都記錄下來之後，如果已經沒有其他的想法，就可以將這些想法做進一步的歸納整理，去掉重複的意見，讓同類的想法合併在一起，即可以更清楚的顯現出方向。

6. 評估最適當的想法：從許多想法當中，評估最適當的方向。評估的方法可以是採用多數決、共識決或評分的方式，找出大家都能接受的最佳方案。

四、具名團體技術

具名團體技術（nominal group technique，簡稱 NGT）是最常被使用的團體決定方法之一，其目的在從不確定的問題或不一致的答案當中，找出較明確的答案。NGT 的內容，通常包括：界定問題、探索結果、尋找可能的解決方案、目標設定、決定優先順序（Sybouts, 1992）。在進行時，通常由五至十二位不同背景人員組成一個小組，再於熟悉本方法的會議引導人領導之下進行。雖然是面對面的正式會議，並且在系統化的過程中選擇出個人的最佳決策，且整個過程也不限制成員獨立思考的空間，但是在每個步驟中，對於問題的討論及成員之間的溝通都有限制。

（一）使用時機

NGT 是團體決定的重要方法，凡遇到不確定的問題或不一致的意見時，就可以採用此種方法來獲得解答。在計畫的過程當中，如果遇到爭議的問題或是大家沒有明確的答案，需要進一步釐清時，就可以採用 NGT 來解決。

（二）實施原則

NGT 在問題設計、人員組成、人數、引導人，以及相關設備的準備方面，都有一定的原則（Moore, 1987; Sybouts, 1992）：

1. 明確的問題：問題的設計對於 NGT 的應用是非常重要的。問題要非常的具體和明確，讓參與的人有一致的認知，不會造成知覺誤差。

2. 異質性組合：由不同身分、地位的人組成，以抵消少數人物的影響力，但是這些人對於討論的主題具有相關的知識或經驗，可以提供有效的見解。

3. 適當的人數：人數的多寡和成員的投入、互動有直接的關係，一般而言，超過十二人以上的 NGT 會產生不參與的沉默者或旁觀者，建議每組以五人為下限、十二人為上限，七至九人最為適當。

4. 稱職的引導人：NGT 的每一組都需一個引導人，引導人（facilitator）必須熟悉具名團體技術的每個步驟與細節，才能使小組人員依照 NGT 的方式做最佳的思考。引導人應扮演促進的角色，並非指示、命令或操縱過程的人物。

5. 足夠的設備：NGT 的進行必須準備舒適的桌椅、小型會議室、麥克筆、膠帶、白報紙、白板（或黑板）、3×5 英吋大小般的卡片和鉛筆等。桌子宜排成 U 字型，方便每位參與者彼此面對面溝通，若能同時準備電腦、電腦操作人員，以及影印機更好。

（三）實施步驟

NGT 的實施過程比較複雜，所以必須深入了解，才能發揮最大功能，實施步驟如下（Robbins, 1996; Sybouts, 1992）。

1. 開場

和一般的會議一樣，會議引導人在會議的預定時間宣布開始，開場白除了表示歡迎與會者和介紹會議主題外，還要強調會議的重要性，並期望每位與會人員能有獨特的貢獻。

2. 初步構思

首先，每位與會人員依據小組引導人口頭重述的問題或所提供的書面資料，開始思考五至十分鐘，並將想到的答案寫在 3×5 公分的卡片上。在構思的過程中不交談或討論，只要把每個人自己的想法寫在卡片上。會議引導人要觀察參與人員進行的情況，以決定時間的長短；如果在時間未結束之前，引導人從他們的行為得知他們已經完成，就可以直接宣布結束這個階段的活動。

3. 輪流發表

構思階段結束之後，引導人可以從任何一位與會人員開始拿出自己的卡片，以簡單扼要的方式說明自己的想法，此時並不需要詳細解釋或補充。之後，由引導人正確的記在黑板上，如果太長可以濃縮，此時仍不需要討論。一位說完換下一位，也是記在黑板上，以連續循環輪流的方式，讓每位與會人員在不受妨礙的情境下，充分表達自己思考的結果。這樣的過程在持續了幾回合之後，所有與會人員的想法都表達過了，這個階段就結束。

4. 組織構想

在此階段，引導人要向與會人員說明接著要進行的活動內容，是要澄清每個構想，而不是要討論其價值和優劣。首先，由引導者從第一個構想開始唸起，並請其他與會人員提出建議，建議的目的只是要再進一步澄清構想的意涵，而不在評價。如果發生爭執，引導人就必須介入，並提示成員回到組織構想的焦點和會議的任務上。

5. 討論與歸納

本階段的主要任務是要進一步思考、綜合歸納大家所提出來的想法或概

念。引導者先鼓勵與會人員從合併或融合的方向思考，如果原構想的提出人反對，或是認為合併會失去原構想的主要目的，就先保留原構想；引導人在進行當中，要先詢問原構想提出人的意見，在提出人都同意的情形下才合併，並且要詢問其他與會人員，這樣的改變是否更為清楚，以及在合併過程中是否有任何遺漏的地方。在這個階段，每位與會人員都可以發言，以澄清主題或提出問題，但並不辯論或反駁。如果時間足夠，可安排中間休息時間，以方便記錄人員準備資料，休息結束後再繼續進行。

6. 票決優先順序

本階段主要是由與會人員瀏覽所有的構想，並經過慎重的考慮之後，投票決定先後順序的過程。在這個過程當中，採取的是匿名投票方式，由引導人詢問與會人員來決定選出五個或七個構想。如果要選五個，認為最重要的構想就給五分，其次依序是四、三、二、一分，全部評定順序的卡片由引導人收回後，以洗牌的方式弄混，最後將結果公布出來並記錄在黑板上。在進行的任何過程當中不允許討論或是交談，並依據每個構想的得票數和加權得分計算，排出優先順序。

7. 結束討論

在排出優先順序之後，引導人感謝所有參與人員的投入與貢獻，這些結果可以提供計畫決策人員參考。

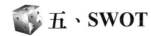 五、SWOT

（一）使用時機

策略是教育行政計畫的核心，而 SWOT 是發展策略的重要工具。自 1970

年代哈佛大學商學院提出 SWOT 分析技術四十多年來，SWOT 分析已經成
為各界發展策略的主要工具。SWOT 是由英文 strengths、weaknesses、op-
portunities、threats 四個字的第一個字母組成的，分別代表本身的優點（或
稱強項）、弱點，以及外在的機會、威脅，如圖 3-2 所示。透過 SWOT 分
析，一個組織得以發展出符合其本身能力，以及外在客觀環境需求的策略
（林天祐，2002；Collett, 1999; Thompson & Strickland, 1992）。

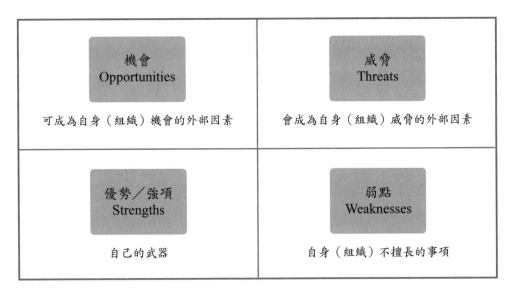

圖 3-2　SWOT 架構圖

（二）SWOT 分析的步驟

在使用 SWOT 方法時，可以依照以下步驟進行，繪製成 SWOT 分析表
（格式請參閱表 3-1）：

1. 選定分析的主題：即整體校務發展（一般在進行分析時，也可視需要
   選定學生表現或課程發展等局部性主題）。
2. 回顧相關的願景：回顧學校所訂定的願景為何。

表 3-1　SWOT 分析表

目標一：○○○○○○

內部環境			外部環境		
因素	S 分析 （有利條件）	W 分析 （不利條件）	因素	O 分析 （機會）	T 分析 （威脅）
教師			政策		
課程			潮流		
學生			社會		
設備			社區		
要因 分析			要因 分析		

◎在各因素領域中找出與達成目標相關的細項（例如：教師英語教學知能……）。

◎在要因分析中，進一步將最關鍵的事項找出，以做為發展策略之依據。

3. 確認相關的目標：確認在學校願景之下，所要達成的目標。

4. 選定目標一：選定一項目標進行分析。

5. 找出與目標相關的重要因素：如人員、課程、設備、設施等。

6. 進行分析：交叉使用質、量的資料，以及開放（激發不同的意見與想法）、聚斂（歸納出相同的意見）方法進行 SWOT 分析。

7. 選定其他目標重複進行以上三步驟，直到全部目標均分析完成為止。

（三）SWOT 分析的要領

在進行 SWOT 分析時，要把握以下要領：

1. S（有利條件）分析：即在找出達成某一目標時，學校內部重要的有利條件，包括最大優勢及最好的表現。

2. W（不利條件）分析：即在找出達成某一目標時，學校內部的最大弱點，以及表現最差的部分。

3. O（外在機會）分析：即在分析達成某一目標時，未來的相關發展趨勢與潮流，以及政府的政策等，且不是操之在學校手中，但必須加以體察、因應的外在因素。

4. T（外在威脅）分析：即在分析達成某一目標時，學區環境所帶來的限制，以及社會環境發展可能帶來的衝擊等，學校必須面對的外在條件。

5. 要因分析：將各種條件中最具關鍵的項目找出來，以做為發展策略的依據。

（四）SWOT 分析的其他注意事項

分析有利、不利、機會、威脅等條件時，必須有客觀的判斷做為依據，例如：在內部環境方面，必須以統計數據、文件資料或訪談資料為依據，如教師的學歷、著作、平均年齡、性別、流動率、近十年學生數的變化情形、家長的滿意度調查、畢業生的表現，以及十年來學校預算的成長情形等資料；在外部環境方面，則必須參考政府文件資料，以了解相關的發展趨勢，例如：要了解學校老舊校舍是否應該要修繕，還是要與他校進行整併後新建，則需掌握該地區人口的自然增減與社會流動情形。在分析的順序上，若對計畫的整體背景與所要達成的目標仍未完全了解，也可先從外部環境的分析，亦即機會與威脅開始著手，再透過對欲解決之問題的假定，進而導引回內部環境，也就是有利條件和不利條件的整理，而形成整體 SWOT 分析。整體而言，在做分析時，要做到：廣泛蒐集質與量的資料、將蒐集到的資料加以歸類整理、只做歸納不做評論。

（五）形成與選定策略的過程

根據 SWOT 分析的結果，可以進一步思考可能的執行策略，最後再決定比較適切可行的策略，根據策略再發展出行動方案。策略的形成與選擇過程如下。

1. 思考可能的策略

在確定某一目標的內在有利條件、不利條件，以及外在機會、威脅之後，可以先用開放的思考方式，針對每一條件提出可能的策略。接著，再透過歸納思考的方式，將可能的策略加以整理歸納成幾個策略，以做為進一步分析的依據（如圖 3-3 所示）。

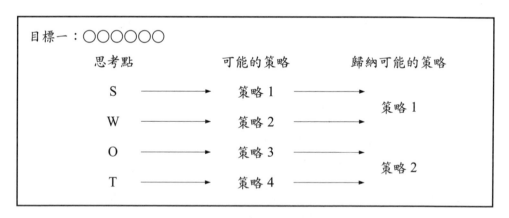

圖 3-3　形成可能策略過程圖

2. 選擇適切可行的策略

依據前一步驟所獲得的策略，只是可能的策略，必須經過綜合分析及判斷，才能決定哪些策略適切可行。分析的標準包括：適切性、可行性、接受性。其過程是將每一個可能的策略一一加以分析，看其適切性、可行性及接

表 3-2　策略分析與判斷表

目標一：○○○○○○

策　略	適切性	可行性	接受性	判　斷
策略一	高	高	低	2
策略二	高	中	高	1
策略三	中	高	低	4
策略四	高	中	中	3
策略五	高	低	低	5

受性程度如何，最後從中選取可以達成目標的策略（如表 3-2 所示）。

　　適切性是指策略是否切合目標的需要；可行性是指在能力及經費上是否可行；接受性是指學校教職員及家長接受度的高低。依據適切性、可行性、接受性的分析結果，對每一策略做價值判斷，並比較其優先順序，從中選擇最適切可行的策略。在分析時，可用高、中、低程度，或用數字大小來比較。

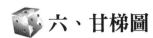 ## 六、甘梯圖

　　甘梯圖是第一次世界大戰時由工程師 W. Gantt 所創用，其目的在掌握一項計畫裡重要活動的實施進度（Sybouts, 1992）。由於此方法簡單明瞭，而且效果顯著，所以已被廣泛使用在許多領域，在計畫的領域中，已經成為不可或缺的一種方法。為紀念創用者，因此以其姓氏為名，通稱為甘梯圖。

（一）使用時機

　　甘梯圖適用於掌握活動的實施進度，只要有活動內容，而且活動內容有確切的時間分布，就可以透過甘梯圖來了解每一活動的實施情形。

（二）實施步驟

　　甘梯圖的實施過程主要是將活動內容進度與活動時間做一個交叉表，並將每一活動項目的實施時間註記下來，計算出累積的進度，最後加上圖的名稱和製作者、製作時間，詳細步驟如下。

1. 列出計畫中的重要進度

　　製作甘梯圖的第一步驟是把計畫中的重要活動一一詳列出來，並依據工作項目的順序排列。基本上，項目愈多、愈周延愈好，且這些活動都是必須列入管制的項目。

2. 決定每一進度的實施期程

　　首先，要決定整體計畫的起迄時間，接著在完成的期限之內區分年份別及月份別；其次，要確定每一項活動的起迄時間。

3. 註記每一項進度的起迄時間

　　每一項活動的起迄時間確定之後，接著是將起迄時間用各種圖形或符號加以註記。此時，可以採用線條，也可以採用圓圈或其他圖形，一般來講使用線條來表示起迄時間最為清楚。

4. 計算工作進度累積百分比

　　製作者可以依據各項活動的起迄時間，計算每一個月份的累積工作進度；也可以依據資源分配的情形（如經費分配），計算出累積的百分比。百分比的計算可以讓計畫者了解時間或資源的分配是否不均，如果發現有不均的現象，則應該加以調整計畫活動的內容或順序。

5. 在圖形之下寫出甘梯圖名稱，以及製作者和製作時間

　　一個完整的圖表必須清楚的寫出圖表名稱，另外也要寫出製作的人員和時間，以便於未來查考之用。甘梯圖是一種圖表，因此也必須寫出這些名稱，才能提供完整的資訊，如圖 3-4 所示。

進度	2017 年						2018 年					
	7 月	8 月	9 月	10 月	11 月	12 月	1 月	2 月	3 月	4 月	5 月	6 月
活動一												
活動二												
活動三												
活動四												
累積 %	7	14	29	43	50	57	64	71	79	86	93	100

製作者：〇〇〇
製作時間：106 年 2 月 1 日（或 2017 年 2 月 1 日）

圖 3-4　　〇〇〇甘梯圖

（三）使用原則

使用甘梯圖時，宜把握以下原則：

1. 活動項目要詳細、周延，不宜過於粗略，以利管制。

2. 了解個別計畫管制的需要，可以斟酌增減一些說明事項，例如：增加備註欄，或是以不同圖形代表不同的執行情形。

3. 同一個計畫可以有一個整體的甘梯圖，以及其他分計畫的甘梯圖，以分別掌握整體及分項計畫的進度。

第三節　教育行政計畫的原則

教育行政計畫在擬定、執行與檢討時，均應遵守一定的原則，這些原則說明如下。

 ## 一、擬訂計畫的原則

計畫的擬定必須注意理論與經驗原則、前瞻原則，以及可行原則，使計畫能夠提升組織效率，帶動組織的革新。

（一）理論與經驗原則

不管是任何領域的計畫，一定是要符合理論體系與過去相關計畫實施經驗的原則，才得以實行。理論體系的形成一向是從現實的觀察中所歸納，再透過計畫的執行演繹為現實行動，並經由行動所得之經驗回饋修正理論與方法。因此，在計畫擬定時，應注意需對計畫本身的理論方法與相關經驗進行研究，再開始擬定，以使計畫能夠成為一個帶有發展能力的完整體系。

（二）前瞻原則

計畫是為未來做規劃，所以要把握前瞻的原則。所謂前瞻原則是指，在擬定計畫的時候，就要先做內外在的發展趨勢推估，以了解組織內部的革新需求，以及組織外部的發展脈動，讓計畫能夠因應風潮成為一方領導者，例如：在掌握社會急速變遷下，思考國內教育思潮的脈動與國際教育發展的變化，提出符合未來需求的教育發展或振興計畫等。

（三）可行性原則

具前瞻性的計畫，如果無法執行，計畫等於是空的。所以，在擬訂計畫的時候，一定要考慮在組織現有的人力、物力之下，能否順利達成目標；能夠達成計畫才有意義，如果不可能達成計畫，則應該加以修正。

二、執行計畫的原則

計畫能否達成目標，另一個關鍵項目就在於執行。在執行階段要特別注意階段性原則、優先順序原則，以及標準化原則。

（一）階段性原則

每一個計畫都有其所設定的階段或期程。因此，執行的過程一定要注意計畫的階段性目標，並徹底的完成；完成階段性目標之後，再繼續執行另一階段的計畫。如此，每一階段的計畫都能夠確實執行，而不致於只做到表面的效果，缺乏實際的效果。

（二）優先順序原則

在執行的過程中，同時也要注意優先順序的原則，亦即工作的優先順序不可任意顛倒。每一項工作都是依據資源及整體評估結果來分配，如果未能依據優先順序來執行，則事先的計畫等於白費。因此，遵守優先順序是計畫執行的重要原則。

（三）標準化原則

為降低執行的落差，執行的過程應該建立標準化的工作流程。標準化的工作流程可以降低不同人、不同時間，或不同環境狀態下所造成的執行誤

差，確保執行內容與進度都在控制的範圍之內。配合工作標準化，也可以進一步運用科技，做到資訊化。

三、計畫檢討的原則

計畫執行的結果要把握績效原則與改進原則，以檢視計畫的投入與產出是否成比例，以及是否達到改進現狀。

（一）績效原則

計畫的擬定是為了達成特定的目標，因此執行之後一定要衡量其結果，並和預期目標相對照，看達成目標之程度為何。因為計畫是經過縝密的過程而來，所以執行的結果一定要計算投入與產出是否成比例，而不能只看結果、不看成本。

（二）改進原則

計畫除了績效的目的之外，另外一個重要目的就是要引導組織持續改進，也就是要能夠使組織的運作過程與結果能夠日新又新，成為一個自我革新的組織。所以計畫通常具有引領革新的意義，能帶領組織同仁共創新的境界，一個沒有改進現狀效果的計畫，是不值得投入的。

關鍵詞彙

- 策略性計畫
- PDCA 循環圈
- 具名團體技術
- 運作性計畫
- 德懷術
- SWOT
- 問題解決計畫
- 腦力激盪
- 甘梯圖

自我評量

1. 說出教育行政計畫的意義。

2. 請分析教育行政計畫的要素。

3. 何謂策略性計畫？其重要內涵為何？

4. 請任選一個教育行政計畫的方法，並加以舉例說明之。

5. 教育行政計畫有哪些原則？請簡要說明之。

個案研究一

近年來，教育行政當局為了推動學校本位課程，因此積極要求學校擬定校務發展計畫。某市在某年的 4 月發函給各個學校，要求各校在當年度 5 月底以前將校務發展計畫函報教育局備查。各校在收到教育局的公文之後，將各處室進行分工，有的負責發展學校願景，有的負責擬定發展目標，有的做 SWOT 分析，有的研擬發展策略，最後再把各處室的工作計畫匯集在一起成為學校校務發展計畫，並如期函報教育局備查。但該市在進行年度校務評鑑時，評鑑委員發現，多數學校擬定的學校願景過於理想，目標不夠具體，策略過於籠統，工作項目太過繁瑣，而且願景和實際教學之落差相當大。

問題討論

1. 你認為學校校務發展計畫屬於策略性、運作性或問題解決的教育行政計畫？
2. 你認為教育局要求各校在一個月之內完成校務發展計畫是否合理？為什麼？
3. 你認為學校校務發展計畫應該包括哪些內涵？
4. 你認為現行學校在校務發展計畫上，撰寫最多的部分是屬於「學校『經營』計畫」？還是「學校『教育』計畫」之範疇？
5. 你認為上述學校擬定校務發展計畫的作法是否適當？為什麼？
6. 你認為造成上述個案學校校務發展計畫諸多缺失的主要原因是什麼？

個案研究二

　　「實驗教育三法」在 2014 年底立法通過之後，賦予我國實施實驗教育的法源，開展了我國進行教育創新的新局。其中，最受矚目者，乃於公私立國民中小學，亦可以在《學校型態實驗教育實施條例》的授權下，以新設或轉型的方式辦理學校型態實驗教育。

　　要辦理實驗教育的學校，需撰寫「實驗教育計畫」，學校必須以特定教育理念為基礎，具體臚列實驗學校的各項規範，例如：學校制度、學校營運制度、組織型態、設施設備、校長資格與產生方式、教職員資格與任用方式、課程與教學、學生入學、學習成就評量、學生事務及輔導方式、社區及家長參與方式、自我評鑑之方式等十七項計畫，並取得主管機關同意之後，才得開辦。同時，由於辦理實驗教育上可能牴觸現行法規，因此，《學校型態實驗教育實施條例》亦授權學校可排除部分現行法規，例如：《國民教育法》、《教師法》、《高級中等教育法》之適用。學校若為進行整校性之實驗，有需排除法規者，則應於「實驗教育計畫」中說明排除之理由與提出相對應之替代方案，方能擴大辦學之彈性空間。

問題討論

1. 你認為學校辦理實驗教育，是為了補足現行學校教育的不足，還是為了提供正規學校可行的創新典範？

2. 若你是一所要轉型為實驗學校的校長，你最想實驗的部分為哪一個部分？根據你最想實驗的部分，你所要排除的現行法規，是屬於哪方面的規範（例如：師資、課程或學制）？

3. 你認為實驗教育學校光靠一校（一位校長、數位教師，加上一群有熱忱的家長或志工）的力量，有能力排除現行規定，提出更可行、更有系統性的

「特色」，以達到辦理實驗教育的成果嗎？

4. 辦理實驗教育之學校，需三年接受一次評鑑，「實驗教育計畫」期程結束後也需檢核成效，與下一期程計畫做連結。你認為實驗學校的評鑑是否需按照「實驗教育計畫」所列項目逐一檢核？或是結合現行校務評鑑各向度，再自行開發檢核指標？

∽◦◦ 參考文獻 ◦◦∽

中文部分

吳清山（2014）。學校行政（第七版）。臺北市：心理。

林天祐（2002）。校務發展策略與 SWOT 分析。課程與教育通訊，11，4-11。

林鎮坤（2001）。計畫。載於吳清基（主編），學校行政新論（第4章）。臺北市：師大書苑。

鄭崇趁（1995）。教育計畫與評鑑。臺北市：心理。

謝文全（1992）。學校行政論文集（第三版）。臺北市：文景。

日文部分

文部科学省（2013）。第2期教育振興基本計画パンフレット。取自 http://www.mext.go.jp/a_menu/keikaku/detail/__icsFiles/afieldfile/2014/12/19/1339769_1_1.pdf

早田幸政（2016）。教育制度論：教育行政、教育政策の動向をつかむ。京都府：ミネルヴァ書房。

英文部分

Carlson, R. V., & Awkerman, G. (Eds.) (1991). *Educational planning: Concepts, strategies, and Practices.* New York, NY: Longman.

Collett, S. (1999). SWOT analysis. *Computerworld, 33*(29), 58.

Delbecq, A. L., Can deVen, A. H., & Gustafson, D. H. (1975). *Group techniques for program planning: A guide to nominal group and Delphi process.* Glenview, IL: Scott, Foresman & Company.

Deming, W. E. (1982). *Out of the crisis.* Cambridge, MA: Massachusetts Institute of Technology, Center for Advanced Engineering Study.

Goodstein, L., Nolan, T., & Pfeiffer, J. W. (1993). *Applied strategic planning: How to develop a plan that really works.* New York, NY: McGraw-Hill.

Linston, H. A., & Turoff, M. (1975). *The Delphi method, techniques and applications.* Reading, MA: Addison-Wesley.

Moore, C. M. (1987). *Group techniques for idea building.* Newbury Park, CA: Sage.

Osborn, A. F. (1941). *Applied imagination: Principles and procedures of creative thinking.* New York, NY: Scribner's.

Robbins, S. P. (1996). *Organizational behavior: Concepts, controversies, applications* (7th ed.). Englewood Cliffs, NJ: Prentice-Hall.

Sybouts, W. (1992). *Planning in school administration: A handbook.* Westport, CT: Greenwood.

Thompson, A. A., Jr., & Strickland, A. J. (1992). *Strategic management: Concepts and cases.* Homewood, IL: Richard D. Irwin.

附錄　教育行政計畫案例：日本第二期教育振興基本計畫摘要

圖 3-5　日本文部科學省（教育部）所提出的第二期教育振興基本計畫

資料來源：作者摘譯自文部科学省（2013）

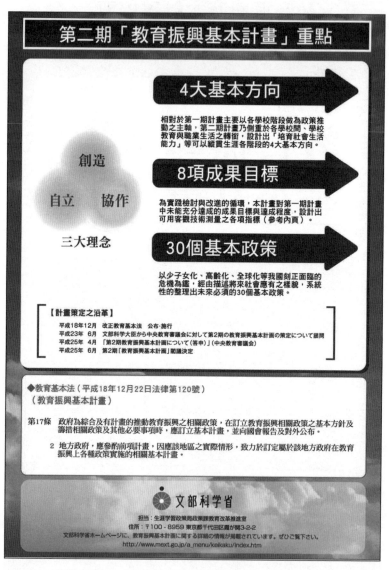

圖 3-5　日本文部科學省（教育部）所提出的第二期教育振興基本計畫（續）

資料來源：作者摘譯自文部科學省（2013）

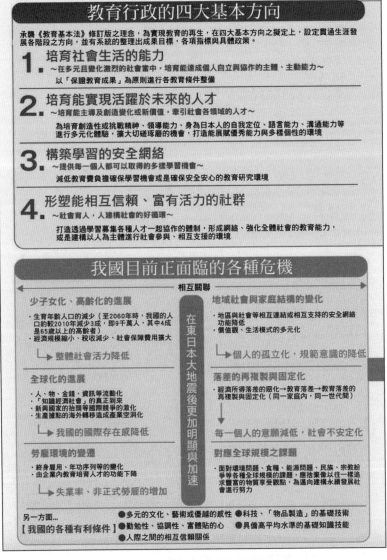

圖 3-6　日本第二期教育振興基本計畫的四大基本方向

資料來源：作者摘譯自文部科學省（2013）

（共通理念）

◆ 尊重教育上的多元性　　　　◆ 配合生涯成長各階段，進行「縱向」連結
◆ 社會全體的「橫向」連結與協作　◆ 中央與地方連結協作，活化現場

（教育投資的定位）

◆ 今後教育投資的方向性，需以目前發生的各種教育課題為本，就以下三點為中心進行充實：

　・建構協作型、雙向性學習等高品質教育環境
　・在家庭生計上減低子女教育費的負擔
　・建構安全、安心的教育研究環境（如學校設施的耐震化等）

◆ 教育再生的最優先政策課題之一，在於打造能超越歐美主要國家的高品質教育
　為實現本課題，應參考ＯＥＣＤ各國在公部門財政支出等教育投資的狀況，並在第二期計畫期間
　內，舉措為達成第二部分成果目標或基本政策實施上所必要之預算財源，確保能真正對必要部分
　所做的教育投資

（危機迴避的設定）

● 每一個人的自我實現、社會中堅人物的增加、落差的改善（含年輕層、女性、高齡者、身障者，
　朝終身活躍、全體參加社會前進，讓個人能力得到最大提升）
● 提升全體社會的生產性（如對應全球化的革新等）
● 確保人與人之間的信賴關係（形成社會關係資本）

↳ 找回每一個人的光榮感與自信，實現社會上大家都有感覺的成長

【震災的教訓】
（解決危機的線索）
● 不放棄，確實掌握狀況的自我思考與行動能力
● 革新等前瞻性的災後重建與社會營造
● 培育必要能力的安心環境
● 存在於人與人、人與社區、各國間的連結，
　人與自然共生的重要性

【第一期計畫的評價】
第一期計畫所揭示的「10年階段教育應達成之
狀態」的達成度，目前仍正在提升中。

・第一期計畫雖已執行許多方案，但仍然存在如
　學習意願、學習時間、低學力階層存在、對應
　全球化的發展、年輕人不願意到海外打拚的志
　向、規範意識、培育社會性等課題尚待因應
・另一方面，一些新的主張，如「經由社群協作
　解決問題」，或是「教育落差等問題」也被提
　出

↳ 其背景，

「以導引出每一個人多元的強項之觀點」
「各學習階段間或學校與社會生活間的轉銜」
未充分進行「PDCA循環圈分析」等

今後社會的方向性

構築一個能實現「自立」、「協作」、「創造」
三大理念的終身學習社會

創造
透過自立與協作，打造
可以創造更嶄新的價值
之終身學習社會

自立
展賦每一個人的多元個
性與能力，打造一個以
充實的人生為主體，進
行開拓的終身學習社會

協作
尊重個人或社會的多元性，
活用每一強項，相互支持，
相互提升，打造可進行社
會參與的終身學習社會

圖 3-6　日本第二期教育振興基本計畫的四大基本方向（續）

資料來源：作者摘譯自文部科學省（2013）

第四章

教育行政決定

蔡菁芝

學習目標

1. 敘述教育行政決定的意義。
2. 了解自己的決定風格。
3. 說明教育行政決定的四種類型。
4. 分析教育行政決定的八種模式。
5. 比較九種教育行政決定的技術在實際應用上的成效。
6. 說明教育行政決定的原則。

■ 摘要 ■

　　教育行政決定即教育行政人員或教師，在明瞭決定的意義後，依其自身之風格，同時考量教育及學校行政機關的特性，並參照作決定之原則與技術，以有效達成教育目標的動態歷程。

　　在動態決策的過程中，依據「資訊的使用」和「焦點」兩大因素，決策者的風格可分為：果決的風格、彈性的風格、階層的風格、整合的風格、系統的風格五種。

　　教育行政決定是設計教育行政組織結構的依據，也是教育行政歷程的中心功能；其次，教育行政決定是整個教育行政組織所致力之事、其運作影響組織功能的發揮，是相當複雜且連續不斷的過程。

　　教育行政決定的類別很多，主要分為四種，即理性型、參與型、政治型，以及無政府型的決定；若就決定的模式而論，依其理論發展之先後順序，計有理性模式、滿意模式、漸進模式、綜合掃描模式、垃圾桶模式、衝突模式、策略模式，以及 Vroom 與 Yetton 之規範模式。

　　教育行政決定的技術，在個人層次，常見的有強迫思考法、創意資料庫、獎勵提案制度，或比較研究法等；在團體層次，常用的有互動團體、腦力激盪術、記名團體術、電子會議、德懷術、魔鬼的倡議、辯證探究、模擬聯合國與世界咖啡館等方法。

　　無論如何作決定，教育行政決定人員不可忽略其四大原則：採取系統的思考、整合相關的理論、包含倫理的效標、提高決定的品質，始可達成有效能的教育行政決定。

兩千五百多年前，《左傳》中有關〈曹劌論戰〉一文指出：「夫戰，勇氣也。一鼓作氣，再而衰，三而竭。彼竭我盈，故克之」，即已生動描繪出作決定的重要性。

此一重要性歷久彌新，例如：《三國演義》中之諸葛孔明空城計的決定，堪稱心理學運用的典範；二次世界大戰敦克爾克（Dunkerque）大撤退的決定，是計量技術的使用；政黨選舉、股市買賣的選股等，更使得作決定加入了政治學、組織行為學、數學、經濟學理論等[1]；H. A. Simon 在其《行政行為》一書的初版序言中指出：「作決定是行政的中心」（吳清基，1986，頁 45）；D. E. Griffiths 更直言：「行政就是作決定」（許智偉譯，1982）。在在說明決定在日常生活中的重要性。

教育行政（包括學校行政）自不例外，是以本章擬就教育行政決定的意義、類型、模式、技術與原則，分別依次說明。

第一節　教育行政決定的意義

教育行政決定的真諦，旨在協助有效達成教育行政目標。以下就決定的意義、動態決定的風格、教育行政決定的特性，以及學者看法來說明教育行政決定的意義，並做扼要歸納。

一、決定的意義

「決定」一詞，在中文的使用上，既是名詞又是動詞，所以經常會混用；在英文中，動詞為 decide，名詞為 decision，則較為容易區辨。本章所指的「決定」，因襲自 Simon 在 1947 年時所提出之「動態歷程」的特性，

---

1 出自於 2001 年，吳清基博士教授「教育行政決定專題研究」之筆記。

因此又稱為「作決定」（decision-making）。

「作決定」成為一個複合字始自何時，已不可考；在比較舊的習慣法中，可以看到 decision making 的痕跡，例如：十九世紀的英國，在《家庭法》（Family Law）中的 decision making，是指保留給父親對兒童管教的「家務事」，除非有如虐童之類的事件等，否則法院不得介入（Pappas, 1999）。

不論是決定或作決定，在政治學中較常稱為決策（policy-making）；在一般日常生活的領域中，又被稱為選擇（choice-making）[2]。這三個詞彙之間彼此可以細分，正如同許多學者在領導、管理和統御之間找尋差距一般。本章所指的決定，即作決定，是一種動態的歷程，廣義地包含決策與選擇。

二、動態決定的風格

此種作決定的動態歷程，受到許多因素的影響，而導致不同的決策風格。Driver、Brousseau 與 Hunsaker（1993）指出，在動態決策的過程中，最主要的影響因素為「資訊的使用」和「焦點」。「資訊的使用」是指，決策者在決策的過程中所使用資訊的多寡，而成為效用最大的人（maximizers）或滿意即可的人（satisficers）；「焦點」則是指，確定可以達成決策之選擇方案的數量是單一或多重。

根據這兩項最主要的因素，Driver 等人（1993）導出五種動態決定的風格（如表 4-1 所示），說明如下。

（一）果決的風格（the decisive style）

「果決的」是滿意即可型、單一焦點的決定風格。決策者以最少的資

2　同註 1。

表 4-1　五種決定風格

焦點 ＼ 資訊的使用	滿意即可的人	效用最大的人	（大碗又滿意）
單一焦點	果決的	階層的	系統的
多重焦點	彈性的	整合的	

資料來源：改編自 Driver 等人（1993, p. 12）

訊，配合明確的解決方法，來解決問題。此種決定風格重視行動、速度、效率和一致性，一旦決策者決定了行動的方向，就會堅持下去，不會再找尋其他的解決方案。

擁有此種決策風格的人，在與人交涉時，會表現出誠實與忠誠的行為。美國總統 H. S. Truman（1884-1972）就是在一個很簡短的檢閱後，做出以原子彈轟炸日本廣島的決定，這是一個很明顯的例子。

（二）彈性的風格（the flexible style）

「彈性的」是滿意即可型、多重焦點的決定風格。決策者除了強調速度外，也重視適應性，任何資訊對決策者而言都有數種意涵。此種決定風格將很快確定行動路線，稍有障礙，會迅速轉移至第二個焦點，決定隨著環境的改變而改變。

擁有此種決策風格的人，在與人交涉時，會表現出參與且支持性的態度、避免與人衝突、快速改變步調。在證券交易市場中，選擇績優股投資，認定有滿意利潤（而非在最高點）就賣出的投資人，即屬此類。

（三）階層的風格（the hierarchic style）

「階層的」是效用最大型、單一焦點的決定風格。決策者使用大量的資訊來評估問題，然後仔細建構一個非常詳細且明確的處理計畫。此種決定風

格重視完全的分析與品質，不僅在找出最便利的，而且要最佳的解決方案。

擁有此種決策風格的人，在與人交涉時，會以相互尊重的方式建立關係。決策者通常較喜歡深厚與長遠的友誼，而非廣泛的認識。對飛機和電影工業頗有貢獻的 H. Hughes（1905-1976）就是典型的例子，他為了找出可以在他第一次環遊世界飛行時和他的飛機通訊之無線電，在洛杉磯（Los Angeles）湖床上試了好幾百種風箏，成功的選定風箏之後，又再用氫氣球讓它升空；他在人生的最後 25 年，僅和極少數的人來往（Summers, 1992, p. 647）。

（四）整合的風格（the integrative style）

「整合的」是效用最大型、多重焦點的決定風格。決策者使用大量的訊息來評估問題，在探究問題時會從許多不同的觀點，並且同時形成許多不同的解決方案；此種決定風格的人重視效率、品質和適應性，但他們更重視創新與研究。在他們的決定中，永遠沒有固定或最終的方法和計畫，因為環境隨時在變。

擁有此種決策風格的人，在與人交涉時，會喜歡有不同的觀念、發展良好的合作與信任的氣氛。偉大的發明家 T. A. Edison（1847-1931），以及蘋果電腦的創始人 S. P. Jobs（1955-2011），正是此類決定風格的代表人物。

（五）系統的風格（the systemic style）

「系統的」是階層的與整合的決定風格之綜合運用。決策者有兩階段決策的傾向：首先，他們會使用大量的資訊，從不同的觀點來估算情境；然後，籌畫出不同的解決方案，並且根據一個或數個評定標準來評估或安排所有的解決方案；最後，再將所有的解決方案排序並且全都詳加計畫。因為系統型的決策者，會以較寬廣的定義來看待情境，並且把一些複雜或有關的問

題都一併考慮，所以通常系統的風格所採取的行動，都要達成好幾個目標，而每一個目標之下，又細分不同的行動。

簡單地說，此一決策風格，是在令人滿意的情況下追求效用極大化，務必使決策能夠創造出「大碗又滿意」的成果。在商業界，美國國際電話電報公司（ITT）的總裁 H. S. Geneen（1910-1997）就是此種決策風格的代表。在他的領導下，總公司的決策之前，必須從全世界各地的分公司及其人員處先蒐集大量的訊息做為依據。

三、教育行政決定的特性

教育行政機關或組織屬於「非營利事業」的機構，在作決定的考量上，自不同於一般的商業機構。教育行政決定的特性，根據黃昆輝（1988）的看法，有下列五個。

（一）作決定是設計教育行政組織結構的依據

教育行政的組織結構，可以說是依據「如何使作決定的歷程能有效進行」及「如何成功地執行所作的決定」兩項要求加以設計，例如：Simon曾於 1960 年時，將行政機關的層級，依據作決定的性質，將它分成行政級（administrative level）、視導級（supervisory level）、運作級（operative level）。行政級居於組織的最高層，職司決策；視導級居於中層，負責將決策轉化為具體可行的方案；運作級位居底層，負責執行。

（二）作決定是教育行政歷程的中心功能

前述曾經提及Simon的「作決定是行政的中心」，以及Griffiths的「行政就是作決定」之看法，兩者都清楚的指出，儘管教育行政歷程包括：計畫、溝通、決定、協調、評鑑、領導等事項，但只有作決定才是貫穿所有行

政歷程的中心，而且只有正確的決定，才能指引有效能的行政運作。

（三）作決定是整個教育行政組織所致力之事

首先，作決定係設計教育行政組織結構的依據；其次，決定的品質優劣，直接關係到整個組織的績效；而且任何決定是在整個組織運作中產生的，亦即是在組織各單位、各有關人員於溝通、協調、合作下完成的，由此可知，作決定是整個教育行政組織所致力之事。

（四）作決定的運作影響組織功能的發揮

無論從組織的權威、領導的功能、組織的內部關係及協調來看，作決定涉及組織層級的分工，是領導的重要核心概念，關係到組織內部的和諧，以及是否能建立共識、齊心戮力，並且共同貫徹執行組織決定的關鍵。

（五）作決定是相當複雜，且連續不斷的過程

作決定必須考慮的因素繁多，除涉及人員的安排、事件的特性、時間的多寡、地點的選擇、可用物資的配置，以及內、外在環境的一再變化，均充分顯示出作決定程度之複雜；此外，前後決定也必須彼此互相關聯，形成一連續不斷的過程。

四、教育行政決定的意義

Simon（1976, p. 1）指出：「整個行政組織瀰漫著決定的工作……所有的行政理論，必須包含能夠確保組織正確作決定的原則。」另外，許多學者（A. H. Cornell、W. K. Hoy & C. G. Miskel、T. L. Krepel、R. M. Steers）在談到行政決定的重要性時，都主張：作決定對有效能的教育行政人員，是最重要的技巧之一（Razik & Swanson, 1995）。此外，許多學者會談及作決定

的意義，但很少學者專門指出教育行政決定的意義，以下略舉數端。

Hoy 與 Miskel（1991, p. 300）指出：「作決定對所有的教育行政人員而言，是主要的責任。」

黃昆輝（1988，頁466）主張：「教育行政決定，乃是教育（學校）行政人員為圖教育的發展與進步，對一個待決定的問題，依其權責，透過正式組織的運作，研求若干變通方案或方法，並從而作出較恰當合理之裁決的一種過程。」

張德銳（1995，頁83）認為：「教育行政決定，乃是教育（學校）行政人員在面臨教育問題時，依其權責，從若干解決方案或方法中，作一較合理有效的抉擇，以解決教育問題，促進教育的發展與進步的一種歷程。」

吳清山（1998，頁138）界定學校行政決定的意義為：「學校行政決定乃是學校行政人員（或教師）為了解決實際教育問題與達成教育目標，依其權責研擬若干解決途徑或行動方案，所做的一種最佳選擇的歷程。」

簡而言之，教育行政決定即教育行政人員或教師，在明瞭決定的意義後，依其自身之風格，同時考量教育及學校行政機關的特性，並參照作決定之原則與技術，以有效達成教育目標的動態歷程。

第二節　教育行政決定的類型與模式

探討教育行政決定的類型與模式，可以了解教育行政決定的歷史脈絡。一般而言，教育行政決定的類型，也稱為教育行政決定的風格，屬於比較偏向以人為主的決策行為探討；而教育行政決定的模式，則傾向於指涉形成的決策過程，以事為主的探討，兩者互為表裡，茲分別扼要說明如下。

一、教育行政決定的類型

有關教育行政決定的類型，不同學者有不同的區分方式。國內學者黃昆輝（1988）綜合諸多學者的意見，並根據自身的見解指出：若根據決定的主體，教育行政決定的類型可分成組織的決定與個人的決定；依決定的資訊，可分為確定性的、風險性的與不確定性的決定；依決定的態度，可分為積極的與消極的決定；依決定的技術，可分為程式化的與非程式化的決定；依決定的時機，可分為居間、請求與創造決定；依決定的層次，可分為策略性、行政性、運作性決定；依決定的呈現形式，可分為敘述性、類比性與符號性決定；依決定的問題性質，可分為事實的與價值的決定等八個決定的向度及二十種決定的類型。另外，國外學者Estler（1988；秦夢群，1999）綜合教育行政決定的文獻發現，教育行政決定依據「情境」會逐漸而且累積成四種主要的類型，即理性型、參與型、政治型與無政府型的決定。茲分述如下。

（一）理性型的決定

理性型的決定是指，在一個高度整合之理性的科層結構中，依據理性的計算來達成特定的目標。科學管理和專業化提供了教育行政決定的基礎。理性的觀點假設：決定是在眾多有關目標的選擇方案中，選擇出來的結果，例如：學校教師的授課時數與時間的安排等。

（二）參與型的決定

參與型的決定是指，有關的參與人員依據共識來達成共享的目標。參與的觀點假設：成員間有共享目標，且基於訊息、專門知識、組織結構和成員間的理性而達成決定，例如：中、小學各科教科書的選用或各校的校務會議所做成之決議等。

（三）政治型的決定

政治型的決定是指，利益團體和聯盟彼此協議，最大化地達成彼此不同的目標。政治的觀點考慮競爭，並且經常必須在合法和合乎利益之間、正式和非正式之間取得平衡；且外在環境會對內部決定過程造成影響。此一觀點假設：參與競爭之任一方的意圖均是理性的，而決定是在彼此競爭的利益上，討價還價出來的結果，例如：母語教學、鄉土教育與認識台灣等新增課程的實施，甚至近來歷史教科書內容的比例分配與撰寫重點，本來已經執行的「微調課綱」，在反對的聲音出現後，教育部同意讓新舊課綱並行，其所「爭議處，在大考中不考」。而在 2016 年我國總統大選過後，由民進黨「全面」執政，立法院通過撤回「微調課綱」，教育部長宣布廢止這份課綱（維基百科，2017 年 3 月 5 日），此即屬政治型的決定。

（四）無政府型的決定

無政府型的決定是指，在目標、技術和參與方式都模糊不清的情況下，選擇機會、參與者、問題與解決方案卻又及時匯聚在一個特定的時間點上，因而產生的決定。此一觀點假設：⑴問題的目標涉及不一致且難以界定的偏好；⑵達到組織目標之過程中的技術並不清楚；⑶決定成員具有流動參與性。換句話說，環境並不適合產生理性的決定結果，例如：教師在課堂上所面臨學生「非例行性」日常事物的處理。又如：107 課綱中所要求的「學校圖像」、「多元選修」和「學校特色」等議題，除了符合前述兩點外，小型學校因為代理代課教師比例甚高，每年均有流動，在此一情況下所做的決定即屬此一類型。

二、教育行政決定的模式

上述的決定類型，通常被二分為兩種決定的模式：前二者屬探索決策過程是如何發生的「描述模式」；後二者則屬探究實際決策發生過程為何的「規範模式」（Estler, 1988; Razik & Swanson, 1995; Robbins, 2000）。另外，也有採三分法者，例如：完全依據理性的「古典模式」、認為理性有其限制的「行為模式」，以及強調決策者之作為的「Vroom 與 Yetton 之規範模式」（Lunenburg & Ornstein, 1996）；又如：「理性模式」、「參與模式」與把作決定看做是在多個利益團體衝突、協商、瓜分資源、界定權威及非正式權力之環境下作選擇的「策略模式」（Gorton & Snowden, 1993）；亦有採四分法者，如前一小節所述之四種風格（Estler, 1988）；又如：Robbins 曾經區分為理性模式、滿意模式、偏愛模式與直覺模式（李青芬、李雅婷、趙慕芬譯，1995）。此外，Hoy 與 Miskel（1991）則舉出六種模式，分別為理性模式、行政模式、漸進模式、綜合掃描模式、垃圾桶模式與衝突模式。以下綜合前述歸納出八種模式，說明如下。

（一）理性模式（rational model）

理性模式又稱為古典模式、規範模式或最適化模式。理性模式是一個很古老的決定模式，此一模式假設決策者能百分之百全然依據理性，在所有眾多的選擇方案中，分析所有的利弊得失與可能的結果，所以能夠選擇以最少的投入成本，獲得最大的結果產出，而做出最恰當、最適合的決定。根據 Robbins（2000）的看法，理性決定的過程，事實上包含了下述六項假設：

1. 問題清楚：問題清楚而且不模糊。決策者對於有關的決定情境，有完全的資訊。
2. 所有的選擇均已知：決策者能確認所有相關的判斷標準，列出所有不

同的選擇方案，而且清楚每一個選擇方案的可能結果。

3. 清楚的偏好：決策者能根據自己的偏好評定判斷標準和選擇方案，並且予以加權排列。

4. 固定的偏好：具體的決定判斷標準是固定不變的，且賦予之加權數值亦不因時間而改變。

5. 沒有時間和成本限制：決策者能獲得有關判斷標準和選擇方案的完全訊息，因為是假定沒有時間和成本限制。

6. 極大化收益：理性的決策者會選擇產出最高價值的選擇方案。

此一決定模式的形成，一般而言有下列六個步驟（竺乾威、胡君芳譯，1991）：⑴面對一個存在的問題；⑵一個理性的人，在腦海中澄清自身的目標、價值或目的，並加以組織或排序；⑶列出所有可能達成目的之決定方法；⑷審視每項可供選擇之決定會產生的所有後果；⑸將每一個決定的後果與目的逐一進行比較；⑹選出後果與目的之最適決定。因為在作決定的過程中，有一定的步驟規範，這就是理性模式何以又稱為規範模式的原因。

（二）滿意模式（satisficing model）

滿意模式又稱為行為模式或是有限理性模式（bounded rationality model）。Simon 在 1947 年，駁斥前述有關理性模式將人視為全知萬能和無限理性的經濟人，認為只要依循理性必可以最小的成本獲致最大的效益之看法。他把環境的因素和人的行為因素納入決定的過程中做考慮，提出有限理性與滿意利潤之行政人的看法，而認為最大利潤的獲得雖是作決定的最高境界，但實際上是滿意利潤的獲致才確實可行（吳清基，1984；Simon, 1976）。

在作決定的過程中，因為受限於個人的知識、經驗、能力或技術，所以供作決定的選擇方案，就會有限；另一方面，若因為先前對問題的認知有所

改變，則動機、態度、價值的期待或目標等，就必須再重新調整；另一方面，當決定受到時間的限制，就不可能對問題有充分的了解，則用來評估判斷的標準知識，就會有限（Simon, 1976）。

既然理性是有限的，因此在作決策的過程中，就無法把所有可能解決的方案列出來，所以只能在列出來的方案中作評估；同時，在所列出來的方案中，必須考慮到時間與人力等成本的問題，所以只能儘量評估可能的結果，然後再根據決策者（不論是個人或團體）的偏好，找出「可以接受的」決定，此即為滿意模式。

在滿意模式的決定過程中，可行方案的排列次序相當重要；因為在此一模式之下，只要有一個令人滿意的解決方案即可，所以決策者通常會簡化評估的步驟，先去考慮那些醒目的，或本身所熟悉、又不致偏離現狀，且能符合評斷標準的決定。這或許可以解釋何以人們所做的決定，通常和其以往所做的決定差不多（謝文全、林新發、張德銳、張明輝，1995；Robbins, 1998）。

在學校行政處理問題的過程中，行政人員經常並不知道問題的存在，即便知道了，也不可能有足夠的時間、精力或經費等，來對所有的問題作系統性的釐清，更遑論去規劃並且評估可能的解決方案；所以，決定的行為通常取決於經驗、直覺、向他人請益，或一些創意（Lunenburg & Ornstein, 1996）。此種取決於有限理性的決定行為，就是一般學校行政人員的行為模式。

（三）漸進模式（incremental model）

漸進模式是美國經濟學及公共政策學者 Lindblom，基於對傳統理性模式的不滿所發展出來的模式（張德銳，1995）。Lindblom（1959）把這種決策模式稱為「漸進調適的科學」（the science of muddling through）。

Lindblom（1959）也把漸進模式稱為第二種方法、連續有限的比較（successive limited comparisons），其最主要的原因是用來和最早的、理性全知的決策模式做對照。此種決策方法有下列五個特性：

1. 價值、目標和所需行動之經驗上分析的選擇，彼此間並非可以截然劃分，而是緊密的交織在一起。

2. 既然手段和目的之間無法截然劃分，「手段—目的」的分析就常會不適當或有限。

3. 典型地對「好的」政策分析，就是分析師發現他們直截了解當地同意的政策，所以達成一致的目標之最適當方法，也就是不要有他們的同意。

4. 分析根本就是有限：(1)可能重要的結果被忽略了；(2)潛在重要的替代政策被忽略掉了；(3)有重大影響的價值被忽略掉了。

5. 一連串的比較，大大地降低或消除對理論的依賴程度。

Lindblom（1979）認為，此種政策的漸進分析（或稱為漸進主義）有三個層次：

1. 簡單漸進分析：指那些可供選擇之有限的政策分析，且都只是逐漸的和現狀不同。

2. 斷續漸進主義：這是一種複雜的分析方法，是由許多簡化而且聚焦的「簡單漸進分析」策略之相互支援系統所構成。它是指決策者就每一個簡單漸進分析所造成的新情勢，重新檢視資料，重新在現有可行的方案中，做片段的、連續的、修補的、調適目標的決策；只要決策者能夠掌握住解決問題的正確方向，最後便能解決一個重大社會問題的分析方法（張德銳，1995）。

3. 策略分析：指任何經過計算或仔細選擇，用以簡化複雜的政策問題之整套策略，亦即抄捷（short-cut）傳統「全面的」科學分析之一種方

法。

要言之，漸進模式是指決策者因受限於有限的理性、時間、資訊、人力、物力，甚至反對聲浪等各種因素的影響，在作決定的時候，透過社會互動、採用逐步漸進（事實上，Lindblom 也認為一次要全面性的決策是不可能的），以達成決策的一種方式。

（四）綜合掃描模式（mixed scanning model）

A. Etzioni 認為，漸進模式太過於謹慎，反而使決策流於枝微末節的事務上，甚至偏離政策的主軸，於是在 1967 年綜合理性模式和漸進模式的優點，提出了綜合掃描模式，又稱為簡陋的決定或適應性的決定（Hoy & Miskel, 1991）。

由此可知，綜合掃描模式的重點，在使決策者先應用理性模式來決定組織的基本任務和政策，然後在把握既定的目標和方向之原則下，做成無數小幅的、個別累增的決策（謝文全等人，1995）。如此一來，一方面可以避免應用理性模式的盲點，另一方面又可以採取漸進模式的優點，頗似醫生替病患治病的時候，一定先察看其病歷，且依據病患的描述對其狀況有一個梗概的理解後，才針對問題做一詳細的診治，是以稱為綜合掃描模式（Hoy & Miskel, 1991）。

使用此一模式的時候，有一些適用原則如下（Hoy & Miskel, 1991）：

1. 專心的嘗試錯誤：由於訊息很難完全確知，所以決策者通常都在只有部分資訊的情況下，就必須做出決定，所以決定必須非常小心，須定期檢視並且予以適當的修正；因此作決定彷彿做實驗一般，小心翼翼地逐步去嘗試、發現錯誤、修正後再嘗試，如此逐步形成完整的決定。

2. 拖延：因為訊息不完全，所以必要的時候，應該延遲作決定，如此可

以蒐集更多資訊、處理附加的資料、考慮新的替代方案。

3. 兩面下注（hedging bets）：在資訊不完全的情況下，假使幾個方案似乎都可獲得滿意的結果，若能同時執行兩個互斥的方案，就可以降低不確定性。

綜合掃描模式，看似粗略的決定模式，但凡是有國家考試或研究所考試經驗的人，在茫茫書海之中決定要讀哪幾本時，綜合掃描模式不失為一個很好的決定模式。

（五）垃圾桶模式（garbage can model）

垃圾桶模式是由 M. Cohen、J. March 與 J. Olsen 在 1972 年所提出（Hoy & Miskel, 1991）。他們曾提出「組織的無政府狀態」，指出此種組織在表面上雖有組織，但實際在運作上卻呈現出無政府的型態，因為此種組織不適用古典理論的決策模式（如學校組織），原因有三（秦夢群，1993）：

1. 學校的目標通常不確定或不清楚：在此一情形下，通常解決問題的方法不只一種，但無論採行任何一種，似乎也無法全然解決問題，一定要等到解決問題的答案真正出爐，大家才會知道問題之所在（Hoy & Miskel, 1991）。

2. 達成學校目標的方法與科技並未被充分了解：像是以往認為可以提升學生學習成效的方法，如「留級」、「能力分組」、「特殊教育」，或特定科目的「補救教學」，如今都被認為是錯的（NCREL, 1996）。臺灣在邁向二十一世紀前所推動的學校本位管理和九年一貫課程，甚至是當前所推動的十二年基本國民教育和 107 課程綱要，似乎也面臨「並未被充分了解」的困境。

3. 參與的流動性：學校組織成員的流動性，包括：校長、主任、組長、教師、一般行政人員，甚至學生，都使決定是在面臨高度變動可能性

的情況下完成。

在此種情況下，組織決定就像是在一個裝有各種垃圾的垃圾桶中隨便抽取完成一樣；而此所指的「垃圾」，適用於比喻無數偶然投入和自由結合的問題、解決方案、參與者、選擇機會（謝文全等人，1995；Hoy & Miskel, 1991）。

（六）衝突模式（conflict model）

衝突模式乃 I. Janis 與 L. Mann 在 1977 年時，根據決策團體在作決定時之心理衝突的觀點，所發展出來解釋下述兩個問題的決定模式：其一、在何種情況下，壓力會對決策品質產生不良影響？其二、決策者在何種情況下，能運用良好的決策程序，來避免做出會立刻後悔的選擇（Hoy & Miskel, 1991）？

此一模式始於有人「挑戰負面的回饋或機會」，在決策的過程中必然會面臨四個問題，而產生壓力；為了調適壓力，會產生五種心理狀況，而只有「警覺」（vigilance）才能做出完整的決策（如圖 4-1 所示）。

（七）策略模式（strategic model）

策略模式把決定看做是：許多利益團體在有限的資源、職務權威，以及非正式的權力之下，彼此衝突、協商後的產物。此一模式綜合了結構要素（如對計畫表的堅持），以及在科層的理性模式下建立政策，與透過參與尋求共識；亦即策略模式假設，作決定必須基於全然的知識，以及內、外在環境的分析（Gorton & Snowden, 1993）。

在策略的決定模式下，決定經常受到共享的哲學理念或參與者相互同理的影響；此一模式被有興趣實踐教育願景的教育行政人員，用來作為發展長期、全面、有彈性且易修正的計畫之用（Gorton & Snowden, 1993）。

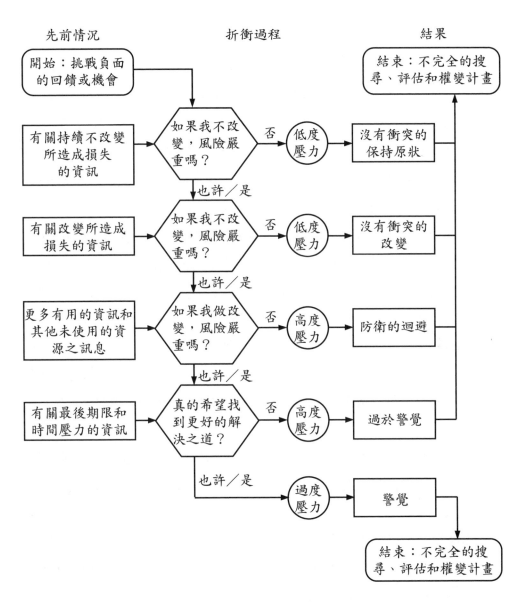

圖 4-1　決定的衝突模式

資料來源：Janis 與 Mann（1977），引自 Hoy 與 Miskel（1991, p. 324）

（八）Vroom 與 Yetton 之規範模式

Vroom 與 Yetton 之規範模式有點複雜，其認為領導者在作決定時須考慮到三個要素，即決定的品質、決定的接受程度，以及決定的時間限制。決定的品質是指，所做的決定必須是有效的；決定的接受程度是指，所做的決定必須廣為部屬所接受，方能有效執行；時間限制則是指，當決定的時間不夠充裕，則應採專制型的領導，反之則可採參與的領導方式（Lunerburg & Ornstein, 1996; Robbins, 1998; Vroom & Jago, 1974）。

綜合言之，Vroom 與 Yetton 之規範模式是指，領導者必須以完成上述三要件為目標的情況下，根據八個規範因素的「是或否」之決定，而形成不同的領導情境，但基本上仍然歸納成五種決定（或領導）類型（如圖 4-2 所示）。根據圖 4-2 所示，這五種領導風格分別是（羅虞村，1995；Hersey & Blanchard, 1988; Robbins, 1998; Wikipedia, 2015）：

1. 獨斷 I 型（Autocratic Type I，簡稱 AI）：領導者能根據自己掌握到的訊息，獨自做出決定；沒有冗長的會議和反覆的討論程序，是其優點。

2. 獨斷 II 型（Autocratic Type II，簡稱 AII）：領導者除了自己的訊息外，又從群體中獲得其他訊息，在不一定告知群體成員的情況下，獨自做出決定。

3. 諮詢 I 型（Consultative Type I，簡稱 CI）：領導者在做出決定之前，會分別先詢問相關部門或不同群體的意見，而不用聚在一起討論，領導者會為所作決定負所有成敗之責。

4. 諮詢 II 型（Consultative Type II，簡稱 CII）：與諮詢 I 型唯一不同之處是，領導者會把大家聚在一起，以獲得來自「群體的」意見，但仍是由自己獨自做出決定。

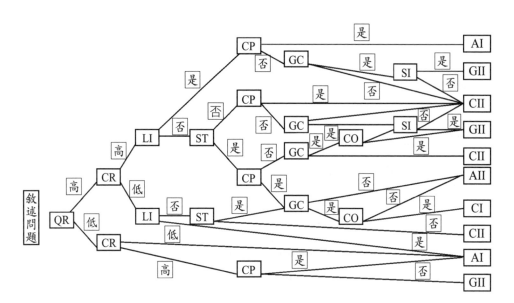

註：品質需求（QR）：此一決定技術的品質有多重要？
　　承諾需求（CR）：部屬的承諾對決定有多重要？
　　領導者的資訊（LI）：有足夠的資訊做出高品質的決定嗎？
　　問題結構（ST）：此一問題之結構清楚嗎？
　　承諾可能性（CP）：如果是由你作決定，你的部屬理所當然會致力於該決
　　　　　　　　　　　定嗎？
　　目標一致（GC）：在解決問題的時候，部屬有共赴組織所要達成的目標嗎？
　　部屬衝突（CO）：部屬可能對於較喜歡的解決之道（不同）而衝突嗎？
　　部屬的資訊（SI）：部屬有足夠的資訊做出高品質的決定嗎？

圖 4-2　Vroom 與 Yetton 之規範模式的決策樹

資料來源：Robbins（1998, p. 365）

5.群策 II 型（Group-based Type II，簡稱 GII）：顧名思義，是指領導者
　和自己所屬的團隊一起集思廣益而得到的決定，領導者類似會議主席
　的角色，協助討論的引導和聚焦。此種決定類型較費時耗工，但所獲
　得的結論較易為團隊成員接納並執行。

理性模式、滿意模式、漸進模式及綜合掃描模式，其主要的分析集中在

個人作決定方式的探討，無論是完全理性或有限理性，仍舊未脫離理性決策的範疇。另外，D. E. Bell、H. Raiffa 與 A. Tversky 也提出期望效用模式（expected utility model），並指出個人作決定會受到個人對決策結果之期望效用極大化的影響，有別於價值極大化（Razik & Swanson, 1995），例如：口渴的人們決定要掘井，對水的期望一定高過於鑽石，儘管對一般人而言，鑽石的價值高過於水；不過，其仍未脫離理性決策的範疇。

團體的決定模式，除了本節所介紹的垃圾桶模式、衝突模式和策略模式外，尚有參與決定模式（participative decision-making），此一模式最早稱為參與管理（participative management，簡稱 PM），其後更演變出分享式領導、人員增能賦權、人員參與、開卷管理、分散管理或工業民主（Wikipedia, 2017a）。不過，誠如 J. A. Conwey 所指，參與決定模式除了讓成員更有自我價值感外，並無證據顯示此種決策模式可以提升決策品質，且吾人對此一模式，仍有許多不清楚的地方（Razik & Swanson, 1995）。Robbins 與 Judge（2013）綜合許多研究結果指出，無法確切證明此一模式能提升績效。

Vroom 與 Yetton 之規範模式依其情境可分為五種決定方式，個人決定與團體決定均包含在內，本節所介紹者除了 CI 型可同時用於個人和團體的決定外，其餘四型均屬團體的決定模式（Vroom & Jago, 1974），關於個人決定的說明，礙於篇幅，難以詳細介紹；但因其理論又被稱為「領導者—參與模式」，故經常也被放在領導理論之中（請參見第六章第二節）。

第三節 教育行政決定的技術

有關教育行政決定的技術頗多，就個人而言，常見的有所謂的強迫思考法：強迫自己每天找出固定時間思考問題的解決之道；創意資料庫：平常蒐

集與工作或計畫有關且具創意的訊息，做為面臨作決定時的參考或提示，以激發靈感；獎勵提案制度：重賞之下，必有最佳提案以為決策之需，即此一技術的寫照；比較研究法：看看別人，甚至他國，在面臨相同或相似的問題時，如何處理。此外，尚有許多團體決定的技術，說明如下。

一、互動團體（interacting groups）

互動團體算得上是最基本的團體決定方法，是由成員彼此面對面，透過語言和非語言的溝通來尋求共識。此一方法的最大問題就是團體思考的壓力，也就是說在討論的過程中，成員不但會有順從團體決定壓力的傾向，甚至會互相審查成員的發言及其作為是否阻礙了團體決定的形成（Robbins & Judge, 2013）。

簡單地說，互動團體就是開會討論，但互動團體不限於哪一種方式的會議進行與流程；所以，為了有效率和結論，通常一定型式的會議規範則是必須的，有了會議規範和流程，則必然會有會議主持人或主席。如果主席是上司或長官，通常不是會議缺乏互動，就是個人會順從團體壓力的決定。

二、腦力激盪術（brainstorming）

腦力激盪術是由 A. F. Osborn 所創（謝文全，1993）。此一技術顧名思義是由大家集體思考，經由腦力激盪而獲致最佳的解決方案或決策。典型的腦力激盪術是有六至十二人（Robbins, 1998），大家圍著桌子坐成一圈，針對問題依次說出自己的看法，若暫時沒有看法則先跳過，如此一直進行到所有參與討論的成員都不再有任何看法為止；然後，根據所記錄下來的所有解決方案或點子，逐一由成員共同檢視，說明贊成或反對的理由、比較優缺點後所獲致可行的決定，或者就所有方案之可行性高低予以排序亦可。在說出個人意見的過程中，領導者應特別注意，要鼓勵任何「異想天開」的點子，

且在此一過程中，任何人均不得批判任何意見，使成員能在完全無壓力的情況下激發創意，以便獲得最佳的決定。

　　腦力激盪術可以克服對團體壓力的順從並產生創意，但也比較耗時，而且研究也一致指出，個人獨自思考比在腦力激盪的過程中想出的點子還多，因此有了記名團體術的產生（Robbins & Judge, 2013）。

 ## 三、記名團體術（nominal group technique）

　　記名團體術最早由 A. L. Delbert 與 A. H. van de Ven 在 1968 年時所提出（Gorton & Snowden, 1993）。採用此一技術時，所有成員均需親自出席，在作決定的過程中，所有成員禁止討論或彼此互動。此一技術通常採下列四個步驟（Robbins, 1998）：

1. 將所有成員聚集起來，在開始討論之前，就某一問題各自寫下自己的看法。
2. 所有成員輪流說出自己的「一個」看法，且把所有的意見都記錄在黑板或大的活動掛圖上，過程中禁止討論。
3. 接著，整個團體開始討論與評估各個意見。
4. 所有成員獨自默默地就各個意見予以評分，最後以總分最高的意見為最終的決定。

　　記名團體術就像傳統會議一般，人員必須親自出席，而其優點就是讓成員正式與會，但卻不會因為團體討論的干擾，打斷獨自思考的思緒和主意。近來團體決定常常加上電腦輔助，電子會議或稱為電腦輔助（computer-assisted）團體應運而生（Robbins & Judge, 2013）。

 ## 四、電子會議（electronic meeting）

　　電子會議是一種利用電腦作決定的技術。是在一個可以多達五十個人同

時圍坐之馬蹄形桌子的座位上，前面除了電腦主機和鍵盤以外，空無一物。問題經由電腦傳送給參與決策的人員，決策者也利用電腦來交談，最後再利用電腦來投票表決或加總計分，以獲致結論。此一技術的優點是匿名、快速，而且可以「殘忍地說出實話」，更重要的是可以「同時」和其他人交談，不必等人說完即可發表意見，又可以避免閒聊或偏離主題（Robbins, 1998）。

近來智慧型手機和應用軟體快速發展，在正式的電子會議檯面下，還有不同群組間利用手機及其軟體來交換訊息、意見和籌碼，為團體決策注入新的活力與能量。

五、德懷術（Delphi technique）

德懷術是一種較費時且較複雜的決策術（謝文全等人，1995），其請教對象為該問題的專家，專家們彼此不用開會見面，而獲致共識。德懷術通常有下列七個步驟（Lunenburg & Ornstein, 1996）。

1. 不分組織內外，針對問題尋找「一群」專家，並且請求協助。
2. 當專家們同意後，分別將問題寄給他們。
3. 每位專家分別將自己的意見以不記名的方式寫下來，並且寄回。
4. 收到問卷後，把專家們的意見整理好，再寄給這群專家。
5. 每一位專家將收到其他所有專家對此一問題之意見的複本。
6. 每一位專家再根據其他專家的看法，提出評論和新的看法，然後再把這些意見寄回。
7. 重複第五和第六兩個步驟，直到專家們的意見一致為止。

根據筆者的觀察，德懷術目前已經可以利用如 Google 的電子表單之類的功能來取代，配合手機與電子郵件軟體結合的便利性和時效性，可以快速獲得結論。唯一必須注意的是，必須是學有專精的專家，而不是什麼問題都能談論的「名嘴」。

六、魔鬼的倡議（devil's advocacy）

　　魔鬼的倡議是針對解決團體思考的盲點和壓力所提出來的（Lunenburg & Ornstein, 1996）。團體決策經常使成員的思考受到壓抑，或順從於團體規範，如美國總統 J. F. Kenndy 決定進攻古巴的「豬玀灣事件」可為明證，因為團體一致性的壓力而把不同意見壓抑後，竟做出錯誤的判斷。魔鬼的倡議正可完全避免這些缺點，當問題由某甲團體做成解決的決策時，交由乙團體來扮演「魔鬼」的角色，負責挑出毛病；若此一決策可以經得起魔鬼的倡議之考驗，則證明此一決議並無團體決策的缺點。此一技術可以用在作決定的初期，可在團體中選定一人來做魔鬼的倡議，專挑毛病，盡可能提出反對意見，以促使做最好的決定（Lunenburg & Ornstein, 1996）。

　　此一團體決定的方法，目前也有人提出類似德懷術的七步驟，簡單說明如下（Hartwig, 2016）：

1. 提出需要團體分析和作決定的議題。
2. 把成員分成人數相當的兩組：一組是提案組，另一組是魔鬼組。
3. 指導提案組把提案提出，並完整提出說明和數據等資料，寫在一張大紙、白板或投影在大銀（螢）幕上；同時，指導魔鬼組盡可能地挑出提案的缺失和疏漏。
4. 讓兩組互相展開攻防戰。
5. 把兩組分開，再根據雙方提出的意見，提案組把提案再修正後提出，魔鬼組再根據可以挑剔的地方挑出問題。
6. 重複第 4 和 5 兩個步驟，直到提案組提出的決定，魔鬼組再也無可挑剔，換句話說兩組已經達成共識。
7. 執行該項決議。

七、辯證探究（dialectical inquiry）

辯證探究也是一種避免團體決策偏誤的決定技術，其過程如下（Lunenburg & Ornstein, 1996）：

1. 先把成員分成若干組，每一組的組員同質性都很高，但組與組之間則儘量不同。所有的組別必須涵蓋對最終決定之影響的所有立場。

2. 各組分別開會，確認立場背後之假設，評估其重要性和可行性，且每一組都分別對其他組提出贊成和反對的意見。

3. 每一組都攻擊其他組且為自己的立場辯護，其目的不在說服他組，而是要確知必然不被他組接受的立場為何。

4. 把分析過的資訊提供給各組，以便確認資訊差距（information gap），然後建立對問題進一步研究的指引。

5. 進一步確認解決問題所需的資訊，以最能符合各組要求而又重要的立場來達成共識。

 ## 八、模擬聯合國（Model Union Nations，簡稱 MUN）

最近幾年來，採用模擬聯合國的方式進行決定，成為廣受歡迎的團體決定方式之一，尤其是在高中和大學之間，教育行政人員不可不知。

模擬聯合國顧名思義是模擬聯合國的開會方式，由來自各國不同的學生成員代表，透過正式的會議程序，達成共識的一種團體決定模式。

關於模擬聯合國的開會程序，維基百科（2016 年 12 月 29 日）中有詳細記載，本文僅就其組織、規則、議事章程、開始、辯論、投票表決及決議予以扼要說明。

1. 組織：模擬聯合國的旗下組織，例如：聯合國安全理事會、聯合國經濟及社會理事會、世界衛生組織、聯合國難民署、歐盟理事會、伊斯

蘭會議組織和亞太經合會等均屬之。

2. 規則：開會時所使用的議事規則包括：羅伯特議事規則（Robert's Rules of Order，簡稱 RONR）、歐盟議事規則、模擬聯合國議事規則或聯合國大會的官方議事規則等；此外，對於服裝和發言等都有一定的規範。

3. 議事章程：一般以羅伯特議事規則的使用為主。

4. 開始：會議開始需有三分之二以上之代表出席。

5. 辯論：這是根據提案所產生的討論過程，一般有正式辯論、主持情況下的磋商、自由磋商三種，但也如同正式會議般，過程中仍會產生私下的協商。

6. 投票表決：一般分為對程序的表決及對提案的表決。程序性的表決須有三分之二以上的出席代表贊成使得通過，經辯論的提案亦同，一般的動議則只需要過半數即可。

7. 決議：經由投票表決產生。在過程中，主席點名唱票，按照國家英文字母順序點名，被點到的代表回答「贊成」、「反對」或「棄權」來產生決議案。所有提案，分案逐一討論產生決議，最後再由大會公告。

九、世界咖啡館（The World Café）

世界咖啡館有時候也稱為知識咖啡館（knowledge café）（Wikipedia, 2017b）。基本上是以咖啡廳的規模設想，每一桌有幾個人，在一個很輕鬆的情況下，分桌討論同一個議題，集思廣益而獲得結論的一種決定模式。《第五項修練》（*The Fifth Discipline*）一書的作者 P. M. Senge 曾表示：「咖啡館對話是我所見過最能幫助我們體驗集體創造力的一種方法」（錦興小太陽認輔志工團，2012 年 2 月 22 日）。所謂「世界」是指來自四面八方的人

們，「咖啡館」則是指輕鬆的環境氛圍（謝文全，2016）。

世界咖啡館源自於 1995 年在美國加州的 J. Brown 與 D. Isaacs 家中之一場「圍成一個大圈」對話，後來 Brown 和當初參與討論的朋友們把它發展為現今的這種討論方式（Wikipedia, 2017b）。

基本上，世界咖啡館也是屬於腦力激盪術的一種。它的運作模式是先有一個問題，再將參與人員（至少 12 人、至多不限）分成若干桌，然後每一桌設一個桌長主持討論，並且把討論的重點寫下來，在大約經過 20 至 30 分鐘的討論後，除了桌長以外的成員換桌，該桌的新成員在分享前一組的討論後，繼續討論下去。至少三輪以後，主持人再把大家的結論彙整並予以分享。

在世界咖啡館的討論方法發展出來的二十年後，當初的創始人 Isaacs 和他的朋友指出七個使世界咖啡館模式獲得最佳結果的應用原則，如下（Schieffer, Isaacs, & Gyllenpalm, 2014）：

1. 說明事件的來龍去脈。
2. 建立一個宜人的環境。
3. 探討重要的問題。
4. 鼓勵每個人的貢獻。
5. 異花授粉（cross-pollinate）並連結不同的見解。
6. 一起用心傾聽模式、洞見和更深入的問題。
7. 獲得結論並分享這些共同的發現。

第四節　教育行政決定的原則

為了做出最佳的決定品質，導致影響教育行政決定的原則頗多，例如：Simon 提出專業分工、統一指揮（吳清基，1986）；謝文全（1993）主張方

法科學化、決定書面化、執行前宣導溝通等原則。此外，尚有其他原則，頗值得關注，說明如下。

一、採取系統的思考

以往人們對於決定的思考，誠如前述教育行政決定的模式中所指：理性模式、滿意模式、漸進模式、綜合掃描模式等，都把決定侷限於「線性的」思考框架中；但是從垃圾桶模式、衝突模式和策略模式中，吾人可以發現決定的結果經常並非如前述四種模式般的可以預期，此種情況在學校組織中更為明顯。

所以，許多教育方面的專家採取動態的觀點，把決定放在像系統一般的脈絡下思考，因為除了可預期的因素外，事實上學校系統的決定充滿了回饋線環、環境因素、次級系統和許多限制（Hoy & Miskel, 1991）。此即為Senge在1990年的著作《第五項修練》中的「系統思考」。系統思考是指：在作決定的時候，由於系統是不可分割的整體，所以必須詳細考慮整個系統的動態變因才做成決定，否則會欲速則不達（郭進隆譯，1994）。

二、整合相關的理論

個人決定經常受到知覺、記憶和情境的影響，因此有歸因理論、認知失調理論、效用期望理論和後悔理論（regret theory）的解釋（Plous, 1993），以及指個人決定受到價值、目標和計畫三個圖像而影響的圖像理論（image theory）等，這一類屬於心理學的領域（Beach, 1993）。而用來猜測是銅板的哪一面之決定，牽涉到機率，無疑是數學；博奕理論和囚犯困境是典型經濟學的研究；Neyman 與 Pearson 在第二次世界大戰之前所發展出來的假設考驗，是統計學應用在決定過程的先導（黎子良，1993）；團體決策時經常會產生團體極化、風險轉移、順從於團體壓力、逐步擴大團體承諾等情形

（Lunenburg & Ornstein, 1996; Robbins & Judge, 2013），則是社會學的範疇。此外，能夠大量且高速處理資料的電腦科技，無疑是協助決定的另一大利器。當年，超級電腦「深藍」在和世界圍棋高手 Kasparov 對奕時，不但準確而又能快速地做絕佳判斷，更在第六局延長賽打敗世界第一高手，展現出驚人的決斷力（IBM, 1997）；20 年後，網路上有一位名叫大師（Master）的棋手，從 2016 年 12 月 29 日開始現蹤，在短短一週的時間內打敗世界各國的圍棋高手，最後在 59 勝 1 和（唯一的一場和棋是因為對手離線導致系統自動判和）後公布真實身分，竟是 Google 旗下 DeepMind 公司開發的人工智能程式 AlphaGo 全新升級版（端傳媒科技，2017 年 1 月 4 日），此顯示電腦運算、資料庫和大數據分析，已經成為不可或缺的決定利器。

上述只是對於決定在心理層面與技術層面的理論基礎，如欲真正做出良好的決定，尚須依據決定所屬的範疇，例如：傳統在法學或醫學的範疇，或如現今的電腦科學、社會生物學、兩性平等理論、結構語言學、倫理和政策研究等相關領域，有一定程度的了解。要言之，整合相關理論，才能做出最佳決定。

三、包含倫理的效標

Robbins（1998）指出，倫理效標是當代組織決定之重要原則。他建議決策人員在面臨倫理選擇之時，可以使用下列三個效標：

1. 功利主義（utilitarianism）：功利主義的目標在提供最多而且最好的商品，所以決定也就是在提供最多而且最好的「結果」。

2. 權利（rights）：此所指的權利，是指如同美國《權利法案》（Bill of Rights）中所保障的隱私權、言論自由、訴訟之程序正義（due process）等的權利。

3. 正義（justice）：以組織的觀點來看，是指獲利公平分配、同工同酬

之意。

此三者環環相扣,因為在功利主義的效標下,強調效率和生產力可能會導致對個人權利的忽視甚至傷害,尤其是少數代表的權利,所以需要權利效標;但過度強調個人權利和工作環境的合法化,又會降低效率和生產力;所以聚焦在正義效標,可以在功利主義和個人權利意識中取得較佳的平衡,因此三者缺一不可(Robbins & Judge, 2013)。

四、提高決定的品質

作決定的最終目標,不在於做出正確無誤的決定,因為大多數人所面臨的決定時刻,都是在複雜的環境、不同的聲音與多重的事物所交織而成的情境,因此要所有的成員百分之百認同,是不可能的。如何提高決定的品質,使成員儘量認同決定,有效達成教育行政決定的目標,有其途徑可循,說明如下:

1. 採用參與的決定模式:教育行政機關首長或學校校長本身的業務繁雜,且個人時間、精力也有限,應鼓勵所屬成員或學校教師,共同參與決定,以達集思廣益之效,俾便獲得最佳決定(吳清山,1998)。

2. 掌握影響決定的因素:影響決定的因素繁多,簡單可以分成個人因素和情境因素。就個人因素而言,機關首長或校長需具備內省的修養與進取的決心;若為情境因素,也應洞察了解之後,針對問題予以解決(吳清山,1998)。

3. 信任部屬:無論是參與式的決定或共享式的決定,部屬與領導者一定會一起討論,然後形成共識,才做成決定。如果部屬不能被完全信任,則共識必不適用,更不必提「共同」做成決定;故欲集思廣益,必先信任部屬(Hoy & Miskel, 1991)。

綜上所述，一個好的決定，已逐漸不允許個人依據偏好、直覺等主觀意念來判斷，集合眾人的力量、避免團體決定的偏失、整合不同學科的應用，以及對整個系統的完整思考，並且秉持倫理的效標，以不斷提高決定的品質為最終目標，才能真正做出最佳決定、解決問題，達成教育行政的目標。

關鍵詞彙

- 決定
- 教育行政決定
- 果決的風格
- 彈性的風格
- 階層的風格
- 整合的風格
- 系統的風格
- 理性型決定
- 參與型決定
- 政治型決定

- 無政府型決定
- 理性模式
- 滿意模式
- 漸進模式
- 綜合掃描模式
- 垃圾桶模式
- 衝突模式
- 策略模式
- Vroom 與 Yetton 之規範模式
- 互動團體

- 腦力激盪術
- 記名團體術
- 電子會議
- 德懷術
- 魔鬼的倡議
- 辯證探究
- 模擬聯合國
- 世界咖啡館

自我評量

1. 試說明教育行政決定的意涵。

2. 試比較理性模式、滿意模式、漸進模式及綜合掃描模式的優劣異同。

3. 試舉出並說明兩個團體決定技術的使用程序與注意事項。

4. 試說明團體作決定的缺點及其改進之道。

撒旦的化身

趙豐發（化名）年約 40 歲上下，是一位國中老師，服務於一所鄰近都市的學校。學校設校不久後，趙老師在學校成立的第一年就來了，平常很少提及自己的家庭生活，加上他「元老級」的身分，所以學校的老師幾乎只知道他是英文老師、未婚，任教班級的英文成績很好，其餘則一概不知。

時間一天天的過去，大家平日和趙老師處得也還可以，雖無特別深交，但也不致於交惡；何況他導師班學生的英文成績平均達 95 分以上，幾乎是其他英文教師夢寐以求的分數。可是，有一天，學務處發現趙老師班上有一位女同學缺課三天，就在第三天的早上，媽媽帶著女兒來到了學務處。

「我女兒說不敢來上課。」學生的媽媽操著台語。

「老師會打人，又丟椅子，又不准孩子回去跟父母說……」

學務主任要學生把詳細情形說一次，女學生聲淚俱下，還不時向學務處的門口看去，把平日老師的「教學行為」說了個大概，包括：「一題錯罰抄十遍或幾十遍不等」、「把作業簿當場撕掉」、「叫同學去講台領考卷，卻揉成一團丟在地上叫我們自己撿」、罵「三八」和「下賤」之類的話、「罰站時尿急也不許去上廁所」、打人和丟板擦是常事，甚至丟椅子都發生過，「老師還威脅我們不准說，否則我們就死定了」。

學務主任滿口安慰的話，並且保證會處理，當場也請來了輔導主任，並且要學生放心來學校上課。家長萬般無奈，請半天假，全勤獎金 3,000 元就泡湯了，只希望女兒能去上學就好。

事情傳開了，陸續有老師也注意到趙老師常常在班上大發雷霆的畫面，只有趙老師本人不知道很多老師對他的看法已經不同。此外，大多數家長看

在分數的份上，也不太相信自己小孩講的話，何況他們也不像有真的受傷的痕跡，再加上學生不願把「臀部」露出來的自尊心，日子也就這麼過下去了。

某一天，和他相處還不錯的陳老師開口了：「趙老師，我先生說和你大學同一間寢室。」從此趙老師不再和陳老師講話。不久，趙老師和李姓女老師來電，每天中午兩個人擠在同一張辦公桌用餐；不料，兩三個禮拜後，趙老師卻也和李老師形同陌路。

李老師傷痛之餘，期末調校了，但仍然委請黃姓女老師代轉最新的聯絡地址和電話，因為黃老師和趙老師平日還可以聊上幾句。

「妳這個賤女人，就是因為妳在從中破壞，妳還有臉來，妳這個不要臉的賤女人……」也不管辦公室和走廊上有多少老師、學生，趙老師連罵了十幾句，把黃老師都罵傻了，然後門一甩就走了，留下了驚惶失措的眾人和流著眼淚一句話都說不出來的黃老師。

之後，愈來愈沒有人敢和趙老師講話，尤其是女性教師。

有一次，不知怎麼的，趙老師卻公然辱罵另一位男性林老師是瘋狗；林老師聞風趕至，質問：

「你說誰是瘋狗？」

「瘋狗自己跑來承認。」

林老師聞言出手，趙老師立刻還擊，礙於個頭較小，雖然還手，但還是挨了一巴掌。

「你以後講話小心一點」林老師說完轉身就走。

不一會兒，管區的員警到了校長室，說學校有人報案。當時，趙老師正好在對校長哭訴自己被林老師打，說林老師是流氓，要校長開除他，不信的話可以問黃老師（前述的黃姓女老師），他還說上一次林老師開車撞到黃老師的車，也沒有賠，根本就是流氓，學校不可以有這種老師，要校長開除林

老師，還要警察做筆錄。

　　如果你是校長，你該如何作決定呢？

問題討論

1. 你是否曾經碰到過類似的教師問題呢？請和大家分享並擬訂解決之道。

2. 趙老師的行為是否合於不適任教師的要件？試依法說明。

3. 如果你是校長，你會如何處理前述趙、林、黃、李四位老師及眼下警察來
　學校的問題？

一例一休的老師

維新高中（化名）是一所新設立的高中，在還沒有成立之前，當地學生必須遠赴外地求學，在交通、安全、經濟甚至政治支票等多重因素的考量下，學校風光成立。但問題是，學區人口有限（這是當然），再加上少子化的衝擊、老牌學校的升學績效，以及私立學校的招生策略，維新高中，本來取名的立意是提倡新思維，以符應教育改革，革除不好的舊觀念與作法；不料，因為前述多重因素的關係，成為不折不扣的「微型」高中。

微型高中，不，應該是維新高中，儘管學生不多，伴隨而來的是經費不多、校舍興建喊停，以及老師不多，甚至是專任教師不多。老師不多，學校的配課就會有一些困難，礙於景氣不佳、工作難找，物理老師兼任護理課、化學老師兼任家政課、英文老師兼任體育課、國文老師兼任音樂課、數學老師兼任美術課（一樣畫線條嘛！現代藝術之父 Paul Cézanne 不就是用線條在畫圖嗎）；總之，兼任什麼樣的課程也都經過老師首肯，搭配專長和興趣……，幾名代理教師和代課老師也有家小要養，日子也就這麼過著。

不過，2016 年，因為新政府上台，強調 5 月 1 日勞動節遇假日補休星期一，當時學校有近三分之一是代理教師，適用《勞動基準法》，本來要放假的，但幾經校長和主任的好說歹說，總算看在學生的面子上，就不予計較；後來醞釀的九二八放假日，因為颱風過境，各縣市政府全面宣布放假，算是看在老天爺的份上，也就相安無事。2016 年 12 月 21 日《勞動基準法》修正案，民間簡稱「一例一休」案正式上路，事情開始有了變化。

2017 年 3 月份的某個週六，學校依往例辦理親師座談會，學校大概有半數的導師具有勞工身分，而學校不具備勞工身分的教師，援例擇半日補休

但是課務自理。不過，根據該校教師工會會長表示：學校訂定上班時間為上午 7:30～11:30 及下午 1:30～5:30，所以平日為上班日，星期六為休假，星期日為例假甚明；星期六開班親會，根據《勞動基準法》的規定，需支付代理代課教師「加班費」，且未滿 4 小時以 4 小時計算。此外，從 2 月 13 日開學迄今，所有老師均配合學校規劃的課表授課，以及規定的時間上班，但是每天上午 11:30 至 12:00 仍然是授課時間，有課且具備勞工身分的老師等於是被強迫加班 30 分鐘；中午雖為用餐時間，但學校實施午餐教育，所以12:00～12:30 又被強迫加班 30 分鐘；下午 1:10 就開始上課，等於又被強迫加班 20 分鐘，一天下來，有人被強迫加班 20 分鐘、有人 30、50、60 分鐘，運氣最差者被強迫加班 80 分鐘，學校行政居然依然故我、不聞不問。總之，根據《勞動基準法》的規定，學校必須給加班費，且每人每日因為課表不同，加上學歷和年資不同，必須支付不同的加班費，否則學校就「違法」。

目前該校教師工會已經開始和學校展開協商，如果協商成功，學校勢必沒有多餘的預算來支付；如果協商未果，教師工會不排除對校長提出告訴，以維護勞工權益。就在學校行政焦頭爛額之際，學務處卻提出午休希望各位老師都去看學生睡覺，引發另一波強迫加班說。部分老師提出早就在加班了，何況有簽名為證。

維新高中是一所市立高中，校長雖負責發聘書，但市政府教育處處長才是發薪水的幕後老闆，校長不敢自行作主，只得把案子往上送。

🧑‍🤝‍🧑 問題討論

1. 何謂一例一休案？修改的內容和教師的工作權有何關係？

2. 面對教師工會提出親師座談會的加班問題，和其他時段的強迫加班問題（包括看學生午休），應如何處理？

3. 你認為校長和教育處處長，應該做何決定呢？

◦◦◦ 參考文獻 ◦◦◦

中文部分

吳清山（1998）。學校行政（修訂版）。臺北市：心理。

吳清基（1984）。教育行政決定理論與實際問題。臺北市：文景。

吳清基（1986）。賽蒙行政決定理論與教育行政。臺北市：五南。

李青芬、李雅婷、趙慕芬（譯）（1995）。組織行為學（原作者：S. P. Robbins）。臺北市：華泰。（原著出版年：1992）

竺乾威、胡君芳（譯）（1991）。決策過程（原作者：C. E. Lindblom）。臺北市：五南。（原著出版年：1989

秦夢群（1993）。教育行政理論與應用。臺北市：五南。

秦夢群（1999）。教育行政學：理論部分。臺北市：五南。

張德銳（1995）。教育行政研究（第二版）。臺北市：五南。

許智偉（譯）（1982）。教育行政之決策理論（原作者：D. E. Griffiths）。臺北市：國立編譯館。

郭進隆（譯）（1994）。第五項修練：學習型組織的藝術與實務（原作者：P. M. Senge）。臺北市：天下文化。（原著出版年：1990）

黃昆輝（1988）。教育行政學。臺北市：東華。

端傳媒科技（2017 年 1 月 4 日）。橫掃人類頂級棋手豪取 60 勝的 Master 公布真身：AlphaGo 升級版！2017 年 3 月 9 日，取自 https://theinitium. com/article/20170102-dailynews-master-go/

維基百科（2016 年 12 月 29 日）。模擬聯合國。2017 年 3 月 15 日，取自 https://zh.wikipedia.org/wiki/%E6%A8%A1%E6%93%AC%E8%81%AF

%E5%90%88%E5%9C%8B

維基百科（2017 年 3 月 5 日）。**臺灣高中課程綱要微調案**。2017 年 3 月 8
　　日，取自 https://zh.wikipedia.org/wiki/%E8%87%BA%E7%81%A3%E9%
　　AB%98%E4%B8%AD%E8%AA%B2%E7%A8%8B%E7%B6%B1%E8%
　　A6%81%E5%BE%AE%E8%AA%BF%E6%A1%88

黎子良（1993）。**統計：推論與決策**。臺北市：聯經。

錦興小太陽認輔志工團（2012 年 2 月 22 日）。**何謂世界咖啡館**？2017 年 3
　　月 15 日，取自 http://blog.xuite.net/ch3228487/blog/57651921-%E4%BD
　　%95%E8%AC%82%E4%B8%96%E7%95%8C%E5%92%96%E5%95%
　　A1%E9%A4%A8+%EF%BC%9F

謝文全（1993）。**教育行政：理論與實務**。臺北市：文景。

謝文全（2016）。**教育行政學（第五版）**。臺北市：高等教育。

謝文全、林新發、張德銳、張明輝（1995）。**教育行政學**。臺北縣：國立空
　　中大學。

羅虞村（1995）。**領導理論研究**。臺北市：文景。

英文部分

Beach, L. R. (1993). Image theory: Personal and organizational decisions. In G.
　　A. Klein, J. Orasanu, R. Calderwood, & C. E. Zsambok (Eds.), *Decision mak-*
　　ing in action: Models and methods (pp. 148-157). Norwood, NJ: Ablex.

Driver, M. J., Brousseau, K. R., & Hunsaker, P. L. (1993). *The dynamic decision*
　　maker: Five decision styles for executive and business success. San Francis-
　　co, CA: Jossey-Bass.

Estler, S. (1988). Decision making. In J. B. Norman (Ed.), *Handbook of research*
　　on educational administration: A project of the American educational re-

search association (pp. 305-320). White Plains, NY: Longman.

Gorton, R. A., & Snowden, P. E. (1993). *School leadership and administration: Important concepts, case studies and simulations* (4th ed.). Dubuque, IA: WCB Brown & Benchmark.

Hartwig, R. T. (2016). *7 Steps to analyze a problem: The devil's advocacy technique*. Retrieved March 9, 2017, from http://www.ryanhartwig.com/7-steps-to-analyze-a-problem-the-devils-advocacy-tech nique/

Hersey, P., & Blanchard, K. (1988). *Management of organizational behavior: Utilizing human resources* (5th ed.). Englewood Cliffs, NJ: Prentice-Hall.

Hoy, W. K., & Miskel, C. G. (1991). *Educational administration: Theory, research, and practice* (4th ed.). New York, NY: McGraw-Hill.

IBM (1997). *Deep blue wins: 3.5 to 2.5*. Retrieved from http://www.research.ibm.com/deepblue/home/html/b.html [2001/5/1]

Lindblom, C. E. (1959). The science of muddling through. In C. E. Lindblom, *Democracy and market system* (pp. 171-190). Oslo, Norway: Norwegian University Press.

Lindblom, C. E. (1979). Still muddling, not yet through. In C. E. Lindblom, *Democracy and market system* (pp. 237-259). Oslo, Norway: Norwegian University Press.

Lunenburg, F. C., & Ornstein, A. C. (1996). *Educational administration-concepts and practices* (2nd ed.). Belmont, CA: Wadsworth.

NCREL (1996). *Critical issue: Providing effective schooling for students at risk.* Retrieved from http://www.ncrel.org/sdrs/areas/issues/students/atrisk/at600.htm [2001/3/26]

Pappas, T. D. (Eds.) (1999). *Encyclopedia Britannica CD 2000 deluxe edition*. Encyclopedia Britannica. [CD-ROM]

Plous, S. (1993). *The psychology of judgment and decision making*. New York, NY: McGraw-Hill.

Razik, T. A., & Swanson, A. D. (1995). *Fundamental concepts of educational leadership and management*. Englewood Cliffs, NJ: Prentice-Hall.

Robbins, S. P. (1998). *Organizational behavior: Concepts, controversies, and applications* (8th ed.). Upper Side River, NJ: Prentice-Hall.

Robbins, S. P. (2000). *Essentials of organizational behavior* (6th ed.). Upper Side River, NJ: Prentice-Hall.

Robbins, S. P., & Judge, T. A. (2013). *Organizational behavior* (15th ed.). [Adobe Digital Editions version]. Retrieved February 13, 2017, from http://bba12. weebly.com/uploads/9/4/2/8/9428277/organizational_behavior_15e_-_st ephen_p_robbins__timothy_a_judge_pdf_qwerty.pdf

Schieffer, A., Isaacs, D., & Gyllenpalm, B. (2014). The world café: Part one. *Transformation, 18*. [Adobe Digital Editions version]. Retrieved March 16, 2017, from http://www.theworldcafe.com/wp-content/uploads/2015/07/WorldCafe.pdf

Simon, H. A. (1976). *Administrative behavior: A study of decision-making processes in administrative organization* (3rd ed.). NY: The Free Press.

Summers, D. (Eds.) (1992). *Longman dictionary of English language and culture*. Harlow, Essex: Longman.

Vroom, V. H., & Jago, A. G. (1974). Leadership and decision-making. Reprinted from Decision Making as a Social Process. *Decision Sciences, 5*, 743-755.

Wikipedia (2015, Feb. 6). *Vroom-Yetton decision model*. Retrieved March 9, 2017, from https://en.wikipedia.org/wiki/Vroom%E2%80%93Yetton_decision_

model

Wikipedia (2017a, Feb. 15). *Participative decision-making*. Retrieved March 9, 2017, from https://en.wikipedia.org/wiki/Participative_decision-making

Wikipedia (2017b, Feb. 15). *World caf*é. Retrieved March 9, 2017, from https://en.wikipedia.org/wiki/World_Caf%C3%A9

第五章

教育行政組織

丁一顧

1. 認識教育行政組織的意義與類別。
2. 了解組織結構的意義及相關理論。
3. 明白組織文化的定義、層次、功能與反功能。
4. 明白如何創造、維持與改變組織文化。
5. 了解組織文化的相關理論。
6. 認識組織氣氛的意義和相關理論。
7. 明白組織革新的抗拒因素與克服策略。
8. 認識管理組織革新的方式。
9. 了解教育行政組織的原則。

■ 摘要 ■

　　組織結構是組織中各個不同的部門、職位、角色和程序所構成的規律性和持久性之關係型態，而組織結構的理論則包括：科層體制理論、順從理論、不證自明理論、策略結構理論、鬆散結合系統理論、雙重系統理論等。

　　組織文化是組織成員所共享的一套意義系統和價值，以及由這套意義系統與價值衍生而來的行為規範和行為期望，主要是由三個部分所組成：(1)組織的基本假設前提；(2)組織的價值、規範和期望；(3)組織的人工器物和創造物。其次，組織文化可發揮四個功能：(1)使成員了解組織的歷史傳統和現行經營方針；(2)使成員認同組織的經營哲學和信條；(3)使成員接受組織規範；(4)某些組織文化特質能夠提升組織的效能和生產力。

　　組織氣氛是組織內部環境相當持久的特質，是由組織成員交互反應所構成，不但能為組織成員所知覺，並且能影響組織成員的行為，同時亦能以學校特性的價值加以描述。組織氣氛的理論有：組織氣氛的描述架構、組織氣氛「需要－壓力」架構、組織氣氛管理系統架構。

　　組織革新是一種有意圖、有目標的改革活動。抗拒組織革新的因素有組織與個人兩大因素。克服對革新的抗拒，可透過教育與溝通、參與、催化與支持、協商、操縱與籠絡、強制脅迫等方式。管理組織革新的方式可採 Lewin 的解凍、推動、復凍步驟，或進行行動研究。

　　教育行政組織的原則有：(1)善用科層體制功能，提升組織效能；(2)了解不同組織特性，活用組織結構；(3)活化組織學習文化，建構學習型組織；(4)發展開放參與氣氛，提高組織績效；(5)運用組織儀式典禮，形塑優良文化；(6)回應組織環境變化，進行組織再造。

第一節　教育行政組織的意義

　　人是社會性的動物，無法離群索居，尤其是在生存的過程中，光憑單一個體的力量，不但生存常會受到威脅與傷害，也無法改善生活品質。因此，自然而然就形成各種社會群體或組織，以便結合共同力量來達成工作目標，以及改善生活的目的。教育活動的實施亦復如是，為了達成預定的教育目標，乃組成各種教育行政組織，藉由群體的力量，減少不必要的錯誤與缺失，更促使教育活動呈現卓越與績效，由此可見教育行政組織的重要性與必要性。

一、組織的意義

　　謝文全（2012，頁93）認為：「組織是人們為達成特定共同目標所結合而成的有機體，透過人員、結構與環境的互動調適來完成其任務。」

　　Daft（1995, p. 10）認為，組織的意涵包括下述四項：(1)它是一社會實體；(2)它是目標導向的；(3)它是具有精密結構的活動體系；(4)它具有可以指認的界限。

　　Robbins（2000, p. 2）則認為，組織係兩個或兩個以上之個體所組成，為達成共同的目標，在有意識的合作之下，持續運作的社會單位。

　　根據上述的看法，「教育組織」的意義應該是有計畫的結合教育相關人員，為達成共同的教育目標，透過人員、結構與環境的互動與調適，持續不斷運作的一種教育單位。

二、組織的類別

　　Parsons（1960）以組織的社會功能為基準，將組織分為四類：(1)生產

組織，係指從事經濟性生產提供社會消費的組織，如公司；(2)政治組織，係指營造與分配權力以達社會價值目標的組織，如縣市政府；(3)整合組織，係指調解衝突以達成團體期望的組織，如法院；(4)模式維持組織，係指透過教育文化與活動來維持社會持續性的組織，如學校。

Blau 與 Scott（1962）以組織的主要受惠者為基準，將組織分為四類：(1)互惠性組織：其主要受惠者為會員，如工會；(2)企業組織：其主要受惠者為組織所有者，如公司行號；(3)公益組織：其主要受惠者為一般社會大眾，如警察機關；(4)服務性組織：其主要受惠者乃是與該組織有直接接觸的顧客，如學校。

Etzioni（1969）則以上司的權力運用方式及部屬的順從程度為基準，將組織分為三類：(1)強制性組織：係以強制權力來控制部屬的組織，如監獄、集中營等；(2)利酬性組織：係採利酬權力來控制部屬的組織，如工廠、商會等；(3)規範性組織：係藉規範權力來控制部屬的組織，如學校、教會等。

第二節　教育行政組織的結構

 一、組織結構的意義

組織結構是組織中各個不同的部門、職位、角色和程序所構成的關係型態，而此種關係亦使得組織活動具有持續性、規律性與持久性。

首先，組織結構是將組織藉由層級體系、權責分配等安排，而形成成員相互間的關係；所以說，它是一種各個不同的部門、職位、角色和程序所構成的關係型態（吳清基，1989；蔡培村，1985；Silver, 1983）。

此外，組織結構常藉由組織圖來說明其間的層級結構關係，並進而運用此種關係型態完成組織任務。因此，組織活動具有其持續性、規律性與持久

性（吳清基，1989；Harris, Bennett, & Preedy, 1997; Law & Glover, 2000）。

 ## 二、組織結構的有關理論

組織結構理論的基礎源自 M. Weber 科層體制的理念，其後，許多組織理論學家相繼提出不同的組織結構觀點，例如：A. Etzioni 的順從理論、J. Hage 的不證自明理論、H. Mintzberg 的策略結構理論，以及 K. E. Weick 的鬆散結合系統理論。茲分別說明如下。

（一）科層體制理論

Weber（1947）之科層體制的概念是一種理想型式，其特徵主要有五：⑴「專業分工」：即組織中所有的工作均應職有專司；⑵「法規條例」：亦即每個組織的運作係依據一致性的法規系統；⑶「權威階層」：即依據組織層級安排職務，並分層辦事；⑷「不講人情」：即法規之前，一視同仁，避免個人偏見或喜好的決定；⑸「能力取向」：即人員的任用與升遷係基於專業技能和工作表現（Hoy & Miskel, 1996; Lunenburg & Ornstein, 2000; Owens, 1991; Robbins, 2000）。

雖然科層體制之理念是植基於理性的行為，具有專門技能、一致性、服從與協調、合理性及激勵等正向功能。但由於組織行為難免會受到人員與環境的影響，所以科層體制難免有其缺失：⑴高度分工降低工作的挑戰性，並對工作產生厭煩；⑵過度依賴法規條例，造成目標置換和僵化；⑶權威階層關係形成溝通的障礙及參與決策的機會；⑷不講人情，過分強調僵化及對人的控制；⑸過分注重能力取向，產生員工年資與工作表現間的衝突。

（二）順從理論

Etzioni 的順從理論，則是以影響員工行為的「權力類型」，以及從屬

人員的「參與類型」，來區分組織結構及運作過程（Hoy & Miskel, 1996; Lunenburg & Ornstein, 2000; Owens, 1991）。

依 Etzioni（1975）的觀點，組織權力種類有三：(1)強制型權力：即運用生理上的壓力（獎賞和懲罰）作為控制的工具；(2)利酬型權力：即運用物質資源（物質的獎賞和懲罰）作為控制的工具；(3)規範型權力：即運用精神感召與非物質的報酬和處罰（如名譽與聲望），來作為控制的工具。

其次，從屬人員對組織的參與種類亦有三：(1)疏離型參與：即從屬人員懷有非常消極或敵意的情感，且參與心態是屬於非自願性的；(2)計利型參與：即從屬人員的心態趨於中性，他們參與及服從之目的在於獲取物質利益；(3)道德型參與：即從屬人員的心態非常積極，他們之所以參與，主要是由於堅信組織所揭櫫的價值。

以上述三種權力類型和三種參與類型結合而成的順從型態共有九種（如圖 5-1 所示），其中三種較其他六種更為常見，這三種就是所謂的「調和順從類型」。也就是說，運用強制型權力的組織，通常會產生疏離型參與的部屬；運用利酬型權力的組織，通常會產生計利型參與的部屬；運用規範型權力的組織，則通常會產生道德型參與的部屬。

權力種類

		強制型權力	利酬型權力	規範型權力
參與種類	疏離型參與	×		
	計利型參與		×	
	道德型參與			×

圖 5-1　Etzioni 的順從型態

資料來源：Lunenburg 與 Ornstein（2000, p. 43）

值得一提的是，許多組織可能同時採取兩種或三種的調和順從類型，以獲得部屬的順從。而學校本質上較屬於規範型的組織，所以學校行政人員實應採取規範型權力之影響，以獲使部屬積極性的道德型參與；否則，強採強制型權力的結果，恐怕只會讓師生更感疏離與恐懼，而影響學校整體效能。

（三）不證自明理論

不證自明理論是由 Hage（1965）所提出，在此理論當中，他認為組織共有八個變因，分別是：複雜化、集中化、正式化、階層化、適應力、生產力、效率，以及工作滿意。其中，前四個為組織的結構特徵，代表「手段」；而後四個為組織所預懸的目標或結果，代表「目的」。此一「手段」—「目的」的連鎖具有雙向的特性，易言之，組織結構固可影響組織目標的達成，但組織所形成的特定目標亦會限制組織的結構（Hoy & Miskel, 1996; Lunenburg & Ornstein, 2000）。

複雜化係指組織中專門化工作的多樣性，以及執行各項工作所需的專門知能程度；集中化係指，組織內的行政決定集中於少數最高階層人員的程度；正式化是指，組織對其成員職責及作業程序所規定之明細程度；階層化則強調組織中成員工作地位差別的數目，以及行政階層體系中所有層級的數目。至於適應力指的則是組織對其環境變遷所做的反應；生產力乃是組織以其產出結果的質和量，來反映該組織的效能；效率所強調的是每一單位產出的最低成本；工作滿意主要是指成員對組織的態度或工作態度。

其次，Hage 根據上述八個組織變因，提出七個主要命題：(1)集中化愈高，生產力愈高；(2)正式化愈高，效率愈高；(3)集中化愈高，正式化愈高；(4)階層化愈高，生產力愈高；(5)階層化愈高，工作滿意愈低；(6)階層化愈高，適應力愈低；(7)複雜化愈高，集中化愈低。

此外，Hage 更根據八個組織變因的交互關係，提出兩種組織型態，即

「有機組織」（專業組織）和「機械組織」（科層組織）。在有機組織中，其主要的特性是：高度複雜化、高度適應力、高度工作滿意；而機械組織的主要特性則是：高度集中化、高度正式化、高度階層化、高度生產力、高度效率（如表 5-1 所示）。

表 5-1　機械組織與有機組織的特徵

機械組織（科層組織）	有機組織（專業組織）
低度複雜化	高度複雜化
高度集中化	低度集中化
高度正式化	低度正式化
高度階層化	低度階層化
低度適應力	高度適應力
高度生產力	低度生產力
高度效率	低度效率
低度工作滿意	高度工作滿意

資料來源：Lunenburg 與 Ornstein（2000, p. 45）

　　學校組織雖然並非極端的有機組織或機械組織，不過教師與行政人員間的衝突，卻常是來自專業與科層決定間的對立。因此，教育行政人員應積極了解與整合兩類組織的優缺點，並據以規劃與實施各項活動，以使學校更有效能與專業發展。

（四）策略結構理論

　　策略結構理論乃是 Mintzberg（1979）所提出的概念，他認為下述三個基本面向是用來區別不同的組織結構：(1)組織的主要部分；(2)主要協調機制；(3)分權化的型態（Hoy & Miskel, 1996; Lunenburg & Ornstein, 2000）。

　　組織的主要部分係指決定組織成敗的角色，包括：(1)策略性上司：乃是

負責組織有效運作，執行任務的高層行政人員；⑵運作核心：乃是執行組織基本工作的人員，如學校中的老師；⑶中級人員：乃是負責直接視導「控制與協調」機制的人員，如學校中的校長；⑷技術結構：乃是負責計畫的人員；⑸支持性部門：指足以提供間接支援的專業部門，如總務處、主計室、人事室等單位（如圖 5-2 所示）。

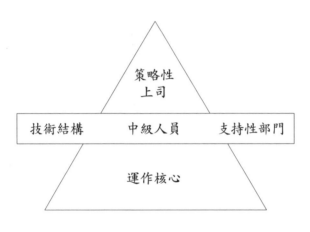

圖 5-2　組織的主要部分

資料來源：Lunenburg 與 Ornstein（2000, p. 49）

　　主要協調機制則是組織用以協調活動的主要方法，包括：⑴直接視導：即透過個人的命令來監視和控制他人；⑵工作過程標準化：即透過明確的工作內容來完成工作；⑶技術標準化：即透過技術與知識標準化，提供間接控制及協調；⑷輸出標準化：即透過明確說明工作結果來達成工作；⑸相互適應：即透過非正式溝通，達成相互適應。

　　分權化的型態則是組織使部屬參與決策的程度，包括：⑴垂直分權化：指上司與部屬間權力的共享；⑵水平分權化：指不同部門員工間權力的共享；⑶選擇性分權化：指將決策權分配給組織不同單位。

依上述三個基本面向的各因素，可以形成五種組織結構：(1)簡單結構：以策略性上司為主，採用直接視導協調方式，垂直和水平集中化過程；(2)機械科層體制：以技術結構為主，採用工作過程標準化協調方式，限制性水平分權化過程；(3)專業科層體制：以運作核心為主，採用技術標準化協調方式，垂直和水平分權化過程；(4)授權型式：以中級人員為主，採用輸出標準化協調方式，限制性垂直分權化過程；(5)幕僚式：以支持性部門為主，採用相互適應協調方式，選擇性分權化過程（如表 5-2 所示）。

表 5-2　Mintzberg 的五種組織結構

結構型態	主要協調機制	組織主要部分	分權化的方式
簡單結構	直接視導	策略性上司	垂直和水平集中化
機械科層體制	工作過程標準化	技術結構	限制性水平分權化
專業科層體制	技術標準化	運作核心	垂直和水平分權化
授權型式	輸出標準化	中級人員	限制性垂直分權化
幕僚式	相互適應	支持性部門	選擇性分權化

資料來源：Lunenburg 與 Ornstein（2000, p. 50）

在學校組織中，是以簡單結構、機械科層體制、專業科層體制為主，也各有不同的特徵。然而，此理論主要是希望教育行政人員能了解組織策略與組織結構是有關聯性的，也就是希望在實施各項教育活動的同時，宜因不同的組織結構採用不同的組織策略，例如：學校如較偏向專業科層體制，此時由於執行學校基本教學工作者是學校中的教師，因此教育行政人員應以教學與行政專業知識進行協調溝通，並透過行政與教師、教師同儕間的分享決策，以促使教學活動的順利進行。

（五）鬆散結合系統理論

「鬆散結合系統」係由 Weick（1976, 1982）所提出，認為組織並非完全緊密連結的結構，而是一種鬆散的連結關係。因此，在學校裡，實體、程序、活動與個體間雖是互相回應的，但又保有相對的鬆散連結或分離性，例如：學校中的班級與老師在編制上雖受命於校長，但由於老師基本上在教學具有其自主性，所以與校長間的關係常是鬆散與分離的。

Weick 認為，一個鬆散結合系統具有四個長處：(1)系統中的每一個部門，都可針對其對應環境的需要，做較佳的調適；(2)如果系統中的某一部門發生毀損或解組的現象，此現象並不會影響到其他部門；(3)系統中的每一個成員或團體具有較大的自主空間；(4)系統可以不必花費太多的資源，用在各部門彼此間的協調活動上。然而，鬆散結合系統也有其缺失，例如：系統的中樞命令難以迅速有效地貫徹到組織的每一個部分。

其次，Weick 也認為，在一個鬆散結合系統中，一位成功的行政人員必須不斷地以系統成員所共享的遠景、價值、信念、規範與語言，來結合各系統成員。如此，成員間的關係才不至於太過鬆散，而成員也才會有共同努力的方向。

（六）雙重系統理論

雙重系統理論認為，學校在教學系統上雖具有鬆散結合的特性，但在非教學的行政事務上，卻具有高度結構化與緊密結合的特性。換句話說，學校系統中同時存在這兩種不同特性的組織結構雙重系統理論。

依據 Owens（1991）的看法，在教學上，教師和學校行政人員的關係常是微弱且鬆散的。教師雖受命於校長，卻保有教學的自主權，校長也很少視導教師的教學；但是在學校的日常行政上，如各項會議的召開、薪水的發

放、學生路隊的安排、學生的管理,以及校園的清潔維護,卻是由校長和行政人員做嚴密與系統化的規劃控制。此外,校長雖然不直接干涉老師的教學,但還是可以透過下列行政手段來影響老師的教學:(1)時間的控制:如藉著對課程表的安排,校長可以決定教師上課的時段與學生學習活動的種類、次數及時段;(2)教師任教班級的安排:校長可依自己的看法來決定哪些教師教導哪些班級,而對教師的教學產生一定的影響;(3)學生能力分班的安排:校長可以決定是否採用同質編班或異質編班,來影響教師的教學方式;(4)教學資源的控制:如藉著對教學用品、儀器,甚至教學活動經費的控制,來影響教師的教學。

第三節　教育行政組織的文化與氣氛

 一、組織文化的定義

謝文全(2012,頁142)認為,組織文化是組織成員所共享的價值與意義體系,影響成員的信念、價值、規範、行為與文物表現,形成有別於其他組織之組織特質。

Ouchi(1981)認為,組織文化乃是一套象徵物、儀式和傳說,藉著這套象徵物、儀式和傳說,將基本價值和信仰傳輸給組織成員。

Lunenburg 與 Ornstein(2000)則認為,組織文化是一組信念、情感、行為與象徵,也是一種共享的哲學、意識型態、信念、感情、假設、期望、態度、規範與價值。

Robbins(2000)認為,組織文化乃是組織成員所知覺的共同觀念及共享的意義系統。

所以,組織文化乃是組織成員所共享的一套意義系統和價值,以及由這

套意義系統與價值衍生而來的行為規範和行為期望。而且，組織文化的價值不但可能被組織成員視為理所當然，更藉著象徵物、儀式、傳說和典禮儀式傳輸給組織成員。

二、組織文化的層次

要了解組織文化意義的另一個途徑是從各種不同層次分析組織文化。Schein（1985）認為，組織文化主要是由三個部分所組成：(1)組織的基本假設前提：可分為五個類別，分別是組織與環境的關係、真理的本質、人性的本質、人類活動的本質、人類關係的本質；(2)組織的價值、規範和期望；(3)組織的人工器物和創造物：這是組織文化最可見的部分，例如：藝術品陳設、辦公室規劃、行為模式、語言、典禮、儀式、故事等。第一部分居於組織文化的最深層，第三部分居於組織文化的最表層，第二部分則居間。第一、二部分是組織文化的實質內容，第三部分則代表組織文化的表達形式（如圖 5-3 所示）。

三、組織文化的功能與反功能

Hellriegal、Slocum 與 Woodman（1989）認為，組織文化可以發揮四個功能：(1)使成員了解組織的歷史傳統和現行經營方針；(2)使成員認同組織的經營哲學和信條，以便進一步鼓勵成員對組織奉獻心力；(3)使成員接受組織規範，其具有引導成員表現出組織所期望的行為之控制機制作用；(4)某些組織文化特質能夠提升組織的效能和生產力。

其次，組織文化對成員也有不利的影響，例如：每一個組織都可能會有衝突的次級文化存在，次級文化的衝突則會造成組織整合的困難及組織效能的減低；此外，組織既有的文化傳統可能無法適應新的組織環境，而組織為了生存，常需要改變既有的文化傳統，但組織的既有文化傳統往往根深柢

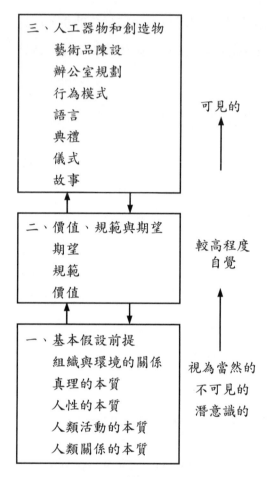

圖 5-3　組織文化的層次

資料來源：Schein（1985, p. 40）

固，要改變既有文化傳統，常遭遇極大的阻力。

 四、組織文化的創造、維持與改變

（一）組織文化的創造

　　Schein（1985）認為，組織文化的創造、發展或發現，源於組織解決外

部調適問題或內部整合問題的需要。一個組織為了在環境中占有一席之地，必須對變遷中的環境加以適應；同樣的，一個組織為了維持成員間和諧的工作關係，必須對組織內部所產生的衝突，適時地加以調解。當組織在解決外部調適與內部整合問題的過程中，組織成員可能會發現某種基本假設前提、價值或行為規範，確能有助於提升組織適應環境的能力或協調整合各團體、各成員的能力，於是這些前提、價值或規範，便逐漸成為成員所共享的信念與知識，並透過社會化的歷程，組織成員將其共享的信念與知識，傳輸給新進的組織成員，作為新成員知覺、思考與感覺類似問題的正確方式。

除了外部調適與內部整合的需要之外，組織文化的創造尚可能受到另外兩種因素的影響（Hellriegal et al., 1989）：第一，在組織的草創初期，組織的創立者大抵能夠決定組織文化，但在組織創立之後，組織文化不但反映了創立者的觀念和基本假設前提，而且也容納了其他組織成員的學習經驗；第二，組織所在地的國家文化會影響組織文化。

（二）組織文化的維持

組織文化一旦創造後，就應思索如何讓成員接受、維持及強化這些文化價值，也就是組織社會化的機制。而 Pascale（1985）所提出的組織社會化過程之七大步驟，則有助於領導者強化組織既有的文化價值：⑴謹慎甄選組織成員；⑵引導成員質疑舊價值信念，學習新組織文化；⑶發展成員技術知識；⑷使用獎酬控制系統；⑸堅信組織文化；⑹善用傳奇、儀式、典禮、英雄事蹟，以強化組織文化；⑺設置楷模角色。

（三）組織文化的改變

組織文化雖經創造與維持，但有時因某種需求而必須加以改變。Hellriegal、Slocum 與 Woodman（1989）就指出，領導者可透過六個手段，來改變

其認為較不合時宜的組織文化，包括：(1)改變組織過去所強調的事務；(2)改變組織的危機處理方式；(3)改變組織聘用及晉升員工所採用的標準；(4)改變組織的獎懲方式；(5)改變組織的典禮與儀式；(6)領導者的角色示範。

五、組織文化的相關理論

（一）學習型組織理論

「學習型組織」乃是由美國麻省理工學院的 Senge（1990）所提出，其主要意義是：組織能夠不斷學習，以及運用系統思考模式嘗試各種不同的問題解決方案，進而強化及擴充個人的知識和經驗，並改變整體組織行為，以增進組織適應及革新的能力。

依 Senge 的看法，組織有七項學習障礙，分別是：(1)本位主義：組織成員只關心自己的工作內容，並形成侷促一隅的思考方式；(2)歸罪於外：當任務無法達成時，往往先怪罪外在，而非自我檢討；(3)負責的幻想：領導者認為自己應對提出的危機解決方案負全責，而忽略與其他成員共同思考解決方案；(4)缺乏創意：當組織遇到問題時，往往只專注於事件或問題本身，卻無法跳脫問題之外，以更具創意的方式來解決問題；(5)煮蛙效應：產生組織危機的問題，總是在成員失去警覺時，緩慢形成；就有如將青蛙置於冷水鍋中，緩慢加熱，青蛙在無警覺的情況下，終究難逃死亡的厄運；(6)從經驗中學習的錯覺：許多組織重要的決策方案，有時並無法立即產生效應，所以組織成員無法從工作經驗中獲得真正的學習；(7)管理團隊的迷思：團隊決策是一種共同負責的形式，有時，團隊為快速解決某項問題，會對提出不同意見的成員產生壓力或抨擊，如此一來，團隊成員就因而逐漸喪失學習的能力。

針對前述組織的各項學習障礙，Senge 認為，一個學習型組織至少應該有下述五項基本修練：

第一項修練則是自我超越：組織是個體實現自我及超越自我的地方，而一個人要達到自我實現、自我超越，就應學習了解自我的希望與目標，然後集中心力、持續激發潛能，不斷自我挑戰與超越，一次比一次更努力與精進，以達百尺竿頭更進一步的境界。

第二項修練為改善心智模式：「心智模式」是個體或組織根深柢固的假設或想法。從個體的觀點來看，個人時常會固守舊有的想法或理論；而從組織的觀點來看，則發現組織經常抱守僵化的科層體制管理方式──強調管理、組織與控制。有鑑於此，改善心智模式誠屬必要，也就是說，個體要經常對自我的想法進行質疑、反省、批判，以建構更具智慧、更有建設性的解決方案；至於在組織中，行政主管則應敞開胸襟、廣納雅言，接受另類的思考與做事方式，方足以調整刻板的心智模式。

第三項修練乃是建立共同願景：願景是一個組織的希望、理想與動力所在，也是成員積極主動奉獻與投入的凝聚點，所以建立共同願景實是組織不可或缺的任務。而建立共同願景應是一種由下而上的組織溝通過程，亦即個體應該透過不斷的願景呈現、溝通、分享、討論，然後協調、轉化與塑造出組織的共同願景，並使成員日後能為此願景而奉獻與投入。

第四項修練即團隊學習：團隊學習係指發展出某種願意與共同體一起努力的能力，至於建立團隊學習的關鍵則應從成員的對話與討論開始；也就是說，所有成員呈現出自己的想法，然後透過深層的對話與討論，並檢視自我思維的障礙，欣賞他人不同的意見，以發展出更高層次的共識。

第五項修練指的是系統思考：一般人遇到問題時，常過分依賴經驗，或以錯誤方式急速找出解決策略。而系統思考則是協助擺脫這些思考的障礙，培養組織成員以簡馭繁、以整體看問題、用創造未來取代反應現況、採動態非線性方式看待事物的發展，以開創組織發展的活動。

學習型組織已為企業界普遍接受與應用，教育行政、學校行政或教師皆

應亟力思索此理論的意涵及應用，以促進教育行政組織、學校行政組織或個人，能不斷的學習再學習，以達解決問題、強化知識與經驗，並增進組織適應及革新的能力，例如：學校可安排教師進行專業對話、鼓勵教師參與各項行動研究、讀書會等，以營造整體組織永續學習的文化。

（二）教導型組織

教導型組織一詞乃是組織理論學者 Tichy（1997）所提出，他認為因應現階段組織變革，光強調學習型組織已經不夠了；也就是說，組織領導者不只要隨時學習，更要發揮教導的功能——親自傳授經驗、培育各階層領導人，以促進強勁的競爭力，創造永續的經營與成功。

Tichy 經過二十五年的分析發現，成功企業展現的教導型組織，具有下述四項特性：

其一，高層領導人親自負責培育其他領導者：成功企業的高層領導人，不但會引導組織成員不斷學習成長之外，更會安排時間與課程，親自培育公司各階層領導者，以使各部門領導者更能提高其單位的表現與競爭力。

其二，成功企業的領導人都有一套值得傳授的心得與看法：易言之，成功的領導人具有一套豐富的領導心法——個人的想法、價值觀念、情緒智商、決斷力，而這心法正是領導人帶領組織化解危機、擴展商機、解決困境、提高競爭力、激發戰鬥力、表現績效的主要特徵，也是領導人培育其他領導者的重要素材。

其三，領導人善用自己的真實故事來激勵他人：即成功領導人常藉由描述自己特殊成長的過程、自己公司成功的故事、組織未來的願景等真實故事的方式，來教導各層級的領導者，藉以鼓舞、激發與肯定員工的信念，以使員工為組織的成功而奉獻。

其四，成功的領導人都有一套詳細的領導培育計畫：換句話說，成功企

業的領導人能以自己成功的經驗，發展出一套值得傳授的心法，並親自培育其他領導者；因而，能規劃出一套詳實的培育計畫，使整個培育過程更具體可行。

　　教導型組織是成功企業組織的主要特徵，而這種強調以組織領導人的心得與看法，親自培養並激勵領導者的作法與計畫，正是教育行政機關所欠缺的。因此，如何善用教導型組織的優勢觀點，實際從事培育教育領導者，以發揮領導者績效，達組織永續經營的功效，並進而建構組織優良的領導文化，實是教育行政當局所刻不容緩之事。

六、教育組織氣氛

（一）組織氣氛的意義

　　Halpin 與 Croft（1963）認為，學校組織氣氛可視為學校組織的人格。組織氣氛與組織的關係，猶如人格與個人的關係。而組織氣氛是校長與教師、教師與教師交互反應所構成的特性，可經由組織成員的知覺加以測量。

　　Lunenburg 與 Ornstein（2000）認為，組織氣氛是組織內部整體環境的特性。

　　準此，組織氣氛是組織內部環境相當持久的特質；這種特質是由組織成員交互反應所構成，不但能為組織成員所知覺，並且能影響組織成員的行為，同時亦能以學校特性的價值加以描述。

（二）組織氣氛的相關理論

　　最早將組織氣氛概念應用在教育組織者，首推 Halpin 與 Croft 的「描述架構」；其後，Stern 與 Steinhoff 的「需要—壓力架構」、Likert 的「管理系統架構」等，也是相當重要的組織氣氛理論。茲分別說明如下。

1. 組織氣氛的「描述架構」

Halpin 與 Croft（1963）提出組織氣氛的「描述架構」觀念，主張組織氣氛是一種從開放型到封閉型所構成的連續體。

學校組織氣氛乃是校長行為層面和教師行為層面相互影響的結果。所以，以四種校長行為層面〔(1)疏遠：指校長與教師經常維持某種程度之心理與生理的距離；(2)成果強調：指校長為達成學校教育目標，完成學校組織任務，而主動督導教師的程度；(3)以身作則：指校長以身示範、努力工作的程度；(4)關懷：指校長關懷及體恤教師的程度〕，以及四種教師行為層面〔(1)隔閡：指教師們彼此間及對學校所保持的心理與生理距離；(2)阻礙：指教師在其與教學專業無關之文書及其他行政瑣務上所負責任的程度；(3)工作精神：係指教師的服務精神及活力的高低程度；(4)同事情誼：指教師彼此密切交往，相互信賴的程度〕，進行不同型態的結合，便產生六種類型的學校組織氣氛。

此六種類型係從開放型到封閉型構成一個連續體，分別稱為開放型、自主型、控制型、親密型、管教型，以及封閉型，並對校長及教師行為關係進行描述。

2. 組織氣氛的「需要—壓力架構」

「需要—壓力架構」係 Stern 與 Steinhoff 所發展出來的（Stern, 1970），認為組織成員的行為可視為個人的心理需求與組織的環境壓力兩者交互影響的結果。因此，要了解組織中個人與團體的行為，須從他們與環境壓力交互作用的架構中去探討，始能獲得真相。

Stern 將環境壓力界定為：「組織環境的特質或屬性，它可以幫助或阻礙個人滿足其需求之努力的效果。」環境壓力的類型主要有二：「發展壓力」和「控制壓力」。「發展壓力」會增強個人實現其心理成長的需要；而

「控制壓力」則會阻遏個人的表現，並否定個人心理成長需要的滿足。在這兩種類型環境壓力的動態交互作用之下，乃交織成一個組織的獨特風格或氣氛。

在「發展壓力」之下，具有下列五個壓力因素：(1)智性氣氛：強調學習主要表現在智性活動及知識的追求上；(2)成就標準：強調個人較高的成就標準，重視任務的完成；(3)實用性：強調實用性目標，並且能將知識和技能應用到日常的工作環境中；(4)支持性：注重個人的統整，並顧及個人依賴需求的滿足；(5)秩序性：強調工作要有條不紊，教師要按部就班，學生要循規蹈矩，學校訂有標準化的行政運作程序，並要求教師遵行。

在「控制壓力」之下，則具有下列三個壓力因素：(1)反智性氣氛：不鼓勵學術性活動，對個人的成就亦不予肯定；(2)反成就標準：忽視個人追求高度的成就，甚至一旦有人成績優越，往往就會遭受他人的嘲弄；(3)衝動的控制：強調高度的限制和組織的約束，個人少有表現的機會。

因此，組織的氣氛可以協助或妨礙個人心理成長的需要。也就是說，在高度發展壓力的組織中，成員有更多實現需要的機會；而高度控制壓力的組織比低度控制壓力組織的成員，有較少實現需要的機會。

3. 組織氣氛的「管理系統架構」

「管理系統架構」是探討組織氣氛的另一種途徑，其認為組織的特徵即是組織的氣氛，而組織的特性乃是組織內部功能實際運作情況的反映。組織的特性可從領導歷程、激勵力量、溝通歷程、決定歷程、目標訂定歷程，以及管制歷程等六種功能加以測量描述。

Likert（1967）從組織內部的六種功能之不同程度狀況，加以綜合分析，可以得到四種管理系統的型式：系統一「剝削—權威式」、系統二「懲罰—權威式」、系統三「商議式」，以及系統四「參與式」。因此，每個系

統均可以用組織氣氛和領導行為予以描述，亦即每種系統代表一種類型的組織氣氛。

上述四種管理系統彼此間只有程度上的差異，並無種類上的不同。系統一與系統四乃居於連續量尺上的兩端，彼此在六種內部功能運作的程度上明顯地對立，系統二與系統三居中，系統二比較接近系統一，而系統三則較接近系統四。

「管理系統架構」不僅在描述組織氣氛及分析組織的變因，並且尚在試圖建立組織氣氛與組織效能的關係，主張系統四應在下列組織表現的測量標準有較佳的表現：⑴生產力；⑵缺席率及人事異動率；⑶無謂的耗損與浪費；⑷品質管制。

由於系統四具有較佳的組織效能，所以管理者應努力使自己的管理系統趨向於系統四。至於革新管理系統的作法，Likert 與 Likert（1978）提供下列原則供參考：⑴以改變領導行為與領導結構來作為行動的焦點；⑵漸進地從系統一進步到系統二、系統三和系統四；⑶在計畫行動時，儘量使那些行動將受影響的成員參與行動的規劃；⑷在計畫行動時，引用客觀的、公正的證據；⑸儘量使那些具有權力的人士或居於影響位置的成員帶頭行動，並且持續參與改革方案；⑹在支持性、協助性的氣氛下，推動改革行動。

第四節　教育行政組織的革新

 一、組織革新的意義

組織革新係指改變組織內某些部門或某些個人的行為、結構、運作程序、目的、產出之歷程，也是指教育人員從事系統性的努力，使教育組織朝向預定方向改變的歷程（吳秉恩，1986；Hanson, 1991, p. 298）。

　　組織變革依其變革的意圖性，最少可分為三種：計畫性變革、自發性變革，以及演化性變革。自發性變革是一種自然性與隨機性的改變；演化性變革則是組織歷經大大小小改變之後，所形成的長期性、累積性之結果；而計畫性變革則是一種有意圖、有目標的改革活動。教育是一種有目的、有價值與具認知的活動，因此所推動的革新都是屬於計畫性的變革（Owens, 1991）。

　　以下先說明組織革新的各種抗拒因素及克服方式，其次再探討管理組織革新的方法（Robbins, 2000）。

 # 二、組織革新的抗拒因素

　　一般而言，抗拒組織革新的因素分為組織與個人兩方面。在組織因素方面有：組織結構的慣性、對原有權力關係的威脅、對於資源分配的威脅、非正式組織或次級團體的抗拒；至於個人因素則為：習慣性、安全感、經濟因素、對於無知的恐懼，以及選擇性注意和回憶（Robbins, 2000）。

　　就組織結構的慣性而言，每一個組織都有維持穩定與慣性的機制，例如：中小學都有一套選才的程序與規定、新進教師職前講習與訓練、教學工作與班級經營說明、行政配合的事項與規定等，以維持學校行政與教學穩定的發展與進步。所以，當組織面對革新時，組織結構的慣性就會自動地產生抗拒力，以維持組織的穩定。

　　就對原有權力關係的威脅而論，組織的革新常會要求某些決策權威的重新分配，如此一來，對於長期建立的權力關係就會產生相當大的影響，因而對革新產生抗拒，例如：教育鬆綁要求學校本位、行政與教學團體共同決策，對於長期決定學校行政決策或活動推行的行政團體而言，就會因為權力分享或重新分配，而產生不便與抗拒。

　　就對於資源分配的威脅來說，組織內各群體都有一定的資源分配，如果

因為要進行某種改革，就可能會將某部分的資源移至其他群體，如此一來，其他群體就會因擔心資源的減少，而抗拒改革。

以非正式組織或次級團體的抗拒來看，組織內都存有各種非正式組織或次級團體，一旦組織想進行各種改變或革新時，這些團體便會為維護其成員利益，進而對革新產生抗拒，例如：學校為維護早到學校學生的安全，想要實施教師輪流擔任安全老師的任務；此時，教師會就可能會因教師反應增加工作負擔，起而反抗此制度的實行。

此外，有關個人因素方面，其一是習慣性：亦即組織的成員對於每天所要處理的事物，都有其固定的模式，除非環境有重大的改變，否則個人會持續採用他們一向習慣的方式來處置；其二是安全感：易言之，安全感是人類基本的需求之一，所以當組織進行變革時，組織成員便會隨時擔心其工作的穩定與可能裁員的問題。

其三是屬經濟因素：換言之，組織在進行革新時，工作的形式或工作的內容會有所改變，因此員工就會擔心革新後，自己無法像以前一樣勝任工作，此時員工就會因擔心薪水會受到影響而加以反抗改革。

其四是對於無知的恐懼：人都是比較喜愛自己和熟悉的情況，然而改革往往讓人對於未來更覺不確定性與不熟悉感，更深深恐懼無法勝任新的事務或情況。

其五為選擇性注意和回憶：成員一旦建立起對真實世界的了解之後，他可能會只聽那些他所同意的事情。

三、克服抗拒革新的策略

要克服組織成員對革新的抗拒，可透過教育與溝通、參與、催化與支持、協商、操縱與籠絡、強制脅迫等方式進行（Robbins, 2000）。

首先，組織可藉由教育與溝通的方式，使成員了解改革的必要性，進而

減低抗拒，例如：學校在推行九年一貫課程之際，如果能與全校教師進行溝通，以了解改革的必要性，並辦理各項教育與研習活動，使教師們充分了解改革的內容，進修改革所需的能力，則某些抗拒改革的因素就會減低。

其二，人們不太可能去反對自己所做的決定，因此如果在進行革新之前，能讓更多的成員參與討論與決策的過程，則不但能減少對革新的排斥，更會提高決策與改革的品質。

其三，組織也可提供各種催化或支持性的活動，以減低員工的抗拒，例如：當員工對改革感到恐懼與焦慮時，則組織可以進行員工輔導與諮商、訓練新技能，以適應新的革新情境。

其四，如果抗拒革新的阻力來自少數有影響力的意見領袖時，則可透過協商或收買的方式，促使改革能順利進行，例如：承諾取消教師下班後執勤的工作，以換取改革的遂行。

其五則是操縱與籠絡。操縱是隱藏改革不利的影響因素，並散播具吸引力及有利的特性，使員工接受革新。籠絡則是藉提供各意見領袖重要的角色，使其能參與改革的決策，進而達到收買人心的效果。

最後則是強制脅迫，這是一種直接對抗拒者施壓的方法，也就是說，當員工不願意參與改革活動，而改革卻是勢在必行，此時學校可能採取的強制脅迫方法就有：列入考績、增加其行政業務等。

四、管理組織革新的方式

（一）Lewin 的三步驟模式

Lewin（1951）認為，成功的組織革新有三個必要的步驟：(1)解凍；(2)推動；(3)復凍；亦即需要先將現狀加以「解凍」，接著「推動」一項新行動，然後把革新加以「復凍」。「解凍」乃是打破既有行為、結構及價值觀

念；「推動」則是從事各種組織革新的干預活動，使新的行為規則不會回復到原來的狀態（如圖5-4所示）。

圖 5-4　Lewin 的三步驟模式

資料來源：Robbins（2000, p. 551）

其次，組織現況都是呈現出一種暫時的平衡狀態，也就是說，組織一般都是在支持變革的力量（驅動力）和抗拒變革的力量（約束力）中維持準靜止平衡狀態。而如果想要打破此一平衡狀態，可以採取三種方法：(1)增加脫離平衡狀態的驅動力；(2)減少阻礙從平衡狀態脫離的約束力；(3)改變力量的方向，亦即將約束力化為驅動力。

（二）行動研究

行動研究指的是以科學化的方法管理計畫性變革，亦即是系統化的蒐集資料，然後分析此資料，並據以選擇革新的行動（Robbins, 2000）。

行動研究的過程包括五種步驟：(1)診斷：即徵詢、訪談成員與檢視文件紀錄，以了解組織必須的、關心的變革問題；(2)分析：即將所獲得的資料進行分析，以了解主要的關注是什麼、要採取哪些可能的行動等；(3)回饋：與員工共享診斷與分析所得的資訊，並共同發展實施變革的行動方案；(4)行動：將行動方案化為明確的行動；(5)評鑑：評鑑行動方案的效能。

對於組織而言，行動研究通常具有兩個優點：其一，以問題解決為導向，亦即組織革新的管理，通常會主觀的探究組織變革所遭遇的問題，並以問題決定改革的行動；其二，組織讓員工參與行動研究的過程，所以抗拒改

革便會減低。

 五、當前組織革新的重要課題──組織再造

（一）組織再造的意義

Bennis 與 Mische（1995）認為，組織再造是改變組織文化及創造新價值觀、新工作程序、新制度、新方法來評量績效與成效的歷程。

Hammer 與 Champy（1993）則認為，組織再造指的是企業組織進行根本性的重新思考及激進的重新設計，以求在關鍵性及合時性的績效上有較大之進步。

吳明清（1997）則指出，組織學校或學校再造的理念，係著眼於深層的基本假設與價值的根本改變。所以，學校組織再造絕不是學校組織結構的調整而已，還包括學校領導、權力分配、人員角色、價值觀念、激勵、決定、文化、課程與教學、效能等各層面及其關係。

由上可知，學校組織再造係指學校組織結構、行政過程及文化與價值等方面的根本改變。

（二）學校組織再造的重要層面

根據學校組織再造的意義來看，組織再造可以說是學校系統的重大改革，除了涉及教育觀念的改變外，更牽涉到學校系統、架構和制度的改造。

Keedy 與 Achilles（1997）就認為，學校組織再造包括四大層面：學校本位管理、專業化教學、家長與學生的教育選擇權、理解的教學。

吳清山（1998）則認為，學校組織再造的四項重要層面是：教育鬆綁與權力下放、家長教育選擇權、教師專業自主、校務決策權力分享。

由上可知，學校組織再造的層面思考應包含教育行政官員、校長、教

師、學生、家長等角色與觀念的改革;也就是說,它包括學校本位管理、教師專業自主權、家長教育選擇權、校務權力分享。

首先,學校本位管理是一種強調由下而上的管理過程或實務:一方面讓學校具有更多的人事、經費、課程決定權,來滿足各學校不同的條件和需求;另一方面將授權教師,賦予教師專業自主權,來設計符合學生學習需要的教學方案。另外,也鼓勵家長的參與與合作,讓教育改革的腳步加速、效果彰顯。

其次,教師專業自主是強調對教師的增能與賦權,除了要求教師要不斷參與進修和學習,以增進其教學專業能力外,更要讓教師能依其專業能力與素養,自我決定(選擇)課程與教材,並實施教學與評量。

另外,家長教育選擇權則是一種結合自由、多元、績效責任的一種權力,強調家長根據其子女的最大福祉,選擇最適合其子女受教育之學校與教育品質的一種權力。就內涵而言,它是擴充家長送子女至學校就讀的自由;就過程而言,它是強化教育的鬆綁;就結果而言,它是強調學生學習表現及提升學校教育品質。

最後,校務權力分享則是提供家長與教師參與學校校務運作的管道與權力,例如:教師會或教師代表參加學校各種會議或活動,提供學校發展與辦理活動的意見;而家長則可透過參與家長會、班親會、校務會議、課程發展委員會、教科書評審、校長遴選等,提供學校應興應革的見解。

第五節　教育行政組織的原則

前面各節已說明了組織結構、組織文化與氣氛、組織革新的相關理論,以下依據這些理論基礎,提出若干教育行政組織的原則,以供參考。

一、善用科層體制功能，提升組織效能

科層體制雖有其缺失，不過仍具有眾多的優點：專業分工、依法行事、分層負責、以能力為任用與升遷依據等；因此，教育行政人員在運用此結構理論時，應擇其優勢而行，並儘量避免引發其反功能，以提升組織的最高效能與服務品質。

準此，教育組織在服務民眾或家長時，應該在依法行政的前提下，兼顧民眾洽辦業務的方便性，以提高民眾對教育機構服務品質的滿意度，例如：學校應秉持依法行政的原則，不得將任何學生資料外漏，以維護學生權益；如家長打電話想幫子女轉學（轉出）時，依規定應先辦理戶口轉移，再至學校辦理學籍轉出，若家長因時間較不方便，則可請家長於辦妥戶籍遷出後，直接至新學校報到，並請新學校與原學校聯繫，協助將學籍資料郵寄至新學校，以提供服務的滿意度。

二、了解不同組織特性，活用組織理論

本章雖然介紹了許多各具特性的組織理論，然而每一種組織都有其特殊性與個殊性，因此教育人員應要善用各種組織理論，而非緊抱某一種理論而不知變通。換句話說，在應用各種組織理論前，必須充分對自己所處的組織有深入的了解，整理與分析其所屬的是何種性質之組織，然後依該組織的特性充分應用適當的組織結構理論，如此對於組織的運作方有助益。

例如：如果要進行新的教育改革，就必須了解學校的特性可能同時具有緊密與鬆散連結的特徵。因此，在推展教育革新時，除了可對學校行政系統進行較嚴格的管理與督促，以充分有效掌握行政改革績效外，更應注意教學系統可能比較鬆散化的特性，在實行改革之前，應充分規劃，採取較專業、漸進與充分溝通的方式，以減低改革活動的阻力。

三、活化組織學習文化，建構學習型組織

組織是一有機體，能不斷成長與發展，然而觀念固著或保守心態，易使得組織或個體的學習充滿著障礙，往往使其處於渾然不知的情況下，加速惡化與退步。從學習型組織的觀點來看，學習型組織具有五項修練：自我超越、改善心智模式、建立共同願景、團隊學習、系統思考。因而，教育人員應培養學習文化，不斷充實、激發承諾、自我超越；同時，藉由不斷學習改變問題思考與解決模式，建立共同願景，以引導組織永續經營與發展。

準此而論，在學校中的行政人員與教師應共同思考教師成長類型與方式，藉由辦理專業社群、研討會、工作坊、讀書會、閱讀運動、專業性對話、行動研究等，以活化學校的學習文化，建構學習型組織。

四、發展開放參與氣氛，提高組織績效

依據組織氣氛描述與組織管理系統理論來看，開放式和參與式的組織氣氛最具效果。因此，教育行政人員在經營學校或辦理各項活動時，宜培養開放氣氛——以身作則、熱心服務、體恤部屬、適當激勵，並採取參與式管理——行政人員、教師、家長共同參與、共享決策，以提高組織績效，增進服務品質。

尤其以目前的教育改革活動繁多，如果凡事還是以行政決定一切，抱守指揮監督階級觀念，不鼓勵或結合行政人員、教師、家長或社區共同參與活動的規劃與實施，或對於整體活動之推動也沒有提供相關激勵獎賞措施，甚或平常亦未對同仁主動關懷、噓寒問暖，則行政活動的推動當然就可能受挫而打折扣。

五、運用組織儀式典禮，形塑優良文化

組織文化的創造、維持與改變，是一件持續進行且相當不易的事。而如何創造、維持與改變組織的重要價值，並將之傳給組織成員，以形塑優良文化，則是教育行政人員的要務。當然，簡便且適當的方法，則是透過公開的儀式典禮來表達組織對此價值的重視，並因而強化此價值，進而形塑各種學校優良文化。

例如：學校非常重視尊師重道的價值觀念，則可運用學校與社區運動會、教師節、畢業典禮等場合，公開表揚資深教師或優良教師。其次，也可以結合其他相關節慶辦理敬師活動；甚至，於校園中設置至聖先師孔子雕像，或於校園重要地點布置各國教育家事蹟的介紹等，都能強化學生尊師重道的觀念，進而形塑此種優良文化。

六、因應組織環境變化，進行組織再造

俗云：「世界唯一不變的，就是變。」所以，不但個體、組織隨時在變化，連環境也持續在改變。因此，如何發現與了解組織環境變化的本質與趨勢，並進行組織改變與創造，實是教育人員重要的工作與職責。

而要進行組織再造，則學校首先應謹慎思考學校本位特色，以及內外在環境的優劣勢，以重新規劃或重組各行政業務，例如：如果學校正處於學校本位課程研發階段，或校內教師經常主動進行教學研究，此時則可增設研發處或於教務處內增設研究組。其次，由於組織業務整編後，對於因而被裁併的組別（如輔導室資料組業務裁併至註冊組或文書組），可能會對原擔任該組之業務人員產生相當大的影響，甚至影響其他行政人員的工作士氣；此時，如果不能在正式宣布行政組織架構重新調整之前中後期，充分進行溝通與協調，相信只是組織架構表面的改變，不但無法提高組織效能，更會因而降低組織的和諧文化與氣氛。

關鍵詞彙

- 科層體制理論
- 教導型組織
- 學校本位管理
- 順從理論
- 學習型組織
- 教師專業自主權
- 不證自明理論
- 描述架構
- 家長教育選擇權
- 策略結構理論
- 需要—壓力架構
- 校務權力分享
- 鬆散結合系統理論
- 管理系統架構
- 雙重系統理論
- 組織再造

 自我評量

1. 請以組織結構的觀點，說說你所服務學校（或目前就讀學校）的特性為何？

2. 如果你是一所國中（小）新到任的校長，請問你會採取哪些策略，以營造此所學校良好的組織文化？

3. 如果你是學校行政人員（校長、主任或組長），你如何在兼顧組織氣氛的情況下，致力推動各種教育改革活動？

4. 學校在推動各種教育改革活動時，總可能遭遇教職員的抗拒。請問你對抗拒革新的看法為何？在面對教職員對革新的抗拒時，你會如何處理？

 個案研究

引火自焚

　　陳長生（化名）是一個師院生，在新北市服務十年後，到教育大學修讀教育行政碩士課程，並於畢業當年考取新北市校長甄選榜首，而挾此優異成績，隔年便獲得遴選上新北市向上國小（化名）校長。

　　向上國小是一所近七十二班的大型學校，創校至今已四十多年，整體行政運作還算順暢，而大多數老師也都專心於班級教學工作上。然而，學校內卻派系分明，老師大抵可分為三種類型：第一種是屬於待退派，只要市府經費許可，馬上就可以辦理退休；第二種則屬於反對派，凡是學校想辦理較大型的活動或改革，會馬上舉手提出反對的意見；第三種則是溫和派，也是成員較多的一群，沒有太多個人的看法，其重心擺在班級教學與自己的家庭上。

　　陳校長到向上國小就任後，看到學校死氣沉沉，要推展任何活動或新的改變時，不是沒有人贊成，就是遭反對派杯葛；因此，對於辦學似乎有點心灰意冷。不過在此同時，陳校長的心頭突然浮現一絲希望，由於最近全國正如火如荼地準備推展十二年國教新課綱，他想藉此全國性改革的浪潮，推動全校教師全心全力參與改革，並進而影響老師們教育工作的心態。因此，在教育局調查有無意願參與十二年國教新課綱試辦學校時，陳校長便毫無考慮地登記參加了。

　　第一次召開全校性的課程發展委員會後，陳校長感覺心頭似乎挨了一記悶棍，溫和派的二位老師全場沒有說半句話，只低頭改著學生的作業簿；反對派的三位老師一秉常態，說出一大堆程序問題，並指責校長為什麼試辦十二年國教新課綱如此重大事件，為何沒有事先徵詢全體老師的意見！待退派的老師更是輪番上陣要求校長饒了他們，不要讓他們這把老骨頭戰死在教育

改革的戰場上。

　　回到校長室後，陳校長心力交瘁地癱在沙發上，心想：難道這把教育改革之火最後竟然是燒到自己嗎？

👥 問題討論

1. 請從教育行政組織理論的觀點，分析向上國小的組織結構。
2. 請從組織文化與氣氛的觀點，分析向上國小的組織文化特性。
3. 試以組織變革的觀點，建議陳校長實施十二年國教新課綱改革的策略。

⤷⤷⤶: **參考文獻** :⤷⤶⤶

中文部分

吳明清（1997）。學校再造的理念與策略。**教育資料與研究**，**19**，6-10。

吳秉恩（1986）。**組織行為學**。臺北市：華泰。

吳清山（1998）。教育革新中學校組織再造的探究。**北縣教育**。**24**，10-15。

吳清基（1989）。**教育與行政**。臺北市：師大書苑。

蔡培村（1985）。**國民中小學校長的領導特質、權力基礎、學校組織結構及組織氣候與教師工作滿足關係之比較研究**（未出版之博士論文）。國立政治大學，臺北市。

謝文全（2012）。**教育行政學**（第四版）。臺北市：高等教育。

英文部分

Bennis, W., & Mische, M. (1995). *The 21st century organization: Reinventing through reengineering.* San Diego, CA: Pfeiffer & Company.

Blau, P. A., & Scott, W. R. (1962). *Formal organization: A comparative approach.* San Francisco, CA: Chandler.

Daft, R. L. (1995). *Organization theory and design* (5th ed.). St. Paul, MN: West Publishing Company.

Etzioni, A. (1969). *A sociological reader on complex organizations.* New York, NY: Holt, Rinehart & Winston.

Etzioni, A. (1975). *A comparative analysis of complex organization.* New York,

NY: Macmillan.

Hage, J. (1965). An axiomatic theory of organizations. *Administrative Science Quarterly, 10*, 289-320.

Halpin, A. W., & Croft, D. B. (1963). *The organizational climate of schools*. Chicago, IL: Midwest Administration Center of the University of Chicago.

Hammer, M., & Champy, J. (1993). *Reengineering the corporation: A manifesto for business revolution*. New York, NY: Haper Business.

Hanson, E. M. (1991). *Educational administration and organizational behavior* (3rd ed.). Boston, MA: Allyn & Bacon.

Harris, A., Bennett, N., & Preedy, M. (1997). *Organizational effectiveness and improvement in education*. Buckingham, UK: Open University Press.

Hellriegal, D., Slocum, J. W., & Woodman, R. W. (1989). *Organizational behavior* (5th ed.). New York, NY: West Publishing Company.

Hoy, W. K., & Miskel, C. G. (1996). *Educational administration*. New York, NY: McGraw-Hill.

Keedy, J. L., & Achilles, C. M. (1997). The need for school-constructed theories in practice in U.S. school restructuring. *Journal of Educational Administration, 35*(2), 102-121.

Law. S., & Glover. D. (2000). *Educational leadership and learning: Practice, policy and research*. Buckingham, PA: Open University Press.

Lewin, K. (1951). *Field theory in social science*. New York, NY: Harper & Row.

Likert, R. (1967). *The human organization: Its management and value*. New York, NY: McGraw-Hill.

Likert, R., & Likert, J. G. (1978). A method of coping with conflict in problem solving groups. *Group and Organization Studies, 3*, 427-430.

Lunenburg, F. C., & Ornstein, A. C. (2000). *Educational administration.* New York, NY: Wadsworth.

Mintzberg, H. (1979). *The structure of organizations.* Englewood Cliffs, NJ: Prentice-Hall.

Ouchi, W. G. (1981). *Theory Z.* Reading, MA: Addison-Wesley.

Owens, R. G. (1991). *Organizational behavior in education* (4th ed.). Englewood Cliffs, NJ: Prentice-Hall.

Parsons, T. (1960). *Structure and process in modern society.* New York, NY: Free Press.

Pascale, R. T. (1985). The paradox of corporate culture: Reconciling ourselves to socialization. *California Management Review, 27*, 26-41.

Robbins, S. P. (2000). *Organizational behavior* (9th ed.). Englewood Cliffs, NJ: Prentice-Hall.

Schein, E. H. (1985). *Organizational culture and leadership.* San Francisco, CA: Jossey-Bass.

Senge, P. M. (1990). *The fifth discipline: The art and practice of the learning organization.* New York, NY: Doubleday.

Silver, P. F. (1983). *Educational administration: Theoretical perspectives on practice and research.* New York, NY: Harper & Row.

Stern, G. G. (1970). *People in context: Measuring person-environment in education and industry.* New York, NY: John Wiley & Sons.

Tichy, N. M. (1997). *The leadership engine: How winning companies build leaders at every level.* New York, NY: Harper Business.

Weber, M. (1947). *The theory of social and economic organization.* New York,

NY: Oxford University Press.

Weick, K. E. (1976). Educational organizations as loosely coupled systems. *Administrative Science Quarterly, 21*(1), 1-19.

Weick, K. E. (1982). Administering education in loosely coupled schools. *Phi Delta Kappan, 63*(10), 673-676.

教育行政領導

蔡菁芝

1. 能說出領導及教育行政領導的意涵。
2. 能比較特質論、行為論與情境論彼此之間的異同與優劣得失。
3. 能理解本章所舉出之教育行政領導理論的意涵,並舉例說明。
4. 能說明女性領導的意涵與特質。
5. 能理解並說明教育行政領導典範轉移的原因。
6. 能應用教育行政領導理論於教育行政領導實務。
7. 能激發教育行政領導者的潛能,促進教育行政領導目標的有效達成。

■ 摘要 ■

　　教育行政領導是運用領導理論於教育行政組織與機關或教育機構，有效達成教育目標的一種實務歷程。

　　教育行政領導理論從強調領導者的特質研究（特質論），到領導者的行為研究（行為論），再到強調領導者行為必須和領導情境互相配合的研究（情境論／權變論），其間所歷經的轉變不外乎就是：所持用的領導理論無法有效解釋不同的領導；然而無論如何，領導理論的目標則是一致的：希望領導者藉由領導理論的應用，成為一位有效能的領導者，達成領導的目標。

　　特質論希冀從領導者的身上歸納出領導特質；行為論則改從領導者的作為入手，但由於只把領導行為過度簡單化約為兩或三個因素，加上實證研究並不多，於是乃有情境論的興起；礙於情境中的變項太過於複雜，無法確知到底哪一種行為配合哪一種情境，即可達成有效領導，始有其他領導理論的出現。

　　Burns 把領導分為轉型領導與交易領導，開啟了先河。其中因涉及領導者的魅力，使得魅力領導再展風華。尋此脈絡而下，導致各式領導理論的崛起，包括：願景領導、催化領導、倫理領導與道德領導；簡單提及的文化領導、民主領導與超級領導等；甚至礙於篇幅所限無法提及其他許許多多人文的領導理論。簡單來說，領導必須同時考慮到人、事、時、地、物的因素：以往較為重視「把事情做對」，今天則轉變為「做對的事情」；以往強調領導是控制、技術、藝術，現在則認為領導是責任、態度與服務。

　　此外，隨著二十一世紀的到來，新的領導觀點也應運而生，如正向領導、向上領導、第五級領導及僕人領導；同時，女性領導者站在時代的舞臺，中外皆然，而領導風格與男性也有所不同，不可不知。

第一節　教育行政領導的意義

　　領導是教育行政的歷程之一，故如欲了解教育行政領導的意義，則必須先明瞭領導的意涵，始有助於體會教育行政領導意義的真諦。

　　有關領導的定義，中外學者們都做過許多分類與歸納性的定義，例如：Yukl（1989）舉出近三十年來的代表性定義，共七種；Stogdill（1974）曾經歸納出十一類，共七十幾種定義；Bennis 與 Nanus 在 1988 年甚至指出，學術界已經有多達 350 種以上的領導定義（黃佳慧等人譯，1990）；謝文全（1993）舉出十二種定義，加上其本人所歸納出的定義，共十三個；羅虞村（1995）分析文獻，把領導的定義分為十二類等。不論領導的定義為何，正如 Burns（1978）所指：「領導是地球上最受關注，而又最難理解的現象。」

　　是以本章擬自領導的中、英文原意來理解其本意，進而探究教育行政領導的意義。在有一個較為清楚的意涵輪廓之後，再依序介紹教育行政領導理論中的特質論、行為論、情境論／權變論。1980 年代左右，領導典範有轉移的趨勢，除了前述理論的繼續研究外，魅力領導（charismatic leadership）重新受到青睞、轉型領導（transformation leadership）與交易領導（transactional leadership）也成為熱門的領導議題；同時，或許因為受到後現代思潮的影響，教育行政領導理論也逐步朝向「同中求異」的不同觀點，包括：願景領導（visionary leadership）、催化領導（facilitative leadership）、倫理領導（ethic leadership）、道德領導（moral leadership）等，本章也將介紹；引導二十一世紀的領導思潮，例如：正向領導（positive leadership）、向上領導（upward leadership）、第五級領導（level 5 leadership）、僕人領導（servant leadership）等，本章同時予以簡要說明。此外，由於女性領導者

人才輩出的實際情況，以往我國教科書中較缺乏的女性領導，本章也嘗試予以說明。最後，筆者認為，在面對二十一世紀教育行政領導課題時，應以新的觀念、態度來面對，以便整合出新的力量，創造出教育行政領導的新氣象。

 一、 領導的意義

從字義上來看，許慎於其《說文解字》中指出：「領，項也」，其後引伸為「治理」；「導，引也」，也是「道」的意思，於其下加上「寸」，則用來代表車子的軌距。總而言之，領導的本意是「在前面引導車子，依車輪之軌距，使其行於所當行之路」，引伸即為「治理」之意，而且有積極正向的意涵。

若就英文的字源來理解，leadership「領導」這個字源自於 lead（領導）。在十二世紀以前 lead 這個字就出現了，當時作動詞用，等同於「引、領」（guide）、「傳送、傳達」（convey）的意思；一直到十五世紀，lead 才開始有名詞的用法，其中一個意思，就等同於後來的 leadership。而 leadership 這個字最早使用於 1821 年，共有四個涵義：(1)領導者的職務或職位；(2)領導能力；(3)領導行為或實例；(4)領導者（Pappas, 1999）。除了上述四個意思，尚有「領導階層」的用法（Halsey, 1986）；若再細分，則有「在政府裡面擁有最高權位的人」與「一群人選出來的代表或負責人」（Leech, 1994, p. 571, 745）；「使某人成為好的領導者之特質，或領導者用在工作上的方法」（Sinclair, 1995, p. 943）。

由此可知，領導是一種成為「好的」領導者之特質、領導行為、在實際情形下的領導實例，其中也涉及了權力的關係；當然更多的時候，領導就是指領導者。因此，我們不難明瞭何以大部分領導理論都以領導者為主軸，包括領導者的特質、技巧、行為，以及領導情境的探討。

　　以往領導定義的歸納，正如上述所言，大抵並未脫離其本義。Bass（1990）也有類似的見解，他指出領導的定義大多從下列觀點來描述：集體過程、領導者的人格特質、領導者的行為、領導者和被領導者間的權力關係、幫助被領導者達成目標等。

　　然而，1990 年代以來，領導在「實務」上的意義似乎有些許轉變。當代對於領導的意涵或本質，在行為上強調它是一種過程，對象同時包含領導者與被領導者，結果一定是有效率的目標達成（Lunenburg & Ornstein, 1991）。這個意思是說，領導不再是一種由上而下的線性過程，而是領導者與被領導者彼此互動的歷程；領導是一種有目的、發揮影響力的作為，它有運作的情境，結果必然為善（Northouse, 1997）。

二、 教育行政領導的意義

　　由於領導的意義受到領導實務的影響，是以若干僅將教育行政領導定義為一種群策群力的過程，並未指出究竟是否達成目標等的立論，必然有所不足。國內學者黃昆輝（1988，頁 361）主張：「教育行政領導乃是教育人員指引組織方向目標，發揮其影響力，以糾合成員意志，利用團體智慧，及激發並導引成員心力，從而達成組織目標之行政行為」，此頗能符合當代領導意涵的本質。

　　總之，教育行政領導是運用領導理論於教育行政組織與機關或教育機構，有效達成教育目標的一種實務歷程。此一說法有四個重點：⑴教育行政人員必須熟知領導理論的意義及其應用；⑵實施教育行政領導的場域，包含所有教育行政組織機關及各級學校；⑶教育行政領導是一種實務歷程；⑷教育行政領導的目的在有效達成教育目標。茲扼要說明如下。

（一）教育行政人員必須熟知領導理論的意義及其應用

教育行政領導者在領導教育行政人員的時候，若能熟知不同的領導理論，則在進行教育行政領導的過程中，必然事半功倍；在應用之時，亦即實際從事領導行為時，基於不同人員的不同需求，予以不同的領導方式，將有助於教育行政領導目標的順利達成。

（二）實施教育行政領導的場域，包含所有教育行政組織機關及各級學校

教育行政領導施行之場域相當寬廣，除了眾所周知的教育部、教育局（處），小至教育行政機關內的課、科、處、館（室）等以外，尚有執行教育行政命令的前線──大學及專科校院、高中職與國中、小、幼教機構，而廣義的教育行政機關，甚至包括直接面對民眾的社教機構等。基於達成教育目標的有效達成，實施教育行政領導有其必要性。

（三）教育行政領導是一種實務歷程

教育行政領導強調，運用領導理念有效影響教育行政人員，以達成教育目標。其間所涉及的問題包括：員額的編制、經費的運用、計畫的實施、場地的配置、時間的管控，以及人員的生理、心理與社會需求等，此證明教育行政領導是一種領導者與被領導者互動的實務過程。

（四）教育行政領導的目的在有效達成教育目標

教育行政領導最重要、也是最終之目的，即在於有效運用資源，以達成教育目標。有效是指有效率，簡單地說就是使投入的人力、物力等資源最

少，而產出的「餅」最大。其目的在使最大多數的人員，包括：教育人員、民眾、學生及其家長等受益，以達成教育目標。

第二節　教育行政領導理論的演進

　　教育行政學是行政學的一種應用科學，是以其相關理論，一直與行政學的理論密不可分，教育行政領導理論亦不例外。行政學理論的發展，約可分為傳統理論時期、行為科學時期與系統理論時期，故教育行政領導理論，也大致分為三個時期。明顯的區分年代，學者們並無一致的共識（秦夢群，1999；謝文全，1993；謝文全、林新發、張德銳、張明輝，1995），若再加上 1980 年代以來的領導新課題，以及 2000 年以後的領導新思維，則行政領導理論的演進，大致可以約略區分如下（如圖 6-1 所示）。

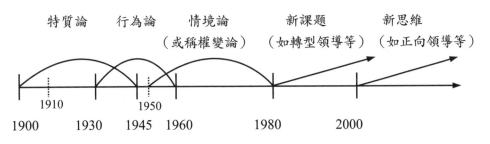

圖 6-1　影響二十世紀教育行政領導理論演進之時間表

　　事實上，研究重心的轉移是逐漸的，所以彼此之間會有重疊的部分，此也是無可避免的；且無論哪一個階段的研究，早期的研究仍會持續受到某些學者、專家或研究者的關注，例如：Stogdill 在 1974 年時，再度（第二次）大規模的進行領導者特質之研究；另外，如領導者行為的研究，根據秦夢群（1999）的調查，在我國直至 1995 年仍有相關的學位論文研究。所以，要

截然劃分時期，實際上也是有困難的。

前三個階段，是目前較有共識的教育行政領導理論發展時期，其間的研究重點有所不同：第一個時期約自 1900 年（或 1910 年）至 1945 年，以研究領導者的特質為重心，稱為特質論（trait theories）；第二個時期，約自 1930 至 1960 年，其研究重點主要在於領導者的行為，稱為行為論（behavioral theories）；大概從 1950 年代以來，主要是 1960 年以後，研究者多半認為領導係領導者和環境（亦即領導情境），交互影響的結果，領導行為並不偏限於某一種方式，而是根據實際情形加以通權達變，故稱為情境論或權變論（situational/contingency theories）。茲說明如下。

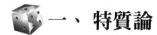 # 一、 特質論

特質論是最早的領導研究觀點之一，其假設領導者具有某些生理、人格特質和能力（如智力、口才、創造力和社會洞察力等），使他們成為天生的領導者（Razik & Swanson, 1995; Yukl, 1989）。這個意思是說，成功的領導者，必然具有某些特質，而且這些特質是天生的。為了證實到底哪些特質是可以放諸四海皆準的，且為有效能的領導者必備，從二十世紀初期到中葉，學者們致力於展開兩類的研究：一是成功領導者的人格特質研究；另一是這些成功領導者的共同特質研究（羅虞村，1995；Yukl, 1989）。

在眾多的研究中，Stogdill（1948）曾經檢視 1904 至 1947 年有關特質論的研究 124 篇，歸納出有關的領導因素，共分六大類，包括：能力、成就、責任、參與（活躍、交際、合作、適應性、幽默）、地位（社經地位、人望），以及處境（心理穩定度、身分、技巧、被領導者的需要和興趣、想要達成的目標）。1974 年時，Stogdill 再次檢視了 1948 至 1970 年有關特質論的研究 163 篇，使用了較先前研究更多的測量方式，包括：投射測驗、情境測驗和強迫選擇測驗，結果發現成功的領導者特質有：強烈的責任和工作

完成驅力、追求目標的活力和毅力、解決問題的冒險性和創舉、在社會中追
求進取的驅力、自信和個人認同感、接受決定和行動結果的意願、承受人際
壓力的準備、忍受挫折與拖延的意願、影響他人行為的能力、合宜地逐步建
構社會互動系統的能力（謝文全等人，1995；Stogdill, 1974, p. 81; Yukl,
1989）。

　　Yukl（1989）綜合 Stogdill 兩次研究的結果指出，有效能的領導者有許
多共同的特質和技巧（如表 6-1 所示）。

表 6-1　有關成功領導者的特質和技巧

特質	技巧
能適應環境	有智慧的
敏覺於社會環境	在概念上很熟練
有雄心且為成就導向的	有創造力
堅持己見的	說話辦事得體老練的
合作的	口才流利
果決的	對團隊工作有見識的
可靠的	有組織的
支配的（意欲影響他人）	有說服力的
精力旺盛的（高度的活動力）	有社交手腕的
堅持不懈的	
自信的	
壓力容忍度	
願意承擔責任	

資料來源：Yukl（1989, p. 176）

　　儘管研究顯示，領導者和非領導者在有關的特質上有所不同，然而
Stogdill 也發現，導致這些領導特質結果的情況頗不相同。因此，Stogdill
（1948, pp. 63-64）曾下結論說：「若非領導者個人的特質模式和被領導者

的特質、活動和目標有某種程度的相關,一個人無法憑藉某些特質的聯合而成為領導者……。很明顯的,一個適當的領導分析,不僅涉及領導者的研究,而且還要涉及情境。」

此外,Stogdill(1948)的兩次特質論研究,也發現彼此互相矛盾的研究結果;而且,其他的特質論研究,又歸納出不同組套的特質(秦夢群,1999;羅虞村,1995),所以實在無法全然解釋有效能或成功的領導者所需具備的特質究竟為何。當然,特質論也忽略了對領導者行為的研究,加上行為主義心理學的逐漸盛行,因而導致領導研究典範的轉移,而行為論應運而生。

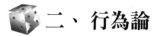 二、 行為論

行為論一改以往特質論對內隱人格的探究,轉而研究領導者的外顯行為,希望透過對領導者行為的分析,得到影響有效領導的決定性行為。有關行為論的研究很多,以下介紹美國著名的愛荷華大學(University of Iowa)、俄亥俄州立大學(Ohio State University)與密西根大學(University of Michigan)的領導研究。

(一)愛荷華大學的領導研究

典型的研究是愛荷華大學對領導行為的檢視,結果發現:領導風格不同,對部屬的態度和生產力有影響。簡而言之,民主式的領導風格最受到部屬的歡迎,放任式的又比獨裁式的領導風格較受到歡迎;在生產力方面,專制式的生產力稍微高於民主式的領導風格,放任式領導風格下的生產力最差。但是在專制式的領導風格下,部屬比較依賴,較不獨立(Lunenburg & Ornsein, 1991; Razik & Swanson, 1995)。

（二）俄亥俄州立大學的領導研究

　　類似的領導研究由 A. W. Halpin 與 B. J. Winer，以及 J. K. Hemphill 與 A. E. Coons 分別於 1957 年在俄亥俄州立大學展開，由於受到此一研究的影響，導致後來領導行為的研究，占有主要的研究地位（Yukl, 1989）。該研究剛開始是使用「行為描述問卷」，讓部屬來描述他們的領導者或主管。研究者匯集了 1,800 個領導行為的例子，然後歸納出 150 項的領導楷模行為，並且據此編成初步的問卷，以軍人和一般平民百姓為受訪對象，要求他們描述自己的主管，最後以因素分析歸納出部屬可以感受到主管的行為，最主要是在倡導（initiating structure）和關懷（consideration）兩方面的滿意（Yukl, 1989）。研究者再根據此一初步問卷的修訂，並縮短題目，建構出兩份問卷，即「領導者行為描述問卷」（Leader Behavior Description Questionnaire，簡稱 LBDQ）與「主管行為描述問卷」（Supervisory Behavior Description，簡稱 SBD 或 SBDQ），用來測量倡導和關懷（Yukl, 1989）。關懷是指，領導者表現出對部屬的信任、尊重、親切、支持，以及對其幸福關心的程度；倡導則是指，領導者關注組織目標的達成、組織任務的訂定、指派工作、建立溝通管道、界定與部屬之關係，以及評估工作成效的程度（Lunenburg & Ornstein, 1991）。許多學者也據此將領導分成高倡導高關懷、高倡導低關懷、低倡導高關懷，以及低倡導低關懷四個象限（如圖 6-2 所示）。

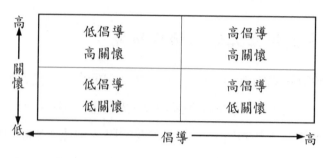

圖 6-2　俄亥俄州立大學的領導方格

（三）密西根大學的領導研究

　　大約與俄亥俄州立大學的研究同時，密西根大學調查研究中心也展開了領導行為的研究，希望能夠探究出和工作績效有關的領導行為。研究顯示兩種領導風格：工作導向的行為與關係導向的行為，其主要研究結論是指出，有生產力的工作群體之領導者，是關係導向的，而非工作導向的領導行為（Razik & Swanson, 1995）。

　　儘管密西根大學研究者的行為強烈支持領導者的關係導向行為，他們認為，關係導向行為的領導者與高的團體生產力及高的工作滿足感有關；而工作導向行為的領導者則和低的團體生產力及低的工作滿足感相關（Robbins, 1998）。但是，僅僅將領導化約為兩個或三個因素，加上只有一些實驗研究，而且對領導行為實際觀察的研究也不是很多，大多是以現成的資料做分析調查（Immegart, 1988）；何況此類領導行為的研究由於缺乏對領導情境的關注，事實上也無法完全解釋成功領導者如何有效的領導，於是乃有情境論／權變論的興起。

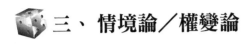 三、情境論╱權變論

　　情境領導的相關理論，一改以往只注重領導者特質或領導者行為的研究取向，它強調領導是領導者與被領導者在不同情境之下產生交互作用的結果。在這些研究當中，一般把 F. E. Fiedler 的權變模式（contingency model）稱為權變理論，其餘的模式均統稱為情境理論；有時為了方便起見，就全部統稱為權變論或情境論。此理論的基本要點指出，領導效能的高低需視領導者行為與情境的配合程度而定，配合程度愈高，則領導效能愈高；反之，則愈低（吳清山，1991；謝文全等人，1995）。以下簡介 Fiedler 的權變理論、House 的「途徑—目標」理論（path-goal theory）、Hersey 與 Blanchard 的情境領導理論（situational leadership theory）、Vroom 與 Yetton 的規範性權變理論（normative contingency theory）、Kerr 與 Jermier 的領導替代理論（leadership substitutes theory），以及領導者—成員交換理論（leader-member exchange theory，簡稱 LMX 理論）。

（一）Fiedler 的權變模式

　　Fiedler 的權變模式之基本假設有二：⑴領導風格是由領導者的動機所決定；⑵領導效能是領導者的類型與情境有利的程度兩者之間的一種聯合（Fiedler, Chemers, & Mahar, 1976）；其中，影響領導效能的情境有三個因素：一是領導者與部屬的關係，指部屬對領導者支持的程度；二是工作結構，指詳細說明工作目標、程序的程度；三是職位權力，指領導者依其職位導致對被領導者酬賞和處分部屬的程度（Fiedler et al., 1976）。所以在此一假設之下，Fiedler 特別以「最不喜歡同事量表」（The Least Preferred Co-Worker Scale，簡稱 LPC 量表）來區分不同的領導風格（如表 6-2 所示）。

表 6-2 「LPC 量表」（舉隅）

	8	7	6	5	4	3	2	1		得分
令人喜歡的	8	7	6	5	4	3	2	1	令人不愉快的	____
友善的	8	7	6	5	4	3	2	1	不友善的	____
遭人拒斥的	1	2	3	4	5	6	7	8	受人接納的	____
....										
....										
不誠懇的	1	2	3	4	5	6	7	8	誠懇的	____
親切的	8	7	6	5	4	3	2	1	不親切的	____
									總分	____

資料來源：摘錄自 Fiedler 等人（1976, p. 8）

「LPC量表」以十八組相對的概念，分成八個等級，最高 8 分、最低 1 分，要求領導者描述他最不滿意的同事，這個意思並不是指最不喜歡的同事，而是「最難共事的同事」（Fiedler et al., 1976）。在此量表中，如果得分超過 64 分（含 64 分），則為高 LPC，稱之為關係動機的（relationship-motivated）領導者；如果得分低於 57 分（含 57 分），則為低 LPC，稱之為工作動機的（task-motivated）領導者（Fiedler et al., 1976）。

總之，關係動機的領導者，會採取與群體保持良好的人際關係模式，來完成工作；而工作動機的領導者，則會經由清楚明確的工作程序和嚴謹的工作態度，以達成工作任務（Fiedler et al., 1976）。

在領導風格與情境搭配方面，情境又被分為高度控制、中度控制與低度控制三種；準此，Fiedler 等人（1976）把領導者行為和所導致的領導效能（即工作表現）歸納如下（如表 6-3 所示）。

表 6-3 領導風格、行為和工作表現在不同的情境之摘要表

領導風格	情境控制		
	高度控制	中度控制	低度控制
高 LPC	行為：有點獨裁、冷漠和自我中心。 工作表現：差。	行為：關心的、開放的、參與的。 工作表現：好。	行為：焦慮、緊張且過度注意人際關係。 工作表現：差。
低 LPC	行為：關心的、支持的。 工作表現：好。	行為：緊張的、專注工作的。 工作表現：差。	行為：指導的、專注工作的、嚴謹的。 工作表現：相當好。

資料來源：Fiedler 等人（1976, p. 136）

（二）House 的「途徑—目標」理論

House 在 1971 年所提出的「途徑—目標」理論中指出，領導者所誘發的積極性功能，包括：協助部屬達成工作目標，以及在此一過程之中提供澄清路徑、降低障礙和危險，與增加個人之滿意等指導和支援（House & Shamir, 1993）。故「途徑—目標」意指，有效能的領導者應幫助部屬澄清可以達成目標的途徑，並減少途中的障礙與危險，使其能順利完成目標。

簡而言之，這個理論在解釋領導者如何依據達成目標的路徑，來選擇符合部屬需求及其工作情境之最適當的行為，協助他們圓滿達成目標（Northouse, 1997）。故其為領導者行為（指導的、支持的、成就取向的、參與的），以及權變因素，包括：部屬特質（威權主義、內外控性格、能力）和環境因素（工作執行、正式職權系統、主要工作團體）影響個人知覺、工作動機，而導引出部屬達成目標的態度和行為的領導理論（如圖 6-3 所示）。

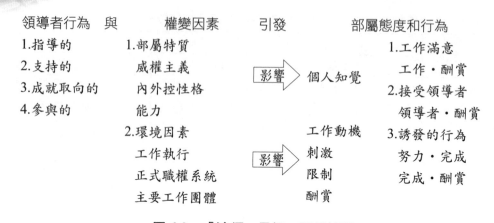

圖 6-3 「途徑─目標」關係摘要

資料來源：House 與 Mitchell（1986, p. 28）

　　「途徑─目標」理論在 1996 年重新修訂為「途徑─目標」之工作單位領導理論（path-goal theory of work unit leadership），簡稱「途徑─目標」領導理論（path-goal theory of leadership），其修訂的原因是受到其他學者實證研究的影響。House 以這些實證研究結論為真實的前提下，提出他的修訂理論在兩方面彌補前述理論之不足：一是增加部屬授權、工作滿意、工作單位及部屬效能的領導者行為；另一是領導者在其直接下屬的動機和能力方面的影響與其在整體工作表現的影響（House, 1996）。

　　House 在其「途徑─目標」領導理論中提出了領導者行為的五大原則，以及領導者行為與權變因素引發部屬態度和行為的 22 大命題（本章礙於篇幅無法介紹）。不過，House 也很理性的指出：理論會因為時、空環境等變異而被修正是很正常的；一個好的理論充其量是在有限的條件下，為特定的情境做出較為完整的解釋；同時，一個好的理論必須能夠支持到下一個好的理論出現為止（House, 1996）。

（三）Hersey 與 Blanchard 的情境領導理論

　　情境領導理論指出，領導效能是「工作行為」、「關係行為」及「準備度」三方面因素交互作用的結果。此所謂的工作行為和關係行為相當於 Fiedler 權變領導理論中的「工作動機的」和「關係動機的」領導，前者是指領導者對工作的指示和說明等，後者則指領導者所提供有關社會性的支持行為等；至於準備度則包含工作準備度和心理準備度。工作準備度是指，被領導者完成一項工作的能力，包括：知識、經驗和技巧；心理準備度則指，被領導者的意願，包括：信心、承諾和動機（Hersey & Blanchard, 1988）。

　　Hersey 與 Blanchard（1988）特別指出，在情境領導理論中，並無最佳的領導方式，且該理論重點在「被領導者」。根據「工作和關係」行為，可導致四種領導行為：告知式、推銷式、參與式、授權式（如圖 6-4 所示）。

　　1. 告知式：即告訴被領導者做什麼、該怎麼做、在哪裡做等。

　　2. 推銷式：領導者不僅提供指引，且讓被領導者有對話和澄清的機會。

　　3. 參與式：領導者的行為在多鼓勵、多溝通、分享理念，並協助被領導者作決定。

　　4. 授權式：讓被領導者實際負責決策與執行工作，領導者不需要給予太多的指令或鼓勵，只要稍加留意或觀察即可。

　　其實，情境領導理論指出，領導其實取決於被領導者的準備度，當被領導者在能力和意願上都沒什麼準備的時候，領導者就必須要在被領導者的工作方面給予高度的指引，並且在心理方面給予高度的關心，即告知式的領導；反之，則為授權式的領導，如此方可導致成功的領導。

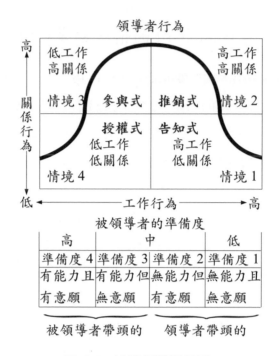

圖 6-4　情境領導關係圖

資料來源：整理自 Hersey 與 Blanchard（1988, p. 171, 173）

（四）Vroom 與 Yetton 的規範性權變理論

Vroom 與 Yetton 假設「情境」和「個人的態度或特質」之交互作用，導致領導者行為，進而影響組織效能；另外，除了領導者能控制的部分以外，組織效能又受到其他情境變數的影響，例如：全球經濟變遷、國家政策執行等（Hersey & Blanchard, 1988）。

Vroom 與 Yetton 的模式是規範性的，它提供一系列必須遵行的程序法則（如圖 6-5 所示），以決定決策時參與的形式和所占的分量，所以也稱為「領導者—參與模式」。Robbins（1998）指出，此一模式最早提出時，是融合了七種情境和五種不同領導風格；後來 Vroom 與 Jago 在 1988 年把情

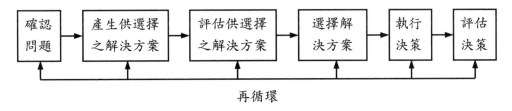

圖 6-5 決策程序

資料來源：Lunenburg 與 Ornstein（1996, p. 154）

境修正為十二種，組成新的決策樹（請參見第四章第二節）。換句話說，每一種領導風格都有與其適合的領導情境，儘管原先的模式相當樂觀，畢竟新模式仍須更多的研究加以證實（Robbins, 1998）。

（五）Kerr 與 Jermier 的領導替代理論

一般的領導理論或模式，除了無法系統性地解釋與判斷有效能領導的差異外，在許多方面都沒有一致的共識（Kerr & Jemier, 1986）。Kerr 與 Jermier 在 1978 年發展出一個確定可以降低領導重要性的情境（Kerr & Jemier, 1978; Yukl, 1989），在此一情境中，領導者的領導行為將被「替代物」或「中和劑」抵消。

「替代物」是指，導致領導者的行為顯得多餘或不必要，例如：一項可以自動提供回饋的工作，執行工作的人員就不需要領導者的回饋來表示對錯或好壞等。又如：同儕或非正式領袖的行為，經常導致領導行為的無效等，所以替代物是指使領導受到干擾的「情境」。「中和劑」是指，任何使領導行動無效的「組織特性」，例如：組織之成員對領導者提供的誘因並沒有興趣，所以「中和劑」是指使領導無效的一些「限制」（Kerr & Jemier, 1986; Yukl, 1989）。

Kerr 與 Jermier（1986）此一理論的重點即在指出，在何種領導情境中，

領導者的行為會因為「部屬」、「工作本身」和「組織」三方面的許多特性，而導致領導行為的替代；也就是說，領導行為並不會影響部屬的滿意、士氣或工作表現等。該理論經過在正式的科層組織中的實證研究而獲得明顯的證據，並獲得高度的重視。

因此，該理論自 1978 年提出，就開始受到檢視，一直到最近幾年仍然有學者撰文討論，一致性的結論都指向 Kerr 與 Jermier 的結論有錯誤（Wikipedia, 2014）；慶幸的是，真理愈辯愈明。 Lunenburg（2010）指出，領導者的領導效能的確會受到「中和劑」和「替代物」的影響而降低，他綜合歸納其他學者的研究，提出受到個人、工作和組織三方面特質之影響，導致支持性和工具性領導的「替代物」與「中和劑」（如表6-4所示）。

表 6-4　支持性和工具性領導的「中和劑」和「替代物」

因素	支持性／關係的領導	工具性／任務的領導
個人特質		
1.能力、經驗、訓練		替代物
2.「專業」導向	替代物	替代物
3. 對組織酬賞沒興趣	中和劑	中和劑
工作特性		
1.有結構且例行性的任務		替代物
2.任務本身提供回饋		替代物
3.本質上令人滿意	替代物	
組織特性		
1.有凝聚力的工作群體	替代物	替代物
2.領袖缺乏法職權	中和劑	中和劑
3.定型化的目標和計畫		替代物
4.嚴格的規定和程序		中和劑
5.介於領袖和部屬之實際距離	中和劑	中和劑

資料來源：Lunenburg（2010, p. 2）

（六）領導者—成員交換理論（LMX 理論）

LMX 理論最早在 1975 年時，由 D. F. Graen、F. Dansereau、W. Haga 與 J. Cashman 等人所提出（Northouse, 1997）。

這個理論指出，領導者在領導的過程中並沒有一視同仁地對待所有的成員和部屬。領導者通常會和某一小團體的人建立特別的關係，這些人受到領導者較多的信任、關注，且擁有特權，像這樣的群體，稱為內團體（in-group），他們的離職率較低、對領導者的滿意度較高，也獲得較高的績效評價；相對於那些內團體的圈外人，則稱為外團體（out-group），其較少能有時間和領導者互動、較少獲得酬賞與關注，他們和領導者的互動關係則是建立在正式的權威上（Hollander, 1993; Robbins, 1998）。

要言之，LMX 理論關注領導者和被領導者在「達成領導」（leadership making）上，是如何「交換」的，結果發現是因為內團體這種「伙伴關係」的感覺；所以，LMX 理論在告訴領導者：要敏覺於哪些部屬需要特別的關心、平等對待所有的部屬、讓每位部屬都能儘量依其意願來參與工作、同等尊重且信任他們、承認每個員工都是獨一無二的，且有依其特有之方式接近領導者的需要（Northouse, 1997）。

第三節　教育行政領導的新課題

這裡所指的新課題，是相對於以往已經確立的領導理論，例如：特質論、行為論和權變論等。以 2017 年的觀點來看，2000 年之前的領導觀點恐怕都不能說是新課題；然而，只要我們注意到領導理論的演進，必須先有假設的模式、實證研究的證實、諸多學者心中的共識，進而被認為是合理的觀點、說得通的理論，如轉型領導與交易領導；或者結合原有的觀點，進而發

展出新的概念，如魅力領導，那麼誠如本段所指，其新舊只是一種相對的概念。此外，因為時代演進，領導理論所強調的重點與以往全然不同，如願景領導、道德領導等，讀者必須以一種新視野來看待，所以稱為新課題。

一、 轉型領導與交易領導

轉型領導一詞最早是由 J. V. Downton 在 1973 年所創；然而，它成為一個重要的領導取向，則始於政治社會學者 J. M. Burns 在 1978 年所著的《領導》（*Leadership*）一書（Northouse, 1997）。其後，Bass 也做了廣泛的研究，頗值得重視。

（一）Burns 的轉型領導與交易領導

Burns 在書中企圖把領導和被領導的角色連結起來。他認為，領導者的領導行為就是在引發被領導者的動機，使其能夠更好的達到領導者和被領導者的目標（Burns, 1978）。

Burns（1978）把領導區分為交易（transactional）和轉型（transforming）兩類。交易領導主要是指領導模式，重點是指發生在領導者和被領導者之間的「交換」行為。這種交換行為本質上可以是政治、經濟和心理的，例如：政客藉由承諾不加稅來贏得選舉，或是以物易物、買賣行為；同樣地，熱誠待客、使別人願意聽自己發一頓牢騷，甚至是中小學「三項競賽」的等第評定等，均顯示交易領導的存在。

相對於交易領導，轉型領導就更複雜、更有影響力，指的是領導者和被領導者彼此喚起更高道德和動機層次的過程（Burns, 1978）。此種類型的領導者注意到被領導者的需求和動機，並且嘗試幫助被領導者發揮他們最大的潛能。Burns（1978）指出，M. L. Gandhi（1869-1948）的領導就是轉型領導典型的例子，他喚起數百萬印度人的希望和需求，並且在過程中增高他們

對自己生活和人格的價值。

　　在組織的世界裡，轉型領導的一個例子就是：公司的經理人企圖改變公司的共同價值，來反映出更公平、正義的人性標準之過程；在此一過程中，經理人和員工將會出現更強烈且更崇高的道德價值標準（Northouse, 1997）。

（二）Bass 的轉型領導與交易領導

　　Bass（1985）主要是就領導者對被領導者的影響方面來定義轉型領導。被領導者會感受到被信任和欣賞，而且忠誠並尊重領導者，同時被激勵去做更多他們原先預期要做的事。領導者可以根據下列三點改變被領導者：(1)使其更感受到工作成果的重要性和價值；(2)引導他們為了組織或團隊而超越自身的利益；(3)促發更高層次的需求。

　　轉型領導的領導者，藉由對其引起強烈的情感和認同感來影響被領導者；但是他們也可以教練、老師或益友的方式，改變被領導者（Yukl, 1989）。

　　有關交易領導，Bass同樣將它視為用來交換順從的酬賞；但另一方面，除了作為影響動機的刺激和權宜的酬賞外，Bass 也清楚說明工作所能獲得的酬賞。他把交易領導描述得像「目標─途徑」理論一樣。此外，他看待轉型領導和交易領導有所區別，但並非截然互斥的過程；而且他也承認，同一位領導者，在不同時間面對不同情境時，也許會同時使用這兩種類型的領導。

　　Bass與Avolio（1993）經過九年的領導研究，得出有關領導的七因素，僅列表說明如下（如表 6-5 所示）。

表 6-5　轉型和交易領導的模式

轉型領導的因素
1. 魅力（理想化的影響）：領導者經由對被領導者的尊重，以獲取更多的信任和參照權，並提供可達成的使命和願景。
2. 鼓舞人心的激勵：領導者提出象徵和簡化的情緒訴求，增加彼此對所欲達成目標之共同體認和了解。
3. 智慧上的刺激：鼓勵被領導者質疑自己、領導者和組織做事的方式；打破傳統、靠自己思考、提出挑戰，並創新發展自己的方式。
4. 個別關懷：給予被領導者個別且平等的關心，提供被領導者學習的工作機會。
交易領導的因素
5. 權宜的酬賞：增強領導者與被領導者之間的交換，例如：當被領導者能符合目標的達成時，則予以適當的酬賞。
6. 例外管理：只有在事情做錯的時候，領導者才介入做一些修正，例如：修正批判、負面的回饋和負面的權宜增強。
非領導的因素
7. 自由放任：不做領導，其拖延決策，回饋、酬賞、激勵和滿足成員之需求等都不做。

資料來源：整理自 Bass 與 Avolio（1993, pp. 49-80）

二、　魅力領導

　　魅力（Charisma）這個字最早源自於希臘，它是「善行、神的恩典、天賦」之意，而有兩種意涵：其一，它是一種獨特且有吸引力的人格特質；其二，它是聖靈所賦予有關治療或預言的獨特靈力（Halsey, 1986）。由於有這種人格特質，一個人乃顯得與他人迥然不同，而這種特質在很多團體的領導人物身上都能發現，例如：傳教士、政治家、革命家、藝術家，以及社會主義者等。此一名詞又能被用以表示領導特質，對被領導者而言，此乃是一種「似神一般的」特質，因此基於某種情緒性的感受與認同，則由此而生

（大美百科編譯部編譯，1994，頁 6-85、86）。典型的代表人物則如法國的 N. Bonaparte（1769-1821）、德國的 A. Hitler（1889-1945）、領導印度獨立運動的 M. L. Gandhi、美國黑人民權運動領袖 M. L. King, Jr.（1929-1968），以及南非黑人領袖 N. Mandela（1918-2013）等人。

德國社會學家 M. Weber 最早在 1947 年於其所著的《社會和經濟組織的理論》一書中提及，社會共同存在著三種政治的型式，其中之一不同於封建體制下的傳統權威與奠基於職務的法理權威，而是反映在富有超凡魅力之領導者的強制風格下，即是魅力權威（大美百科編譯部編譯，1994，頁 28-441；Henderson & Parsons, 1964）。

有關魅力領導的研究甚多，從 Weber 以來，到 1980 年代左右，又掀起另一陣的研究高潮。其研究觀點，某部分近似於特質論、某部分近似於情境論，有一些研究又近似於情境論和特質論交互影響的觀點，因此在某種程度上，這些研究彼此間也有些矛盾。然而，無論如何，魅力被認為是肇因於被領導者對領導者之人格和行為的知覺；這些知覺，受到領導情境脈絡及被領導者個人與集體需要的影響（Yukl, 1989, pp. 204-205）。以下簡介 House、Bass、 Conger 與 Kannugo 的魅力領導理論。

（一）House 的魅力領導理論

House 在 1977 年提出了一組可用來觀察並測知的命題，作為解釋魅力領導的理論之用；該理論指出魅力領導如何與眾不同，以及魅力領導者最可能發揮的情境。下述八項指標則是用來決定魅力領導的程度（Yukl, 1989）：

1. 被領導者對領導者理念正確性信仰的程度。

2. 被領導者與領導者理念相似的程度。

3. 被領導者毫無疑問地接受領導者的程度。

4. 被領導者對領導者的情感。

5. 被領導者願意服從領導者的程度。

6. 被領導者對組織任務在情感上涉入的程度。

7. 被領導者之成就目標增高的程度。

8. 被領導者相信能夠貢獻群體任務成功的程度。

這八項指標的大意是指：當被領導者對信仰領導者的程度愈高，亦即認定領導者所述的正確性、毫無錯誤的程度愈高；被領導者在理念上與領導者相似程度愈高，被領導者毫無疑問接受領導者意見的程度愈高；被領導者在情感上支持領導者的程度愈高，包括：支持領導者的任務及使命、價值觀的分享與理念的期盼等程度愈高；被領導者願意服從領導者的程度愈高，被領導者對組織任務在情感上涉入的程度就愈高。換言之，即愈認同、支持或參與組織任務的程度愈高；反之，若領導者依賴訴諸於被領導者的希望和理想等之程度愈高，被領導者以領導者為楷模，而對其領導行為模仿、價值觀認同等的程度就愈高；被領導者願意聽從領導者，而承諾對組織竭力貢獻，達成組織任務的程度愈高（如第二次大戰期間，日本神風特攻隊「連人帶機式」的攻擊珍珠港即為一例）時，魅力領導的程度就愈高。也就是說，當領導情境愈能符合上述八項指標的程度時，魅力領導就愈可能出現，即是指領導者愈適合使用魅力領導（Yukl, 1989）。

（二）Bass 的魅力領導理論

Bass 並非提出一套完整的魅力領導理論，他只是就 House 的魅力領導理論提出一些延伸，包括一些先前的情況、領導者的特質，以及魅力領導的結果。根據 Bass（1988）的看法，魅力領導者很清楚自己的非口語行為、對自己完全有信心、對被領導者的情感和需求有清楚的洞察力、能滔滔雄辯、較具有活動能量；被領導者信任而又尊敬領導者，並且還把他們當作超

人般的英雄或精神上的象徵加以崇拜。Yukl（1989）認為，當領導者能夠以被領導者所分享的規範、信念和夢想，作為情感上和理性上訴求的基礎時，魅力領導尤其可能出現追隨者。

魅力領導者較有可能出現在組織處於壓力和轉變的狀態之際，所以Bass（1985）認為，混亂是魅力領導所必須的先決條件。在領導者的特質方面，他則指出魅力領導者在實際觀察（pragmatism）、適應性（flexibility）、投機方面（opportunism），以及訴求的方式上，有很大的不同：有些魅力領導者訴諸情感，有些則廣泛地訴諸理性，而後者通常有較優之技藝上的專門知識與勸服技巧。此外，人們對魅力領導的結果反應也不一致，引起某些人崇拜的特質和信念，對另一些人而言可能會產生憎恨；而通常對魅力領導者的反應，相對於非魅力領導者，則較為極端。

（三）Conger 與 Kannugo 的魅力領導理論

Conger 與 Kannugo（1988）基於魅力是一種歸因的現象，提出其魅力領導理論。他們的研究在比較魅力領導者和非魅力領導者後發現，領導者的行為應對魅力領導的歸因負責，其要點如下：

1. 關於現狀：基本上，魅力領導者反對現狀並且要予以改變。
2. 未來的目標：魅力領導者所提出的目標，是一種和現狀差異極大之理想化的願景。
3. 可愛：魅力領導者因分享的觀點和理想化的願景，使他或她變得可愛、受人尊重，且為值得認同和模仿的英雄。
4. 可靠：魅力領導者不惜將導致個人極度冒險和代價之方式，激昂的提倡信念和願景。
5. 專家知識：魅力領導者在使用非傳統的手段來改變現存之次序上，具有專業的知識或技能。

6. 行為：魅力領導者的行為是非傳統的或對抗規範的。

7. 環境的感受性：魅力領導者對改變環境現狀的感受上有高度的需求。

8. 清晰：魅力領導者對未來的願景和領導的動機，有強烈且鼓舞人心的清晰說明。

9. 權力基礎：魅力領導者是基於專家權力，以及被領導者的尊重和對一位獨特的英雄之景仰，而得到個人權力。

10. 領導關係：領導者是菁英的、開創的及模範的人物，和被領導者一起分享其所倡議之徹底改變。

 ## 三、 其他有關的領導議題

有關領導的議題甚多，以下介紹願景領導、催化領導、倫理領導、道德領導等幾個比較通俗的概念。

（一）願景領導

「願景」是1990年代以來的熱門詞彙。然而，願景是什麼？能做什麼？又怎麼做呢？

1996年時，D. T. Conley 曾指出，願景是「用來指引行為規範的一具內在之指南針」（Lashway, 1997）；Sergiovanni（1994）則指其為「能創造一個建立行為規範之『心的社區』的教育宣言」。相較於此，M. Sashkin 在1988年提出願景的三個本質，應該是較完整的看法：⑴幫助組織適應外在環境的改變；⑵達到理想之目標的過程；⑶一起工作的伙伴（Lashway, 1997）。

Lashway（1997）指出，願景的作用即在建立理想和現實間的張力，故領導的重點即在：

1. 形成願景：不要專注在領導者提出的或大家一起提出的，因為這樣都

偏於一隅。在願景的形成過程中，領導者當然扮演著重要角色，但只要願景能被組織成員所擁抱，誰提出來的都無關宏旨。

2. 推展願景：有關願景的推展應兼具「說和做」，討論→執行→修正→討論，如此周而復始；務必記住，組織中的成員才是真正的把抽象概念化為實際行動的人，所以要逐步推展，不要指導、要有耐心，讓成員找到適合自己前進的方式。

3. 催化願景：領導者必須建立一種變革的組織氣氛及文化，也要經常且熱切地談論願景、鼓勵實驗、慶祝成功，並且忘卻失敗，在不可避免的困難面前仍屹立不搖。

（二）催化領導

催化領導一詞，源自於轉型領導一詞的演變；這兩種領導模式都強調授權和合作，而目前，催化領導通常被視為是一種更廣泛的策略（Lashway, 1995）。

催化領導的意義為何？Conley 與 Goldman 在 1994 年曾定義如下：催化領導即在增進學校成員調適、解決問題和改進成效的集體能力，而領導者的角色在促進各層級組織成員的參與（Lashway, 1995）。

Conley 與 Goldman 認為，催化領導就是領導者克服資源限制、建立團隊、提供回饋與協調，以及管理衝突的歷程。也就是說，領導者必須創造組織成員能有效工作的環境，避免緊張與對立。當然，領導者也必須在催化之前先評估自己的領導風格和組織文化，同時放慢催化的腳步。注意：並非每個組織都適合此種領導方式（Lashway, 1995）。

Robbins 與 Judge（2013）也明白指出，在多團隊的系統中，領導尤其重要。領導者透過授權給不同的團隊來委以重任，而領導者本身則扮演催化者的角色，確保團隊之間的相互合作。

（三）倫理領導

倫理領導起源於三個原因：⑴對經營管理的倫理有興趣；⑵一些偉大的領導者都有倫理上的瑕疵，例如：前文提到的民權領袖 M. L. King, Jr.、J. F. Kennedy 或 F. D. Roosevelt 等人；⑶在當代領導理論中，若不涉及倫理的層面，則不算完整（Robbins, 1998）。

領導並非價值中立的事件，領導效能涉及「手段」的問題，當然就牽涉到倫理的問題，例如：B. Gates 所領導的微軟（Microsoft），其組織文化就是要求員工長時間工作，且無法容忍員工想要在他們的個人生活和工作間取得平衡；又如：菸草商，藉由危害他人的健康而獲利，或者是解雇即將退休的員工等情形，就涉及了倫理問題（Robbins, 1998）。

從歷史上來看，倫理是正義和道德上的責任（Giroux, 1994）。所以就校園內的領導來看，其正義和責任包括成為以身作則的示範者、建立有效學習的環境、維護校園的安全、提供乾淨的用水，並且要達成教育機會均等。

R. Kidder 曾在 1995 年時指出，領導者必須從三方面入手來實踐倫理領導：⑴對倫理標準有清楚的判斷力且願意採取行動；⑵領導者能從不同的觀點來檢視兩難；⑶領導者能常常重新檢視倫理議題，因為倫理議題有時不見得是兩難，甚至是三難，而重新檢視有助於跳脫二擇一的困境（Lashway, 1996）。

在組織中，有關倫理領導的議題還很多，例如：涉及對個人自由之操縱的威脅、正增強和行賄之間很明顯有相似之處、行為控制下可能的虛假，以及可能利用相當於腦力激盪的過程來重建個人的價值觀等（Sims & Lorenzi, 1992），這些都值得領導者再三思考。

（四）道德領導

Burns（1978）提出道德領導的時候，就已經指出三個重點：⑴領導者和領導行為之間不僅是權力關係，還有共同的需要、渴望和價值；⑵被領導者要有足夠的知識和能力，才能在領導者和方案之間做選擇，且予以回應；⑶領導者對承諾負責。

Sergiovanni（1992）詮釋道德領導的時候則指出，以往的領導大都失敗，因為大多強調階層權威、科技理性權威等；然而，真正驅動人們行為的並非這些權威，而是有關道德、感情和社會契約的價值和信念，而這些信念和價值則構成了道德領導的基礎。

道德領導強調領導是一種服務、職責和態度，它具有使個人和社會轉型的兩個目的。個人轉型方面，在把每個人潛藏的特質轉變到生活現實中，使其在身體、精神和智慧方面，能獲得最充分和最高尚的展現；社會轉型方面，用正義和愛來提升社會文明，並經由共同合作來增進社會的公共利益（Anello, 1995）。

至於作法上，Sergiovanni（1992）提出由領導的心，再到領導的腦，最後交給領導的手來推動。領導的心指的是個人的內在世界，此一內在世界是個人現實的基礎，包括：有關個人願景的價值觀、信念和付諸實現；領導的腦則根據心中最真誠的想法或實務上的理論，及其時間和能力，來反應其所面對的情境；而領導的手則是進行推動工作（如圖 6-6 所示）。

圖 6-6 道德領導的運作流程圖

資料來源：Sergiovanni（1992, p. 8）

 ## 四、女性領導

M. Maier 在 1992 年時曾經指出，女性領導在理論上歷經四個時期的轉變（Smith, 1997, p. 214）：

1. 1950 至 1960 年代：此一時期認為男女基本上是不同的，且對女性有性別偏見，所以認定男女對社會的貢獻不同、角色和方式也不同，而女性管理的場所在家裡。

2. 1970 年代迄今：此一時期認為男女基本上是相同的，即男人做得到的事情，女人一樣做得到；女性向陽剛的角色同化，要求領導的機會均等。

3. 1980 年代迄今：此一時期認為男女基本上是不同的，女性大力倡導「女性主義」（feminineism），對社會有其獨特之貢獻，而不必向男性的角色認同，「不同萬歲」（Vive la difference!）。

4. 1990 年代以後：此一時期認為男女基本上是相同的，因為每一位男性和女性，都要既像男性，又像女性，是屬於一種轉型的性別平等主義（transformative feminism）。

在實務上，從領導的觀點來看，相對於男性，女性以往確實很少成為最上層的領導人物；但當代女性領導者確實愈來愈多，比例也比以往為高，卻是不爭的事實，例如：現任德國總理 A. Merkel、英國女王 Elizabeth II、南

韓第一位女總統朴槿惠、巴西首位連任成功的女總統 D. Rousseff、我國首位女性總統蔡英文、賴比瑞亞總統 E. J. Sirleaf（她也是非洲首位民選的女性總統，從 2006 年 1 月就任迄今）等，其他如女性部長、內閣閣員、大公司的執行長、各國的地方首長或校長那就更多了。而且，Scott 在 1979 年的研究也發現，女性領導者在遣詞用字上與男性不同（Shakeshaft, 1987）。

此外，研究也發現，儘管工作表現相同，若把動機、態度和方法列為重要的考慮因素，中學女性校長在領導風格、溝通型式、做決策的態度，甚至對待工作環境的心態，都與男性不同，至少包括下列五點：(1)女性領導者把人際關係當作所有行動的中心；(2)女性領導者主要把焦點放在「教」與「學」上；(3)女性領導者的領導風格，基本上是把學校和學區建立成一個共同體；(4)女性領導者很清楚知道自己的分際或身分；(5)女性領導者在學校和私生活的界線上，比男性領導者還要模糊不清（Shakeshaft, 1987）。事實上，2016 年 4 月 17 日被彈劾的巴西總統 Rousseff 和 2017 年 3 月 10 日遭彈劾確定的南韓總統朴槿惠，前者為了個人競選連任，欲掩蓋財政赤字而擅自修改經聯邦通過的預算等；而後者則是因為「閨密事件」等事由，此正是公私不分的寫照（維基百科，2017；Jacobs, 2016）。

無論女性領導在理論上和實務上的見解如何，男性和女性除了有生理上的基本差異外，其在社會化的過程和生涯選擇上也有不同。當曹雪芹在《紅樓夢》中提及「女人是水做的」之同時，社會上不正賦予男性「男兒有淚不輕彈」的責任嗎？當男性想成為科學家、工程師的時候，女性則多半被期待成為教師、護士等，顯見男、女之間確實不同，或許因此而導致領導上的差異，但無論如何，都是值得重視的議題。

第四節 教育行政領導的新思維

當人們戮力迎接邁向二十一世紀的時候，教育行政領導也不例外，除了從正向心理學蛻變出來的正向領導、從商業界學習而來的向上領導與第五級領導，甚至從修道院取經的僕人領導，都在在影響著教育行政領導者的思維與作為，分別介紹如下。

一、正向領導

自從 1998 年正向心理學（positive psychology）奠基以來（Srinivasan, 2015），領導理論也出現了正向領導的概念（Cameron, 2012）。正向心理學透過科學的證據和有效的介入，幫助個人在主觀的經驗、個人的性格和影響一輩子的大事情上，採取正向的觀點（Wikipedia, 2017a）。正向領導同樣藉由實證研究的結果，提供策略幫助領導者能夠超越一般的成功，而不只是讓成員有正向的情緒，還要讓組織達到「超卓的成效」、「輝煌的結果」和「明顯與眾不同的表現」（Cameron, 2012）。

除了平常會碰到所有的負面事項，正向領導同時強調提升個人和組織的所有事項，包括使組織「走對的」、使人振奮的、讓人體驗美好的、卓越的及激勵人心的事項；更明確的說，正向領導有下列三個意涵（Cameron, 2012）：

1. 強調催化「明顯與眾不同的表現」：它是一種大幅超越平常所期待的表現，迥異於一般所遵奉的方式所表現出之「刻意的行為」。準此，正向領導在協助個人和組織達到輝煌的成就水準。

2. 強調正向的偏執（affirmative bias）：此種正向的偏執包括優勢、能力、人的潛力，強調正向的溝通、樂觀的態度、優勢，以及潛藏在問

題和缺失中的價值與機會。

3. 強調人類境況（human condition）最好的一面或者是聚焦在人的善性：此點建立在幸福說（eudaemonistic assumption）的基礎上，此字最早在希臘時期被討論，也就是幸福和福祉的意思。當代學者 D. N. Robbinson 認為，應該翻譯成「人的自我實踐」或「生命的圓滿狀態」（human flourishing）；如果從字源學的觀點，應該翻譯成「善良」、「優秀」、「道德實踐理性」；如果從探討最多的 Aristotle 之作品中來看，就是人性最極致的善（黃堅強，無日期；維基百科，2016；Wikipedia, 2017a）。簡單來說，因為人性有追求最極致美好的傾向，所以領導者旨在促進個人和組織的善性。

從正向領導的三個意涵中可以了解，正向領導不是在避免或消除負面的事項，而是把負面的事項轉換成正面和快樂的事項。以下是四個實施正向領導的策略（謝傳崇譯，2011；Cameron, 2012）：

1. 正向氣氛：指在工作環境中正向情緒超越負向情緒的一種狀態；而且從學者的研究發現，能促進正向情緒的環境，亦能促使成員或組織產生最佳的成果或卓越的表現。

2. 正向關係：正向關係的消極面是避開人與人相處的地雷區，而積極面則是提升人際關係的相處，並且能使身體、心理、情緒及組織發展獲得好處，包括提升人的免疫系統、對疾病痊癒和延年益壽有正向影響力，進而增進人的幸福及組織的工作成效。

3. 正向溝通：由於領導者的角色示範對組織會產生指標性的影響，因此正向溝通必須由領導者做起，而且是真心誠意地運用正向的語言、採用大量的正向回饋和支持用語，減少批評和負向回饋。

4. 正向意義：當人們知道自己正在追尋遠大的目的或從事重要的工作時，就會對自己的工作產生正向的效應，包括：壓力、沮喪、無力

感、心不在焉、不滿、憤世嫉俗等負面情緒的減低；同時增加承諾、投入、獲得授權、快樂、滿足，以及自我實現等正向感受，最終產生正向的結果。

二、 向上領導

由於景氣不佳和商場的競爭劇烈等因素，許多公司都在裁員，致使員工的工作量大增，主管人員亦然，能夠思考和決策的時間也相對壓縮；此時，有經驗和能力的基層員工如果能夠適時提出具體可行的意見，又同時能被上司採納，一方面既能保住公司避免因決策錯誤而關門倒閉，另一方面又能保住自己的飯碗，向上領導的概念因此應運而生。向上領導最早起源於美國的奇異（General Electric）公司，該公司有計劃地提供雙向的「管道」，鼓勵員工挑戰他們的主管、向上指導，當時的總裁 Jack Welch 要求 600 名的主管人員，包括他自己，都要向下學習，向公司的年輕人學「電腦」（Omaha, 2009）。以下就向上領導的作法及領導者的作為兩方面予以說明（教育部教育 Wiki，2017）

（一）向上領導的作法

1. 知己知彼：先了解自己，再熟知主管的個性和行事風格，以作為籌劃如何影響主管的起點。
2. 不斷充實自己：透過專業知能的成長來培養信心，進而在適當機會提出建言，影響自己的主管。
3. 贏得主管信賴：消極面的作法包括：不遲到早退、不爭功諉過、不怨天尤人、不攀關係、不走後門等；積極面可以：勇於任事、主動服務、言行一致、關懷同仁與主管等。如此才能贏得主管信賴，提升向上領導的可能性。

4. 把握機會提供意見：在公司開會聽取同仁意見的時候，勇於提出建言；在非正式的場合，如聚餐、喝茶或聊天時，也要嘗試和主管交換意見。

5. 適時提出諍言：對於主管的錯誤決策，要針對錯誤地方提出不同見解，唯應該注意發言場合是否恰當、態度是否得宜，和嫻熟的發言技巧。

6. 謹慎運用批評上司的技巧：不在公開場合批評、對事不對人、化批評為建議、善用譬喻、講小故事等，例如：用「螳螂捕蟬，黃雀在後」讓吳王打消攻打楚國的念頭就很有啟發性。

7. 善用理性說服策略：有調查數據、有圖片解釋，以及有理論基礎的見解，尤其有效。

（二）領導者的作為

1. 提出問題：揚棄主見、尋求共識，也適時讓成員有發揮的機會。

2. 接受專業領導：主管若碰到專業素養比自己好的成員時，不妨給成員機會，退居二線，提供成員向上領導的機會，接受成員的專業領導。

3. 扮演媒介的角色：以學校教育行政為例，校長直接接觸的是各處室主任，若有好的組長人選，校長宜扮演媒介的角色，讓主任自行任命組長有領導的機會。

4. 接受意見的雅量：主管對於成員的不同意見，應審慎評估、採納、運用；萬一自己說錯話或腹案較差，應該勇於承認，讓成員有向上領導的機會。

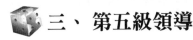 **三、　第五級領導**

第五級領導是一種歸納出來的領導特質。暢銷書《基業長青》（*Build*

to Last）的作者 J. Collins 和他的團隊歷經五年的歸納研究，從 1965 至 1995 年名列美國《財星》（*Fortune*）雜誌五百大排行榜上的企業，篩選出 11 家符合該團隊所訂定的「從優秀到卓越」之標準，深入分析當時各公司的執行長，所歸納出來的共同領導特質。換句話說，第五級領導是一種確認可以使企業從優秀到卓越的共同領導特質，茲說明如下。

Collins 把領導能力分成五級（如圖 6-7 所示），但他不認為此五種領導能力需要循級而上，也可以稍後再補足其他層級的領導能力；不過，成熟的領導者，應該具備此五個等級的領導能力（齊若蘭譯，2002；O'Brien, 2014）。

簡單而言，第五級領導是指，能夠帶領公司工作團隊從優秀邁向卓越、將個人名利置之度外、處處以公司的成功為念，且慎選接班人的領導態度

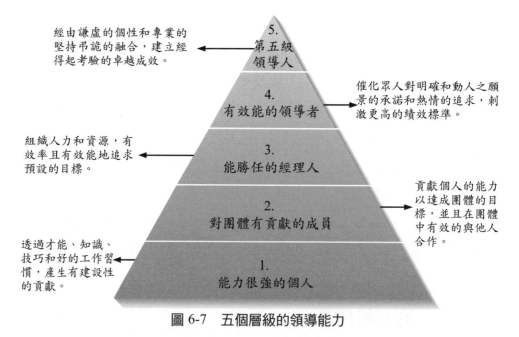

圖 6-7　五個層級的領導能力

資料來源：齊若蘭譯（2002）

（齊若蘭譯，2002）。此外，從第五級領導人的身上，必然可以分析出看似矛盾的兩種特質：謙虛的個性及專業的堅持。謙虛的個性包括：謙沖為懷、透過高標準來激勵員工、一切為公司而非自己、為公司選擇能再創高峰的接班人，以及在順境中，會往窗外看，不是攬鏡自照，而是把公司的成就歸功於其他同事、外在因素和幸運；專業的堅持包括：創造績效使企業從優秀邁向卓越、不屈不撓堅持到底、以建立持久不墜的卓越公司為目標，以及在逆境時，不會望向窗外，指責他人或怪罪時運，反而能攬鏡自照、反躬自省，承擔起所有的責任（齊若蘭譯，2002）。

 ## 四、　僕人領導

「僕人領導」一詞，或稱為「僕人式領導」或「服務領導」，最早起源於 R. K. Greenleaf 在其 1970 年所發表的〈僕人即領袖〉（The Servant As Leader）一文（吳清山、林天祐，2005；Greenleaf, 1970）。該文借用 1946 年諾貝爾文學獎得主 H. Hesse 在 1932 年所發表的小說《朝東之旅》中之故事主角（僕人 Leo）的角色說明：有一群朝東方旅行的人，在替他們打雜、服務他們所需的僕人 Leo 不見之後，整群人陷入四分五裂的狀況，朝東之旅也不得不放棄。該團的一位成員，在流浪多年後找到 Leo，最後發現 Leo 才是該團真正的精神領袖和領導人。簡單地講，Leo 藉由表現出正直和勇氣，一方面扮演好僕人的角色，贏得信任，同時團員也因為他的協助而感到振奮並獲得成長；另一方面他透過大家對他的信任走在前面帶路，而形塑了他人的命運，等於是扮演領導者的角色（Greenleaf, 1970）。

　　從二十世紀末期以來，僕人領導受到廣泛推崇，J. C. Hunter 的《僕人：修道院的領導啟示錄》（*The Servant: A Simple Story About the True Essence of Leadership*）（張沛文譯，2001）以及 K. Blanchard 與 P. Hodges 的《僕人領導：改變你的心、腦、手與習慣》（*The Servant Leader: Transforming Your*

Heart, Hand, Head & Habits）（Blanchard & Hodges, 2003）更為此一時期的代表作。

Hunter 認為，僕人領導的領導概念有別於以往領導者以權力強制部屬執行任務，代之以威信贏得部屬的認同，影響部屬全心投入，為達成共同目標奮戰不懈；同時，領導者還必須「找出並滿足部屬的基本需求，為他們掃除工作上的障礙，讓他們得以專心地服務顧客；也就是說，領導始於服務」（張沛文譯，2001）。

Blanchard 與 Hodges 則指出，僕人領導是仿效耶穌基督的行徑：始於願景，終結於一顆願意根據該願景幫助他人過生活的僕人之心，且有下列四個層面的領導：

1. 心：改變動機或意圖，包括：用謙卑和信心取代驕傲和害怕，以共同體來取代分離，並且用真理取代扭曲、修復關係。
2. 手：應用與領導行為。有效能的僕人領袖即如高效能的教練一般，能夠透過手，實踐心中和腦中對於僕人領導的真諦。
3. 頭：領導假設與方法，包括：設定願景；界定和形塑此一執行中的價值、結構和行為規範；建立跟隨者的環境；最後帶著一顆服務的心來到組織的最底層。
4. 習慣：透過習慣，每日校正對願景的承諾。這些習慣包括獨處、祈禱、隨時準備接受挑戰、無條件的愛，以及承擔責難。

吳清山、林天祐（2005）指出，僕人領袖會展現出下列五種作為：重視符合他人需求、發展成員表現最好的一面、指導和激勵成員自我表達、鼓勵成員追求自我成長，以及傾聽和建立組織凝聚力。

僕人領導的理念究竟起源於何時，華人學者大多以為是起源於《聖經》中耶穌基督的領導行為之記載（吳清山、林天祐，2005；佘亞弘，無日期；胡聰年，2008）；反之，根據英文版的維基百科卻認為，僕人領導始於老子

的《道德經》（Wikipedia, 2017b）；但無論如何，僕人領導從全新的視野
詮釋領導，Hunter 也在他的另一本著作《僕人：修練與實踐》（*The World's Most Powerful Leadership Principle*）（李紹廷譯，2005）中，舉出許多實施
僕人領導成功的案例，更何況不論是《聖經》或《道德經》均對後世產生極
大的影響迄今，卻是不爭的事實。

第五節　迎向二十一世紀的教育行政領導

一、 明瞭教育行政領導的哲學

自特質論以來的教育行政領導迄今，學者們無不殫精竭慮地想整合教育
行政領導的理論，即便有所不足，但吾人卻不難從中理解教育行政領導的哲
學脈絡。

無論是特質論、行為論或情境論，該理論大多著重領導技術，即所謂的
「工具性的領導」。而在 Burns 提出轉型領導以後，明顯導致領導典範的轉
移。以往的理論不是沒有人繼續研究，但循著領導是一種態度、責任、承
諾，或實踐理想、提升層次歷程等的理念，卻清晰可見；質言之，領導是一
種強調以人為本，透過正向思考的態度、激發被領導者的潛力、相互提升道
德層次，以善、正義感與愛來實踐理想的過程。

二、 應用教育行政領導的理念

教育行政領導的目的，即如前述在「有效達成教育目標」，是一種應用
理論有效達成教育目標的一種「實務」歷程。因此，教育行政領導者，必須
熟悉教育行政領導理論，並且融通運用；切不可認為教育行政領導哲學已有
所轉變，而忽略了特質論、行為論或權變論的要旨。教育行政領導者必須熟

知，領導的最終目的在有效達成教育目標，而領導的對象不外乎人與事二者，除了本持善意、關懷與正義等原則外，更需知道每一種理論有其適用的情境，反之亦有其缺失，必須綜合運用、截長補短，才能達成教育行政領導的目標。

 ## 三、 整合教育行政領導的力量

教育行政領導實施的場域，分為教育行政機關（包括社教機構）與各級學校，所指涉的成員包括領導者與被領導者，領導的方式粗略可分為由上而下與由下而上，領導的對象分為對人與對事，領導者分為男性與女性，甚至領導本身都分成理論與實務等。因此，在從事教育行政領導的過程中，領導者務必有效整合教育行政領導的力量，不分彼此、上下、男女、對人或對事、對理論或實務，堅持以人為本、互相關懷與實踐理想的教育行政領導哲學，才能完成教育行政領導的使命。

 ## 四、 建立教育行政領導的新思維

教育行政領導的理論繁多，無法一一詳細予以介紹。早期多半與特質論或行為論有關，而情境論至今都無法明確指出情境的變數究竟為何，所以有當代領導理論的興起；除前述所介紹外，尚有強調組織結構與組織行為交互影響，進而影響組織文化，導出組織效能，而此一效能會再和前述二者一起影響組織文化，再產出新的效能，如此循環往復的「文化領導」（Cunningham & Cresso, 1993）；或如指出效率觀與人性觀之兩難，進而提出避免之道的「民主領導」（Mulkeen, Cambron-McCabe, & Anderson, 1994）；或如企圖以「領導成員來領導自己」而形成新典範的「超級領導」（Sims & Lorenzi, 1992）；或者是基於共享的願景和價值，要把大家的情緒、智力和精神等融合在一起的「融合領導」（fusion leadership）；甚至可以追溯自古希

臟以來，強調領導者植基於倫理基礎，重視積極正向、察納雅言、對部屬開誠布公等，同時藉由信賴取得部屬的熱情支持之「真誠領導」（authentic leadership）。這些領導理論或領導思維都一再指出，教育行政領導者必須全盤考量，不論所存在之問題是否考慮過，只要尚未解決，領導者就必須根據自身所處的環境、條件和限制，重新思考，找出解決問題的新方法，引領新的典範。

關鍵詞彙

- 領導
- 特質論
- 行為論
- 情境論
- 權變論
- Fiedler 的權變模式
- 「途徑—目標」理論
- 情境領導理論

- 規範性權變理論
- 領導替代理論
- 領導者—成員交換理論
- 轉型領導
- 交易領導
- 魅力領導
- 願景領導
- 催化領導

- 倫理領導
- 道德領導
- 女性領導
- 正向領導
- 向上領導
- 第五級領導
- 僕人領導

自我評量

1. 何謂領導？請試就己見，說明「教育行政領導」的意涵。

2. 試說明並比較特質論、行為論與情境論的理論要旨與優缺點。

3. 何謂轉型領導與交易領導？並請舉例說明。

4. 請說明魅力及魅力領導的意涵。

5. 何謂願景？願景領導所指為何？

6. 試依不同領導典範之轉變，說明教育行政領導理論之演進。

7. 請說明女性領導理論的發展，並就己見說明女性領導的特質為何。

8. 請就當代之教育行政領導理論，說明教育行政領導的理念為何？

小雨的回憶

　　李宛成（化名）出身寒微，從小就幫著父親在田裡工作；由於不喜歡農事，所以早年就立下志願，要努力讀書出人頭地。皇天不負苦心人，在教育資源貧乏的鄉下，李宛成靠著一股毅力，順利考進師專就讀，之後當了小學老師、再繼續到師大進修，畢業後又當了國中、高中老師，幾年之後又考上教育研究所，這時候李宛成已經是一位高中主任了。就在教育研究所畢業的那一年幾個月後，他順利考上高中校長，此時適值民間教改團體呼籲「廣設高中大學」之際，或許是老天爺的安排，許了他一所離家最近的完全中學，而此時他也已年屆五十。

　　第一次出任校長，就是高中校長，李宛成秉持著臺灣土牛的苦幹實幹精神，把希望完全寄託在學生身上，他期盼每個有書讀的學生，都能有良好的讀書環境。在校園中，天是老大、學生老二，不要說一般的老師或行政人員，連他自己都排不上第三。在他的心目中，無法忘記自己求學的歷程，這種拚命三郎的辦學理念，加上他律己甚嚴，所以只要是他認為對學生好的，沒有第二句話，一定要做。

　　學校老師隱隱約約都感覺到壓力，但以學生為前提，誰也不好說些什麼。第一年總算過去了，不少老師都打算利用暑假出國散散心，順便增廣見聞一番，但這時候一紙命令下來，學校要上六週，且是全天的輔導課，原因是：「打好學生的底子，以便學生能順利升學。」

　　趙老師是輔導室的組長，剛產下一子，才放完產假回來，本以為會援往例暑假上半天班，下午回去後可以專心照顧孩子，哪知校長又是一道行政命令：「行政人員一律全日辦公，非必要不得請假。」除此之外，全體教職員

工請假還要校長親自核准，才可以准假。

　　錢老師是學校的英文科王牌，本想利用暑假到美國哥倫比亞大學的Teachers College進修一番，李校長掛念學生的輔導課，因此只有兩個字：「不准」；孫老師是數學老師，完全中學招生的第一年就開始入圍命題，即便去年調到這所學校，完全中學聯招會也不放過他，孫老師自是以入圍之名，順便想躲掉暑期輔導課。本來嘛！好好的一個暑假，誰願意上輔導課呢？不料李校長卻說：「為了避免命題趨勢被考生摸熟，影響教育公平性⋯⋯」所以還是那兩個字：「不准」。

　　開學後，李校長更加的護學生心切，要求老師必須上第八節、第九節輔導課，老師不想配合，學生又何嘗願意上呢？李校長讓家長紛紛簽來家長同意書，順便把晚自習也簽進去了。老師們不願意，李校長卻說教導學生是老師的天職，要大家把教育良心放在第一位，不該放任想上課的學生，沒課可以上。

　　校園時常有野狗出沒，為了維護學生安全，李校長要求總務處必須採取斷然的措施：在包子裡面下毒藥把狗毒死，以免學生安全受到威脅。

　　在某一個大雨過後的傍晚，走廊的廊簷還低著雨滴，第九節剛開始。一位準備要下班回家的女老師穿著高跟鞋，和著雨滴聲此起彼落的從走廊那端走過來，李校長巡堂碰到，不假辭色地要求女老師不要穿高跟鞋到學校來上班，以免干擾學生的學習，但女老師卻回答：「我穿什麼鞋子要你管嗎？」李校長不理，隔天又逕自頒了一紙行政命令。

　　李宛成校長到這所學校已經一年多了，風風雨雨也不是沒有，他自己收到的，加上從督學、教育局長那裡來的黑函堆起來有一尺高了，但李校長的作風始終沒有什麼改變，他希望校園成為真正的學習環境，學生能真正讀到書，考上理想的大學。別人認為局長和李校長是同窗兼舊識，全靠局長撐腰；李校長看著厚厚的一疊黑函，除了慨嘆人心不古、校長難為之外，在心

底深處隱約泛起一絲的漣漪：「難道我做錯了嗎？」

問題討論

1. 如果你是高中校長，你會採取何種領導的方式來辦學？

2. 如果你是前述的李校長，你會如何處理前述的幾個問題？

3. 李校長真的錯了嗎？還是真的「人心不古，校長難為」呢？為什麼？

個案研究二

　　蔣老師，一位老菜鳥，什麼意思？她教學已經二十年了，可是因為某種因素，才剛到這所學校服務半年，沒有什麼親戚朋友在這所鄉下學校，又加上獨自撫養兩個女兒，她的到來，讓大家很意外。

　　「咦！我的電腦不見了？」蔣老師微微地發出聲音，但礙於鐘聲已響，也只得拿著粉筆夾和教科書往教室去了。

　　兩天過去，學校到處都找遍了，辦公室的老師、會來拿電腦的小老師全都問過了，什麼結果都沒有，蔣老師很無奈，只好從家裡拿自己的筆電來上課。蔣老師想到學校辦公室門口有監視器，於是想請學校把錄影畫面保留下來，以便慢慢調閱，但管理學校電腦的資訊組長卻表示沒辦法。

　　一個月過去，之前學校監視器的錄影畫面完全被覆蓋後，蔣老師卻收到資訊組的電子郵件（兩者的辦公室一個在樓上，一個在樓下，各自有獨立分機），詢問筆電處理情況，而且表示要「盤點財產」，如果蔣老師拿不出來，就要賠償。

　　蔣老師不得已只好去警察局報案，取得報案三聯單，一方面證明自己的清白，另一方面給學校交差。

　　本來以為就此沒事，但出乎蔣老師的預料，學校竟掀起軒然大波，認為蔣老師把家醜外揚，於是全體總動員，上緊發條處理這件事。

　　先是資訊組和她槓了好幾回，多半圍繞在下面的話題中。

　　「我放在辦公桌的抽屜裡，我又沒有帶回家。」

　　「妳怎麼證明妳沒有帶回家？」

　　「我不需要帶回家，我自己有。是你要證明我有拿回家，而不是我要自己證明沒有帶回家。」蔣老師心裡氣壞了。

　　「那妳有沒有上鎖？」

「我來的時候就是這樣子，學校又沒有發鑰匙給我，要怎麼鎖？」

「妳弄丟的，妳就要賠，下個月要評鑑，妳不賠不行～」

「寒假期間我又沒在學校，是學校遭小偷，剛好偷到我借用的這一台，為什麼是我要賠？」

接下來是教務主任的私下溝通：

「妳確定沒有把電腦帶回家？」

「我從來不帶回家，我家裡有桌機和筆電，我何必要帶回家？」

「這樣好不好，錢我來出，妳只要簽名就好了。」

「出錢不是問題。」蔣老師明說了。

「既然這樣，妳把名字也簽了，下學期我請校長讓妳當個組長。」

教務主任聲音壓得極低，一副把蔣老師當閨密的樣子。

蔣老師氣壞了，但礙於情面，不便發作，只好又把學校遭小偷的個人看法說了一遍。

接下來也有辦公室同仁指著蔣老師說：「是妳弄丟的，妳當然要賠。」

「妳是要自己來交錢，還是要總務處扣薪水。」跟這件事情八竿子打不到邊的事務組長也跳出來，打分機過來咆哮。

蔣老師想要講理，卻又覺得有冤無處訴，只好去校長室面報，討個公道。校長一方面說：「當初妳不要報案，事情就好解決了」等等，但是蔣老師堅持學校行政團隊的說辭簡直把她當小偷，為了證明清白只好報案云云；校長卻表示教務主任都要幫妳賠了，妳只要簽個名就好，結果妳連這樣也不肯，結論是：「校長對妳很失望」。

此外，蔣老師也間接從教務主任的口中得到風聲表示，很多人在看戲，看蔣老師要如何處理；又說，有人已經向校長報告，說一定要給蔣老師一個教訓；另外又有人說什麼學校這次踢到鐵板。總之大家都不是站在把問題解決的立場。

　　前前後後又過了一個月，事情反反覆覆地討論，包括資訊組長又自己生出保全無任何問題的安檢紀錄單要蔣老師簽名；再加上又有傳聞說，蔣老師只要簽名，學校就會以她認錯處理，除了要賠錢，還要記申誡等等耳語不一而足。

　　蔣老師本想到鄉下學校圖個清靜，只因為生性不喜歡喧囂的都市，如今這所鄉下學校的情勢恐怕比都市更複雜，無奈只得把整個過程原原本本寫到教育部部長信箱，請求協助。

📖 問題討論

1. 如果你是教育部的長官，你會採取何種方式來處理？
2. 如果你是教育部接案的科員，你會如何處理？
3. 身為教育部或學校的領導者，你是否知道本案涉及哪些法律層面的問題？

∙ 參考文獻 ∙

中文部分

大美百科編譯部（編譯）（1994）。**大美百科全書**。臺北市：光復。

佘亞弘（無日期）。**強勢領袖與僕人領導**。2017 年 2 月 23 日，取自 http://www.cccowe.org/content/b5/pub/ps200609-30.html

吳清山（1991）。**學校行政**。臺北市：心理。

吳清山、林天祐（2005）。**教育新辭書**。臺北市: 高等教育。

李紹廷（譯）（2005）。**僕人：修練與實踐**（原作者：J. C. Hunter）。臺北市：商周。

胡聰年（2008）。以服務取代控制的領導哲學：僕人領導。**T&D 飛訊**，**69**。2017 年 2 月 18 日，取自 http://www.nacs.gov.tw/NcsiWebFileDocuments/e9f3426b6f876fcf0b882b391ca0d67c.pdf

秦夢群（1999）。**教育行政：理論部分**。臺北市：五南。

張沛文（譯）（2001）。**僕人：修道院的領導啟示錄**（原作者：J. C. Hunter）。臺北市：商周。

教育部教育 Wiki（2017）。**教育百科：向上領導**。2017 年 2 月 15 日，取自 http://pedia.cloud.edu.tw/Entry/Detail/? title=%E5%90%91%E4%B8%8A%E9%A0%98%E5%B0%8E&search=%E5%90%91%E4%B8%8A%E9%A0%98%E5%B0%8E

黃佳慧等人（譯）（1990）。**領導新論：他們是如何成功的**（原作者：W. Bennis & B. Nanus）。臺北市：天下。

黃昆輝（1988）。**教育行政學**。台北：東華。

黃堅強（無日期）。「幸福」由什麼構成？《尼各馬可倫理學》與儒家比較。2017 年 2 月 21 日，取自 http://www.wangngai.org.hk/48-wong.html

維基百科（2016 年 10 月 6 日）。人的境況。2017 年 2 月 21 日，取自 https://zh.wikipedia.org/wiki/%E4%BA%BA%E7%9A%84%E5%A2%83%E5%86%B5

維基百科（2017 年 5 月 23 日）。朴謹惠。2017 年 6 月 4 日，取自 https://zh.wikipedia.org/wiki/%E6%9C%B4%E6%A7%BF%E6%83%A0

齊若蘭（譯）（2002）。從 A 到 A+：向上提升，或向下沉淪？企業從優秀到卓越的奧祕（原作者：J. Collins）。臺北市：遠流。

謝文全（1993）。教育行政：理論與實務。臺北市：文景。

謝文全、林新發、張德銳、張明輝（1995）。教育行政學。臺北縣：國立空中大學。

謝傳崇（譯）（2011）。正向領導（原作者：K. Cameron）。臺北市：巨流。

羅虞村（1995）。領導理論研究。臺北市：文景。

英文部分

Anello, E. (1995). The capabilities of moral leadership. In I. Ayman (Ed.), *A new framework for moral education*. Retrieved February 1, 2000, from http://pages.hotbot.com/rel/bahai/moral.html

Bass, B. M. (1985). *Leadership and performance beyond expectations*. New York, NY: The Free Press.

Bass, B. M. (1988). Evolving perspectives on charismatic leadership. In J. A. Conger, R. N. Kanungo, & Associates, *Charismatic leadership: The elusive factor in organization effectiveness* (pp. 40-77). San Francisco, CA: Jossey-

Bass.

Bass, B. M. (1990). *From transactional to transformational leadership: Learning to share the vision*. Retrieved June 4, 2017, from http://discoverthought.com/ Leadership/References_files/Bass%20leadership%201990.pdf

Bass, B. M., & Avolio, B. J. (1993). Transformational leadership: A response to Critiques. In M. M. Chemers, & R. Ayman (Eds.), *Leadership theory and research: Perspectives and directions* (pp. 49-80). London, UK: Academy Press.

Blanchard, K., & Hodges, P. (2003). *The servant leader: Transforming your heart, hand, head & habits*. Retrieved February 23, 2017, from https://bibliotecalibera.files.wordpress.com/2009/10/servant-leader.pdf

Burns, J. M. (1978). *Leadership*. New York, NY: Happer & Row.

Cameron, K. (2012). *Positive leadership: Strategies for extraordinary performance* (2nd ed.) (pp. ix-23). Retrieved from https://www.bkconnection.com/ static/Positive_Leadership_2nd_Edition_EXCERPT.pdf

Conger, J. A., & Kannugo, R. N. (1988). *Charismatic leadership: The elusive factor in organizational effectiveness*. San Francisco, CA: Jossey-Bass.

Cunningham, W. G., & Cresso, D. W. (1993). *Culture leadership: The culture of excellence in education*. Needham Heights, MC: Allyn & Bacon.

Fiedler, F. E., Chemers, M. M., & Mahar, L. (1976). *Improving leadership effectiveness: The leader match concept*. New York, NY: John Wiley & Sons.

Giroux, H. A. (1994). Educational leadership and school administrators: Rethinking and meeting of democratic public cultures. In T. A. Mulkeen, N. H. Cambron-McCabe, & B. J. Anderson (Eds.), *Democratic leadership: The changing context of administration preparation* (pp. 31-48). Norwood, NJ: Ablex.

Greenleaf, R. K. (1970). The servant as leader. In *The servant-leader within* (pp. 31-44). Retrieved February 23, 2017, from https://static1.squarespace.com/static/51473514e4b0090a1cad74f9/t/5194e399e4b0b0879dc2e8ef/1368712089353/Greenleaf+essay+part+one.pdf

Halsey, W. D. (Eds.) (1986). *Merits students dictionary*. New York, NY: Macmillan Educational Company.

Henderson, A. M., & Parsons, T. (trans.) (1964). By M. Weber, *The theory of social and economic organization*. New York, NY: The Free Press.

Hersey, P., & Blanchard, K. (1988). *Management of organizational behavior: Utilizing human resources* (5th ed.). Englewood Cliffs, NJ: Prentice-Hall.

Hollander, E. P. (1993). Legitimacy, power, and influence: A perspective on relational features of leadership. In M. M. Chemers, & R. Ayman (Eds.), *Leadership theory and research: Perspectives and directions* (pp. 29-47). London, UK: Academy Press.

House, R. J. (1996). Path-goal theory of leadership: Lessons, legacy, and a reformulated theory. *Leadership Quarterly, 7*(3), 323-352. Retrieved March 30, 2017, from http://d1c25a6gwz7q5e.cloudfront.net/papers/674.pdf

House, R. J., & Mitchell, T. R. (1986). Path-goal theory of leadership. In J. M. Pennings (Ed.), *Decision making: An organizational behavior approach* (2nd ed.) (pp. 23-34). New York, NY: Markus Wiener.

House, R. J., & Shamir, B. (1993). Toward the integration of transformational, charismatic, and visionary theories. In M. M. Chemers, & R. Ayman (Eds.), *Leadership theory and research: Perspectives and directions* (pp. 81-107). San Diego, CA: Academic Press.

Immegart, G. L. (1988). Leadership and leader behavior. In N. J. Boyan (Ed.),

Handbook of research on educational administration (pp. 259-278). London, UK: Longman.

Jacobs, A. (2016, April 17). Brazil's lower house of congress votes for impeachm ent of Dilma Rousseff. *The New York Times.* Retrieved March 29, 2017, from https://www.nytimes.com/2016/04/18/world/americas/brazil-dilma-rou-sseff-impeachment-vote.html?_r=0

Kerr, S., & Jermier, J. M. (1978). Substitutes for leadership: Their meaning and measurement. *Organizational Behavior and Human Performance, 22,* 375-403. Retrieved February 24, 2017, from https://pdfs.semanticscholar. org/9b07/330a4dbdcf2ee97e2c0253e8da26a73ccd24.pdf

Kerr, S., & Jermier, J. M. (1986). Substitutes for leadership: Their meaning and measurement. In J. M. Pennings (Ed.), *Decision making: An organizational behavior approach* (2nd ed.) (pp. 35-64). New York, NY: Markus Wiener.

Lashway, L. (1995). Facilitative leadership. *Eric Digest 96.* Eugene, OR: University of Oregon. Retrieved February 1, 2001, from http://eric.uroegon.edu/publications/digestes/digest96.html

Lashway, L. (1996). Ethic leadership. *Eric Digest 107.* Eugene, OR: University of Oregon. Retrieved February 1, 2001, from http://eric.uroegon.edu/publica-tions/digestes/digest107.html

Lashway, L. (1997). Visionary leadership. *Eric Digest 110.* Eugene, OR: University of Oregon. Retrieved February 1, 2001, from http://eric.uroegon.edu/publications/digestes/digest110.html

Leech, G. (Eds.) (1994). *Longman language activator: The world's first produc-tion dictionary.* Essex, UK: Longman.

Lunenburg, F. C. (2010). Substitutes for leadership theory: Implications for university faculty. *Focus on Colleges, Universities, and Schools, 4*(1), 1-5. Retrieved March 1, 2017, from http://www.nationalforum.com/Electronic%20Journal%20Volumes/Lunenburg,%20Fred%20C.%20Substitutes%20for%20Leadership%20Theory%20FOCUS%20V4%20N1%202010.pdf

Lunenburg, F. C., & Ornstein, A. C. (1991). *Educational administration: Concepts and practices*. Belmont, CA: Wadsworth.

Lunenburg, F. C., & Ornstein, A. C. (1996). *Educational administration: Concepts and practices* (2nd ed.). Belmont, CA: Wadsworth.

Mulkeen, T. A., Cambron-McCabe, N. H., & Anderson, B. J. (Eds.) (1994). *Democratic leadership: The changing context of administration preparation*. Norwood, NJ: Ablex.

Northouse, P. G. (1997). *Leadership*. Thousand Oaks, CA: Sage.

O'Brien, J. (2014). Leadership book summary (*Good to Great* by Jim Collins). Retrieved March 1, 2017, from http://www.usafp.org/wp-content/uploads/2014/06/Good-to-Great-Collins.pdf

Omaha, N. (2009). *Upward leadership: How to engage your leaders*. Retrieved February 10, 2017, from http://www.prnewswire.com/news-releases/upward-leadership-how-to-engage-your-lea ders-61998277.html

Pappas, T. D. (Eds.) (1999). *Encyclopedia Britannica CD 2000 deluxe edition*. Encyclopedia Britannica. [CD-ROM]

Razik, T. A., & Swanson, A. D. (1995). *Fundamental concepts of educational leadership and management*. Englewood Cliffs, NJ: Prentice-Hall.

Robbins, S. P. (1998). *Organizational behavior: Concepts, controversies and applications* (8th ed.). Upper Saddle River, NJ: Prentice-Hall.

Robbins, S. P., & Judge, T. A. (2013). *Organizational behavior* (15th ed.). Retrieved

February 13, 2017, from http://bba12.weebly.com/uploads/9/4/2/8/9428277/organizational_behavior_15e_-_st ephen_p_robbins__timothy_a_judge_pdf_qwerty.pdf

Sergiovanni, T. J. (1992). *Moral leadership: Getting to the heart of school improvement*. San Francisco, CA: Jossey-Bass.

Sergiovanni, T. J. (1994). *Building community in schools*. San Francisco, CA: Jossey-Bass.

Shakeshaft, C. (1987). *Women in educational administration*. Newbury Park, CA: Sage.

Sims, Jr., H. P., & Lorenzi, P. (1992). *The new leadership paradigm: Social learning and cognition in organization*. Newbury Park, CA: Sage.

Sinclair, J. (Eds.) (1995). *Collins cobuild English dictionary*. London, UK: HarperCollins

Smith, D. M. (1997). Women and leadership. In P. G. Northouse, *Leadership: Theory and practic*e (pp. 204-238). Thousand Oaks, CA: Sage.

Srinivasan, T. S. (2015, February 12). *The 5 founding fathers and a history of positive psychology*. Retrieved February 21, 2017, from https://positivepsychologyprogram.com/founding-fathers/

Stogdill, R. M. (1948). Personal factors associated with leadership: A survey of the literature. In R. M. Stogdill, *Handbook of leadership: A survey of theory and research*. New York, NY: The Free Press.

Stogdill, R. M. (1974). *Handbook of leadership: A survey of theory and research*. New York, NY: The Free Press.

Wikipedia (2014, February 20). *Substitutes for leadership theory*. Retrieved March 1, 2017, from https://en.wikipedia.org/wiki/Substitutes_for_Leadership_

Theory#Examples_of_Subs titutes

Wikipedia (2017a, February 21). *Positive psychology*. Retrieved February 21, 2017, from https://en.wikipedia.org/wiki/Positive_psychology

Wikipedia (2017b, February 14). *Servant leadership*. Retrieved February 21, 2017, from https://en.wikipedia.org/wiki/Servant_leadership

Yukl, G. A. (1989). *Leadership in organizations* (2nd ed.). Englewood Cliffs, NJ: Prentice-Hall.

教育行政激勵

張德銳

1. 認識教育行政激勵的意義、重要性，以及與行為的關係。
2. 了解需要層次理論、兩因素理論、習得的需要理論、ERG 理論。
3. 分析四個激勵內容理論的異同。
4. 了解增強理論、公平理論、目標理論、期望理論所強調激勵作用的過程。
5. 掌握教育行政激勵的原則。

■ 摘要 ■

　　教育行政激勵，係教育行政人員針對成員在生理上和心理上的需要，採取適當的刺激和鼓勵方法，設法滿足其需要，以激發其內在的工作意願，使之產生所預期的行為反應，達成組織目標。

　　激勵理論可分為二個範疇：內容理論，探討激發、指導和維持人類行為的個人內在因素；過程理論，則是分析人類行為如何受激發、指導和維持的過程。

　　主要的激勵內容理論，計有需要層次理論、兩因素理論、習得的需要理論、ERG 理論等。需要層次理論強調，人類有生理、安全感、社會、尊榮感、自我實現等五種基本需要，而這些需要呈層級式的排列；兩因素理論認為，導致工作滿意和工作不滿意的因素互不相同；習得的需要理論主張，人類的許多需要係源於文化的學習，其中最重要的三種是成就、權力和社會需要；ERG 理論指出，人類的生存、關係、成長需要可以同時激勵一個人的行為，而且當一個人無法滿足上層需要時，就會追求下層需要以為補償。

　　主要的激勵過程理論，計有增強理論、公平理論、目標理論、期望理論等。增強理論認為，人類行為的保留或終止，依行為的結果而定；公平理論指出，個人的工作動機是基於與其同地位的同事間比較後得來的，這種比較是由成員先審度自己的付出是否與報酬相當，如果相當，則成員有較強的工作動機；目標理論則強調，人類的行為是有方向、有意圖的，因此目標具有激勵作用；期望理論主張，當人類面臨兩種以上可以自由抉擇的行為時，會考慮每一行為的結果、產生結果的概率，以及自信能完成行為的概率。

　　根據上述八個激勵理論，提出激勵教育組織成員工作士氣的九個原則。

第一節　教育行政激勵的意義

在同一個教育組織裡，有些成員顯得士氣高昂，有些成員卻士氣低沉，這很可能與成員所接受到的激勵方式和程度有關。本章即在探討此一主題，本節先敘述激勵的意義，然後再說明激勵與行為的關係。

 一、激勵的意義

根據吳定、張潤書、陳德禹（1990）的看法，「激勵」（motivation）係指，以外在的刺激激發成員的工作意願和行動，朝向期望目標的過程。而「教育行政激勵」則係指，教育行政人員或機關針對組織成員在生理上和心理上的各種需要，採取適當的物質上和精神上之刺激和鼓勵方法，設法滿足成員的需要，激發其內在的工作意願，使之產生所預期的行為反應，俾能成功的達成組織目標。此一定義，實包括下列三個要點：

1. 教育行政激勵在滿足成員的需要：成員沒有滿足需要，正是激勵的起點，而激勵就是要引發成員個人內心的激奮，導致個人從事滿足需要之有目的行為。當個人的需要被滿足時，一個激勵的過程就完成了。

2. 教育行政人員應採取適當的物質上和精神上之刺激和鼓勵方法，來滿足成員的需要：組織成員既然有生理需要及心理需要，教育行政人員便應適時的利用物質及精神獎懲，來激勵組織成員，才能收到最佳的效果。

3. 教育行政人員應藉著成員需要的滿足，來引導其達成組織目標：滿足成員需要只是手段，如何藉著設法滿足其需要，激發其內在的工作意願，從而產生符合教育組織預期的一連串活動，才是教育行政激勵的最終目的。

Robbins（2001）認為，激勵作用含有三個向度，即強度（intensity）、方向（direction），以及持久度（persistence）。強度係指成員努力的強弱程度；方向係指與組織目標是否一致的程度；持久度係指成員能維持努力到多久的程度。這三個向度是組織領導者在激勵成員時必須重視的。

 ## 二、激勵與行為的關係

誠如張金鑑（1985）所言，在行政激勵的過程中，成員的主動積極行為乃是其需要尋求滿足的過程，如圖 7-1 所示。需要是行為的原動力或動機，成員受到需要的推動，便會採取行動，追求目標。等達到目標，需要得以滿足，則心情舒暢。但這一個需要滿足後又會產生另一個需要，因成員的需要永遠不會完全滿足，故需要的層次可以隨滿足而升高。是故，成員的主動追求行為亦就永無休止的一天。

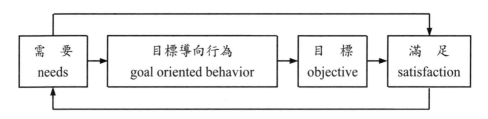

圖 7-1　需要與滿足關係圖

資料來源：吳定等人（1990，頁 521）

雖然成員的行為係反應其需要，但是行為和需要的關係仍有下列三點值得說明（吳定等人，1990）：

1. 行為並非僅由需要決定：除了個人需要之外，成員的行為尚受到環境、知識、理解力、社會規範和態度等所影響。

2. 相同的行為可能來自不同的需要：如同是參加獅子會或扶輪社的活動，有的人是為了獲得社會地位，有的人是為了服務他人，有的人則是為了發展個人事業。

3. 不同的行為可能反映相同的需要：如某校某主任為了想要考上校長，除了會用心準備考試之外，也會熱心參與校務，以便爭取記功嘉獎的積點。

第二節　教育行政激勵的理論

激勵理論（motivation theories）探討人類行為如何受激發、方向指導、維持和終結的內在因素和過程（Hanson, 1991）。了解並善用激勵理論，有助於教育行政人員制訂激發、指導和維持成員卓越工作表現的原則和策略。

激勵理論可分為二個範疇：內容理論（content theories）和過程理論（process theories）。內容理論探討激發、指導和維持人類行為的個人內在因素；過程理論則是分析人類行為如何受激發、指導和維持的過程（Lunenburg & Ornstein, 2000）。

 ### 一、激勵內容理論

激勵內容理論主要包括：需要層次理論、兩因素理論、習得的需要理論，以及 ERG 理論，說明如下。

（一）需要層次理論

Maslow（1954）認為人類有五種基本需要，其關係如圖 7-2 所示。

其中，生理需要居於最下層，自我實現需要高居最上層。唯有下一層的需要獲得相當程度的滿足之後，上一層的需要才能接踵而來，而且當某一層

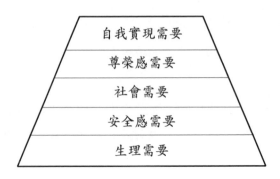

圖 7-2　人類需要的階層

資料來源：Hellriegel、Slocum 與 Woodman（1989, p. 146）

需要獲得滿足時，該層需要便不再具有激勵行為的力量。

　　謝文全（1989）指出，這些需要雖呈現層級式的排列，但層級之間具有相互重疊的地方，因此並非要等某一需要得到百分之百滿足之後，上一層級的需要才會顯現。事實上，多數人在同時間內，所有的需要都是部分滿足、部分不滿足的，只是滿足的程度由下層級往上層級遞減而已。

　　教育組織成員也具有這五種需要。在生理需要方面，成員要求舒適的工作環境和合理的薪資報酬；在安全感需要方面，成員要求工作保障，免於歧視，以及對組織政策及經營方向有所了解；在社會需要方面，成員期待和同事維持和諧的人際關係；在尊榮感需要方面，成員盼望工作自主權、在職進修機會，以及獲得上司和同事的敬重和支持；在自我實現需要方面，成員希望能發揮所學，實現教育理想。

（二）兩因素理論

　　Herzberg、Mausner 與 Snyderman（1959）認為，導致工作滿意和工作不滿意的因素各有其範疇，兩者互不相干，如圖 7-3 所示。影響工作滿意的因素稱為激勵因素（motivators），包括：有成就感、受賞識感、工作本身、

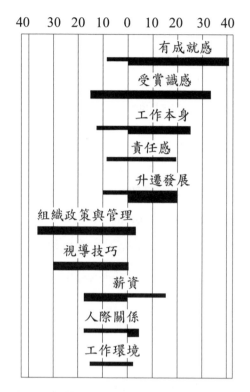

圖 7-3 滿足因素與不滿足因素的比較

資料來源：謝文全（1989，頁 62）

責任感、事業成長，以及升遷發展等，又稱為內在因素（謝文全，2012）；
影響工作不滿意的因素稱為保健因素（hygiene factors），包括：組織政策
與管理、視導技巧、薪資、人際關係、工作環境等，又稱為外在因素（謝文
全，2012）。激勵因素若存在的話，便會引起成員的滿足感，但是這些因素
若不存在的話，並不一定會引起成員的不滿足感。反之，保健因素如不存在
的話，便會引起成員的不滿足感，但是這些因素若存在的話，則不一定會引
起滿足感。

　　依 Herzberg 等人的見解，只有激勵因素才能激勵成員，而保健因素並
不能激勵成員，但這種說法可能並不適合我國教育界。張碧娟（1978）曾以

523 位臺北市國中教師為樣本，發現激勵因素與保健因素同時影響我國教師的工作滿足感。張德銳（Chang, 1989）曾以 211 位臺北市國中行政人員為樣本，發現工作成就、工作自主權（以上為激勵因素）、同事的友誼、上司的支持（以上為保健因素），同是影響行政人員滿足的重要因素。

（三）習得的需要理論

McClelland（1962）認為，人類的許多需要係源於文化的學習，其中最重要的三種是成就需要（need for achievement）、權力需要（need for power）、社會需要（need for affiliation）。成就需要是指，個人對自己認為重要或有價值的工作，不但願意去做，而且力求完美的一種內在驅力；權力需要是指，個人希望能對他人發揮影響力，把工作做好的一種內在驅力；社會需要則是指，個人盼望與他人維持親密關係，獲得他人友誼的一種內在驅力。

McClelland 較偏重成就需要及權力需要，而忽視社會需要。他認為，組織成員的工作表現和其成就需要及權力需要息息相關，但成員的社會需要只會促使成員討好其同僚及下屬，因而無法增進其工作效率。因此，要成為一位傑出的工作人員，應有強烈的成就需要和權力需要，但不要懷有太強烈的社會需要。

但筆者認為，McClelland 對社會需要的忽視是其理論的一個弱點。以中國人而言，中國人深受儒家五倫學說的影響，而儒家的五倫教義教導中國人和其親屬及同事維持互信、互賴的關係。中國人與其親屬或同僚的情感連結，有時不但不會是做事的阻力，反而是成事的助力，例如：一位和教育局關係良好的校長往往能善用其非正式影響力，來協助解決學校所遭遇的問題或困境。同理，一位和學校老師感情和睦的校長也較能帶動老師，推展校務。

（四）ERG 理論

Alderfer（1972）認為，人類的需要有三：生存（existence）、關係（relatedness）、成長（growth）。生存需要是指，薪資及工作環境的滿足；關係需要是指，人際關係的圓滿和諧；成長需要則是指，專業知能的增進，以便對組織做更大的貢獻。這三種需要的名稱，各取其英文字首，故名ERG 理論。這三種需要的關係，如圖 7-4 所示。

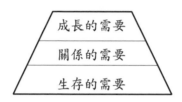

圖 7-4　Alderfer 的三種需要

資料來源：Gibson、Ivancevich 與 Donnelly（1988, p. 115）

Alderfer 認為，生存需要、關係需要、成長需要可以同時激勵一個人的行為，例如：一個所得捉襟見肘的老師，雖會想辦法增加所得，但同時也會珍惜同事的友誼，以及努力追求新知、增進專業成長。此外，Alderfer 認為，當一個人無法滿足上層需要時，就會追求下層需要以為補償，例如：一位老師若受阻於自我成長之路，可能便會致力追求金錢或同事友誼。

（五）四個激勵內容理論的比較

上述四個激勵內容理論的比較，如圖 7-5 所示。由圖中可知，如果我們以需要層次理論為主要比較對象，可以發現下列的現象：⑴兩因素理論中的激勵因素即等於自我實現需要和尊榮感需要之統合，保健因素即等於社會需

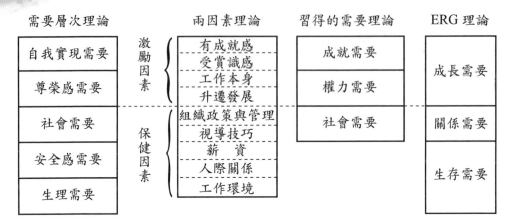

圖 7-5　四個激勵內容理論的比較

資料來源：Gibson 等人（1988, p. 127）

要、安全感需要和生理需要之統合；(2)習得的需要理論中之成就需要相似於自我實現需要，而權力需要相似於尊榮感需要；(3) ERG 理論中的成長需要相當於自我實現需要加上尊榮感需要，關係需要與社會需要同義，而生存需要相當於安全感需要加上生理需要。

二、激勵過程理論

激勵過程理論主要包括：增強理論、公平理論、目標理論，以及期望理論，分述如下。

（一）增強理論

Skinner（1971）認為，人類行為的保留或終止，依行為的結果而定。一種行為若接受到正增強物之結果，則該行為會繼續保留；一種行為若接受到負增強物之結果，則該行為會漸漸終止，甚至產生新的行為。增強有所謂「連續性增強」（continuous reinforcement）和「間歇性增強」（intermittent reinforcement）。研究結果顯示，若要建立行為，則連續性增強較有效果；若要保留已建立的行為，則間歇性增強較有效果。增強亦有所謂「即時性增強」（immediate reinforcement）和「延宕性增強」（delayed reinforcement）兩種；無論是建立行為或保留行為，即時性增強都要比延宕性增強有效果。

根據增強理論，激勵成員的策略是對成員所表現的良好行為適時地施予讚美和獎勵，讓成員覺得他們的努力沒有白費，如此成員方肯繼續為組織犧牲奉獻。

（二）公平理論

Adams（1963）認為，個人的工作動機是基於與其同地位的同事間比較後得來的。這種比較是由成員先審度自己的工作努力程度、教育程度、經驗、工作表現、工作難易度等之後，再衡量其所得的報酬，如薪資與收入、社會報酬、心理報酬等，是否相當（如圖 7-6 所示）。如果相當，則成員對其工作較能滿意，也較能對組織繼續奉獻；如果成員認為自己受到委屈，則往往會對上司或組織產生不滿的情緒。不滿的員工，輕則可能怠工，重則可能煽動其他同事做消極或積極的抗爭，甚至以辭職來表示抗議。

公平理論指出，教育行政人員應公平考核組織成員，並為其設立合理的報酬系統，否則很容易造成成員士氣低落、離職或缺席等現象。

（三）目標理論

Locke（1978）認為，組織成員的行為是有方向、有意圖的。當成員想要達成某一特定標的，則該項標的便具有四個功能：⑴提供成員努力的焦點；⑵提高成員努力的強度；⑶鼓勵成員在逆境時，繼續堅持下去；⑷激勵成員思考出新的策略和行動方案，以達成目標。

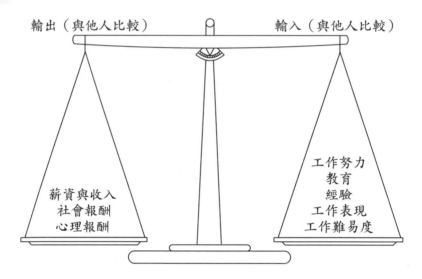

圖 7-6　個人對所獲公平度的評量

資料來源：秦夢群（1988，頁266）

Hoy 與 Miskel（2001）曾綜合有關目標理論的實驗研究和田野研究，歸納出四個通則：(1)具體的工作目標比籠統的工作目標較能指導成員的工作表現；(2)如果某一目標能為成員所接受，若該項目標愈具困難度，成員就會投入愈多的心力；(3)如果讓成員參與目標的設定，則成員較能接受目標，也較能對工作產生滿意感；(4)如果能就成員達成目標的情形提供回饋，則可以對成員發揮更大的激勵作用。

目標理論指出，教育行政人員應為成員設定工作目標的重要性。目前企業界及公共行政界所流行的目標管理（management by objectives）正是源於目標理論。然而，目標管理運用於工作單純、工作成果易於評量的事業單位較為容易，若是運用於教育單位，則尚有兩個困難待突破：第一，教育工作的性質複雜，教育單位需要達成的目標十分廣泛，倘教育行政人員缺乏統整能力，則在達成此目標後，往往會忽略了彼目標；第二，誠如黃昆輝

（1988）所言，教育工作的實施成效頗難於實施後的短期內加以測量或評鑑，因此欲就成員所達成目標的情形提供連續的回饋和即時的增強，實有其困難。

（四）期望理論

Vroom（1964）認為，當人類面臨兩種以上可以自由抉擇的行為時，會考慮每一行為的吸引力（valance）、手段性（instrumentality），以及期待性（expectancy）。三者的關係如圖 7-7 所示。

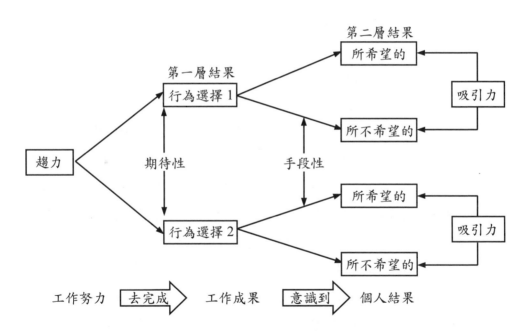

圖 7-7　Vroom 的動機模式

資料來源：秦夢群（1988，頁 270）

1. 吸引力

指行為者對行為結果的需求程度，其值介於+1（非常吸引）與-1（非常不吸引）之間。

2. 手段性

指行為者認為行為產生行為結果的概率，其值介於 0%（非常不可能）與 100%（非常可能）之間。

3. 期待性

指行為者自信能完成行為的概率，其值介於 0%（非常不可能）與 100%（非常可能）之間。

在圖 7-7 中，當一個人有兩種行為途徑可以選擇時，他會考慮到每一行為所造成的有利與不利之結果及每個結果的吸引力。他也會考慮到行為產生結果的可能性（即手段性）及自己履行某種行為的能力（即期待性）。最後，就其多方考慮，選擇一種最有利、最合理的行為途徑。以下以一位考慮進修博士學位課程或爭取擔任校長職位的國中老師為例，加以說明。該位老師可能會同時考慮考上博士班（行為選擇 1）和擔任校長職務（行為選擇 2），其各自可能會產生所希望和所不希望之後果的概率（手段性），以及每個後果的重要性（吸引力）。當然，該位老師也會考慮其考上博士班或考上校長甄試的可能性（期待性），最後再做一個合理的抉擇。

Vroom 認為，一個人對某種行為的動機強度是期待性、手段性和吸引力的乘數，三者之中只要其中一個因素的強度不夠，則該行為的動機強度就會相當微弱。因此，根據期望理論，教育行政人員若要激勵成員從事某種行為，則行政人員應明示成員履行該種行為所可能帶來的有價值之行為結果，並加強其履行該種行為的能力。

三、近代激勵理論的整合

　　Robbins 與 Judge（2013）曾將激勵內容理論與激勵過程理論加以整合，如圖 7-8 所示。圖中的主軸顯示，組織成員是否會努力，來自於個體對於個人目標的認同，所以目標實具有引導行為的作用。如果成員相信組織報酬是和個人目標相符的（即吸引力），另外也相信，只要努力就可以獲得組織的報酬（即手段性），而且自信個體努力可以達成個體的績效（即期待性），

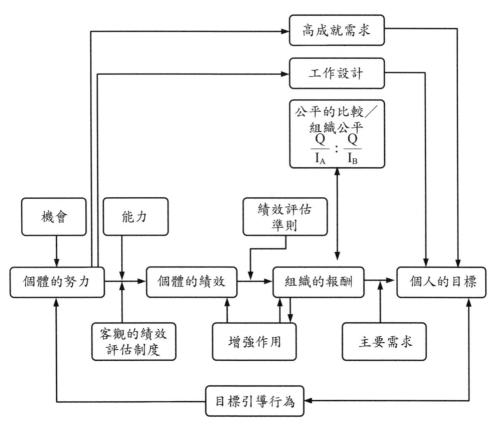

圖 7-8　近代激勵理論的整合模式

資料來源：Robbins 與 Judge（2013, p. 261）

那麼組織成員的工作動機將會很強。不過這個因果關係又會受到某些因素的影響。首先，個體的努力和個體的績效要產生連結，有賴組織成員先具備勝任工作的能力，另外組織對於個體的績效評估也要有公平客觀的績效評估制度。第二，個體的績效和組織的報酬之間也要有良好的績效評估準則和適時適度的增強作用。第三，組織報酬和個人目標之間的符應程度，主要取決於個人主要需求的滿足，組織報酬若能滿足個人的主要需求，則具有較強烈的吸引力。第四，高成就動機者，往往比較在意的是個體的努力是否會達成個人的目標，比較不會那麼關心或者跳過個體努力和個體績效、組織報酬、個人目標之間的連結關係。最後，個體的努力與個人目標的達成之間，可以透過良好的工作設計來連結，例如：加強組織成員在工作「技能多樣性」、「任務完整性」、「任務重要性」、「自主性」、「回饋性」等，俾讓組織成員覺得工作是有意義的、是可以自主決定的，以及成果可以獲得即時的回饋，這樣便可直接增強組織成員的工作動機。

第三節　教育行政激勵的原則

以上已經簡要敘述了八個激勵理論，每個理論雖然各有差異，但卻有其相輔相成之處。茲綜合各理論的觀點，提出一些激勵成員工作士氣的原則供參酌。

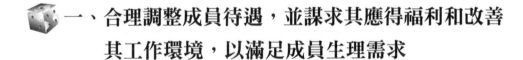

一、合理調整成員待遇，並謀求其應得福利和改善其工作環境，以滿足成員生理需求

（一）合理調整成員待遇

組織若要求成員具有敬業樂業的精神，相對的，組織也需合理調整成員

的待遇，給予安適的生活，使他們沒有仰事俯畜的顧慮而能安心工作。在我國，公立教育組織人員待遇的調整是中央政府的權責，非教育行政人員之力所能及，但是教育行政人員可做的是利用機會向上級爭取，以便適時地反映成員們對待遇調整的關心。

（二）謀求成員應得福利

教育行政人員首先應強化內部福利組織的功能，例如：健全合作社，將其盈餘配合政府補助辦理員工自強活動、制服添製等福利事項。其次，當成員有婚喪喜慶事宜時，教育行政人員亦應主動關心並積極為其申請應得的補助。又當成員有意申請公教購屋貸款時，應積極協助其辦理手續，以便向上級申貸。

（三）改善工作環境

工作環境包括辦公場所、教學圖書設備、休閒設施、食宿問題等。要改善工作環境，教育行政人員可以做的有：分配寬敞明亮的辦公室、汰舊換新辦公桌椅、增添教具或教材、充實圖書設備、增設運動場所及運動器材、協助離鄉背景的成員住進宿舍、辦理員工伙食團等。

二、保障成員工作，並增進其對工作環境的了解，以滿足成員安全感的需要

（一）保障成員工作

對公立教育組織而言，工作保障比較不成問題，例如：我國公立學校教師一經派任或聘任，除有極少數特殊情形外，不論教學是否稱職，很少有被免職或解聘的情事；這種教師的過度保障，並不利於我國教師專業化的發展

（黃昆輝，1988）。反觀私立教育組織，情形可能不太相同。少數私立學校校長對老師的平時考核或督導，動輒以「上司」自居，毫不客氣地指責老師，並以解聘或不續聘相威脅，造成部分私立學校教師想盡辦法要轉任公立學校教職。因此，為保障教育組織成員的工作，實有必要為其建立順暢的申訴管道，對其所遭遇的不合理解聘或不續聘予以仲裁補救。

（二）增進成員對工作環境的了解

為增進新進成員對組織物質環境及人事環境的了解，行政人員應主動向新進成員介紹組織環境，並於正式和非正式場合中將新進成員介紹給同仁。另一方面，對許多資深成員而言，往往因組織政策及經營方向的變動，而產生焦慮或不安全感。要減少這種焦慮或不安全感，行政人員應於改變組織政策及經營方向時，主動邀請成員參與決策；對於無法參與決策的成員，亦應明確地以書面或口頭告知其組織政策及經營方向的變動情形。

三、建立和諧的人際關係，培養和諧的組織氣氛，以滿足成員的社會需要

行政人員平時應積極主動接近組織成員，對於成員工作上及生活上的困難予以適時的協助。在教育行政學上，有所謂「走動管理」（management by wandering around），即指教育行政人員應經常在組織內走動，除了可以了解部屬工作情形並注意環境安全之外，還可以增加和成員溝通的機會，對成員工作辛勞及困難之處適時予以關心或慰勉。

其次，若要使成員之間的感情保持和諧、融洽，則行政人員必須鼓勵成員在工作上互助合作。此外，亦可安排正式與非正式活動，如自強活動、讀書會、不定期聚餐等，來增進成員間的友誼，而對於成員間因利益衝突而產生的摩擦，應做早期的、公平的調解。

四、尊重、賞識、信任、授權成員，以滿足成員尊榮感的需要

（一）尊重成員

行政人員平時應多徵詢成員的意見，對於其所提的寶貴意見，應適當地加以採納，即便對於不採納的意見，亦應加以說明。如此，徵詢意見的行動就具有激勵作用，例如：美國在 1928 年所進行的霍桑實驗（Hawthorne experiments）之面談計畫中，在三年內，西方電器公司霍桑廠的高級人員，分別面談兩萬一千位工廠員工，發現凡經過面談後的員工，大多數的工作績效及士氣都比以前提高，其士氣的提升可部分歸諸員工在受訪時，所感覺到的受尊重感（謝文全，1989）。

要尊重成員，維護其自尊，則行政人員自然不宜在公開場合述說成員的不是，或當面糾正成員的儀容；反之，對於成員不當之處，宜採私下輔導方式，曉之以理、動之以情，勉勵其改進，並做為他人榜樣。

（二）賞識成員

「士為知己者死，女為悅己者容」，這句話說明了賞識他人具有激勵的作用。在教育組織裡，很少有成員不願意接受上司及同事的肯定，一旦深受肯定，往往更樂意為組織效命。

筆者曾聽說一個小故事，故事中有一位在偏遠地區服務的老師，教學非常認真負責，每個週六都自動留校為學生加強課業，但這位老師因為家住城市，所以很想調回城市服務。某星期六下午，校長巡視校園，看到該老師照例還留校教導學生，便趨前致謝，臨走前輕拍了該老師的肩膀三下，以示慰勉。該老師原本想於學期結束後即調校服務，但就是因為校長的賞識，使他

在該校多留了三年。該老師說：「校長拍他肩膀一下，使他多留一年，校長拍他肩膀三下，他便多留了三年。」

（三）信任成員

中國傳統文化非常強調忠誠和信任。中國人認為，上司應信任下屬，下屬則應對上司回報以忠誠。三國時代的諸葛亮之所以忠於劉備，即是因為劉備對諸葛亮的充分信任；反之，若上司不信任下屬，則下屬很可能因為上司的不信任而心灰意冷，更不用說會對上司忠心耿耿了。筆者所認識的一位國中註冊組長就是一個例子。該組長歷經兩位教務主任，前一位教務主任對她信任有加，雖然她的工作必須面臨許多人情壓力（如市議員、市政府官員、家長、里鄰長等對學生編班的要求），她仍工作得十分起勁；後來，教務主任調職，換了個新主任，新主任疑心病重，懷疑她利用職務謀利，從此之後，她對工作心灰意冷，凡事只求應付了事，不求進步，不久便自動請求調換職務。

上述例子可以說明，懷疑與猜忌是領導者與部屬之間互信的絆腳石，所謂「用人不疑，疑人不用」即是這個道理。是故，唯有對部屬充分信賴的上司，才能贏得下屬的忠心，也才能帶動下屬對組織奉獻心力。

（四）授權成員

權力是影響他人完成工作職責的一種力量，授權則是信任的具體表現，亦為行政管理上分層負責的基本原則。教育領導者既視下屬為有力的輔佐，那麼就應該充分授權下屬，使其具有足夠的力量完成工作（蒿子馨，1980）。

一般人也許會認為，授權會使領導者的權力減少，但這是一個不正確的觀念。其實和屬下分享權力，只會使領導者的權力增加，因為獲得授權的下

屬會對領導者更加敬重，更肯接受領導者的影響力，並發揮自動自發的負責精神，全心將工作做好。教育辦得好，家長、社區人士和上級主管自然會對領導者讚譽有加，從而增加了領導者的影響力。

　　筆者所認識的一位教務主任即是一例。該教務主任的工作精神十分高昂，常於星期六留校辦公，並且每個星期天到校兩個鐘頭來照顧學生的假日活動。該主任認為她之所以如此賣力，就是因為校長對她的信任和充分授權。她表示，只要她能做得到的，她一定會盡全力去做好，不必煩勞校長；如果她在工作上發生困難，校長一定會鼎力支持。所以，她不僅對工作滿意，對校長更是敬重有加。

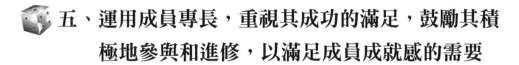

五、運用成員專長，重視其成功的滿足，鼓勵其積極地參與和進修，以滿足成員成就感的需要

（一）運用成員專長

　　教育行政人員要運用組織成員的專長，才能讓成員發揮所學，充分自我實現。運用成員專長，首先必須多接近成員，了解每一位成員的專長和興趣，然後在指派成員工作時，考慮其專長和興趣；如此，對於所分配到的工作，成員不但會樂意去做，而且亦會因其才能受到重視，而獲得成就感。

（二）重視成員成功的滿足

　　每位成員對於自己的工作，都希望有所成就，但可能因為領導者的標準太高，而使其努力未獲肯定。因此，領導者對待成員應依其能力差異訂立標準，使每位成員都能因努力而獲得成功的滿足。

（三）鼓勵成員積極地參與

行政人員的領導方式和教師的工作表現息息相關。一般而言，民主的領導方式被認為是較佳的領導方式。民主式領導的一個最大特色，就是給予成員充分的參與感。一個採用民主領導的校長，對組織的各項決定都會儘量提供成員參與決定的機會。成員參與程度高，則對組織的決定較能接受，也較樂意竭盡心力、共赴事功。同時，對組織決定所引發的教育革新，也較少產生排斥抗拒的心理。

值得一提的是，教育行政人員不必每事都邀請成員參與決定；也就是說，邀請成員參與決定要考慮成員對決定的關心程度及成員的決定能力（Bridges, 1967），例如：某校教師對某項學校問題（如改進學校文書收發程序）覺得與本身教學無關，又自認對此問題毫無認識，在這種情況下，行政人員不應勉強老師參與決定。因此，參與決定之對象的選擇，應限於對該決定有切身關係者，或對該決定之品質提升有貢獻者。

（四）鼓勵成員在職進修

誠如蒿子馨（1980）所言，激發屬下進修，是提高員工素質及其工作情緒之要道；領導者若只顧要求屬下賣力工作，而剝奪或阻塞其進修之路，則是打擊士氣和降低員工工作情緒的不智之舉。成員若能不斷進修，則一方面能溫故知新，另一方面可提升其工作能力，使其更有能力實現教育理想。

唯成員在職進修固然是件好事，但成員的進修絕不能影響到工作之正常進行。在教育界常流行一句話：「校長不在學校的時候，就是教師節；教師不在學校的時候，就是兒童節。」換句話說，如果因為成員在職進修而荒廢了正常工作，則成員在職進修就失去了原先的良法美意了。

六、適時適度地獎勵成員，維持成員卓越的工作表現

（一）平時善於讚揚成員

根據增強理論，激勵成員的一個重要策略是對成員的良好表現適時地予以正增強（獎勵），而一個簡易又有效的獎勵方式就是口頭讚揚。舉例來說，一位校長發現某位老師的教學方法新穎，學生的學習反應良好，他可對該老師說：「你的教學方法真好，我想找個適當時間舉辦一個教學觀摩會，讓全校老師來觀摩你的教學！」相信這位老師所得到的鼓舞是很大的。但該項激勵的前提是，該老師樂於主講教學觀摩，否則若他對教學觀摩懷有恐懼症，那麼要他主講教學觀摩可能不是一種獎勵，反而是一種沉重的壓力。

讚揚固然是一種有效的激勵方式，但行政人員在讚揚時，要考慮讚揚的適時與適度。讚揚要適時，即是對成員的任何值得表揚的事情，應即時予以讚揚，否則事過境遷就失其讚揚效果了，所謂「即時性增強」比「延宕性增強」有效，就是這個道理。讚揚要適度，即是讚揚要恰如其分，不可過譽，例如：對一位音樂老師說：「您的音樂成就非凡，簡直是貝多芬第二，莫札特再生。」承受此種過譽之詞，這位老師不但不會感到光榮，反而會覺得被調笑或戲謔。

（二）平時多記錄成員表現，並於正式場合表揚成員

除了平時善於讚揚成員之外，行政人員對成員的良好表現，也應妥為記錄，然後於年度結束時在正式場合表揚優秀成員。因為正式場合比較隆重，而且觀禮人數亦多，所以對成員的鼓舞較能使其感同身受、倍感榮耀。

（三）呈報上級，表揚特殊績優成員

對一般優良成員，行政人員可透過校內場合，予以表揚。但對成員的特殊優良事蹟，行政人員應主動報請上級給予成員應得的獎勵，例如：學校行政人員可推薦特殊績優的教師領受「師鐸獎」，或呈報富有教育愛的老師給上級，將其具體事蹟登錄在臺灣省教育廳的「杏壇芬芳錄」、臺北市政府教育局的「教育愛」專輯，或高雄市教育局的「教育芬芳錄」，這種呈報上級的表揚方式對受獎當事人而言，是一種莫大的鼓勵。

七、公平考核成員，並建立合理的報酬系統，以提升成員士氣

公平理論指出，教育行政人員應公平考核組織成員，並為其設立合理的報酬系統，否則很容易造成成員士氣低落，離心離德的現象。因此，行政人員在評定成員年度考績時，應力求公平、公正和公開，絕不因行政人員的私人恩怨而採雙重標準，以免內部怨聲四起，造成成員精神渙散和士氣低落。考核之後，應把握獎懲分明之原則：對於績效優良者，給予精神上和物質上的獎勵；對於績效不理想者，則要鼓舞、協助和督導其早日提升績效。行政人員宜切記，避免齊頭式的平等，齊頭式平等雖然可以顧及人情，但卻使考核失其揚善貶惡之精神，致使考核工作流於形式化，終而失去激勵成員的作用。

八、制訂並公布組織目標，以提供成員努力的標竿

目標理論指出，具體明確、具適當困難度的教育組織目標，具有激勵成員、提升成員工作士氣的作用。因此，教育行政人員應妥為建立組織目標，做為成員努力的標竿。

　　誠如謝文全（1989）所言，制訂目標應注意四件事：(1)根據上級之相關規定並參酌組織所處環境的特性來訂定；(2)應讓成員有參與訂定的機會；(3)目標應書面化；(4)目標應因應時間和空間的變化而修正。

　　換句話說，教育組織並非處於真空的環境中，教育行政人員的所作所為受社會環境的影響甚大。因此，要制訂符合環境需求的目標，行政人員必須斟酌現行的教育政策及法令、組織的歷史背景和特色、行政人員的教育理想等，然後再做一個最好的統合。其次，為便利成員接受組織目標，並收集思廣益之效，制訂目標時成員均應參與。制訂好目標之後更應公布周知，以及透過種種溝通管道，取得組織成員的共識。最後，如果因為組織所處的時空環境產生改變，組織目標也應隨之修正。

　　每一個教育組織固然要有一個總目標，來推動組織的整體發展，但是為了使組織總目標確實落實到各單位，各單位也應依組織總目標訂立具體明確而且可以實施評鑑的各單位目標。有了各單位目標，各單位即可訂立其工作計畫。如果能夠依照計畫確實執行，並且對於執行結果隨時加以考核，如此便能發揮「計畫」、「執行」、「考核」之行政三聯制的功能。

九、明訂角色，加強成員履行角色能力，並明示成員履行角色後可能達成的有價值結果，以提升成員履行角色的意願

　　期望理論指出，一個人對某角色行為的動機強度是期待性、手段性及吸引力之乘數，因此要激勵成員履行某角色，首先應明訂該角色的工作職責，使成員知所適從。其次，要增強成員履行該角色的能力，使其有信心能完成任務。最後，明示成員履行該角色所可能達成的有意義、有價值之行為結果，以增進成員的行為動機。試以推展導師工作為例，說明如下：學校行政

人員若要激勵老師做好導師工作，則必須先編製一本內容詳盡的導師手冊，使兼任導師的老師能清楚地了解其權利和義務，以及其日常應做的每一個工作事項。另外，學校行政人員也要慎選富有愛心的老師擔任導師工作，並透過校內研討會及校外在職進修等方式，加強導師的輔導知能。同時，行政人員也應設法使導師了解，導師工作雖然比較辛苦，但是除了額外的津貼和福利之外，能夠看著學生快樂地學習和成長，不也是一種莫大的快樂嗎？

關鍵詞彙

- 激勵
- 教育行政激勵
- 激勵內容理論
- 需要層次理論

- 兩因素理論
- 習得的需要理論
- ERG 理論
- 激勵過程理論

- 增強理論
- 公平理論
- 目標理論
- 期望理論

自我評量

1. 請定義激勵的意義，並說明激勵和行為的關係。

2. 請比較需要層次理論、兩因素理論、ERG 理論的異同。

3. 請說明習得的需要理論與學校成員的工作行為有何關聯。

4. 「增強理論與期望理論互相牴觸」，你同意這句話嗎？為什麼？

5. 目標管理應用於教育單位上有哪些限制？又如何克服之？

6. 何謂公平理論？其對學校成員的激勵上有何含意？

7. 在一士氣低迷的學校中，如果你是新任校長，將如何激勵全校員工的士氣？試討論之。

8. 請舉出三種你最喜歡的活動與最不喜歡的活動，然後以期望理論來解釋你的理由。

個案研究

誰叫你是初任教師

陽光國小（化名）是一所位於市中心著名的大型學校，由於歷史悠久，辦學聲譽不錯，有許多慕名而來就讀的學生。由於教師流動率低，在校老師絕大多數都是資深教師。王麗美（化名）是今年在某教育大學以全班第一名的畢業成績，於師長的肯定及同學的羨慕眼光下，分發到陽光國小的初任教師。陽光國小已有多年沒有老師調入，更難得的是年輕剛畢業的老師。

由於初任教職，王麗美一本以往認真讀書的態度，認真於教學，而且虛心請教行政人員和資深教師各項事宜。因為年輕且資淺，所以學校所舉辦的各種活動，如校內各項競賽、運動會、遊藝會等，以及校外的國語文競賽，都會找王麗美參與工作。王麗美雖然心裡有些嘀咕，但也默默地接受，只是常在想為什麼事情那麼多，又不知道怎樣才能做得又快又好。

陽光國小的家長非常重視學生的課業成績，王麗美一方面要顧及學生的課業壓力，另一方面又要參與學校裡大大小小的活動。由於身心俱疲，王麗美也曾向行政人員反應工作太多太重，但得到的回答是年輕人要多磨練、多學習，辛苦一點有什麼關係。於是王麗美咬緊牙關努力地做下來，好不容易青澀又繁忙的第一年終於結束了。

輕鬆了一個暑假，王麗美心想由一年級接著繼續帶二年級，應該會比較輕鬆，也比較有把握帶得比前一年更好。沒想到開學當天王麗美一到學校，就被校長請到校長室。原來有位資深的方彩屏（化名）老師今年想要接王麗美的班級。依據學校慣例，除非有特殊原因，學校在學生升上三、五年級重新分班時，才會更換老師；也就是說，王麗美應可以將她的班級帶至二年級完。

校長勸王麗美將班級讓給方老師帶，並告訴王麗美，方老師的先生是議員，過幾天就要審查學校的預算，希望王麗美幫個忙，換個年級教。王麗美一時沒有心理準備，因為不曾有人向她提起，但王麗美也不希望校長為難，於是就答應了。

之後，因王麗美以前的學生與家長都與王麗美處得很好，學生下課時常跑回來找王麗美。方老師知道了，便處罰學生，且常在學生面前說王麗美的不好，也不准學生去找王麗美。王麗美知道後很難過，便往上反應，但都無回音，加上今年學校要王麗美參與的各項活動有增無減，使王麗美心灰意冷，於是在教完第二年後便辭職出國讀書了。

問題討論

1. 試從動機內容理論的觀點，來說明為何王麗美的工作士氣低落。
2. 試從動機過程理論的觀點，來分析王麗美為何會離職。
3. 如果你是該校行政人員，你會如何激勵王麗美的工作士氣？
4. 你認為初任教師所遭遇到的困境會有哪些？初任教師宜如何自處？學校中的成員宜如何協助初任教師適應環境？

參考文獻

中文部分

吳定、張潤書、陳德禹（1990）。行政學（上）（下）冊。臺北縣：國立空中大學。

秦夢群（1988）。教育行政理論與應用。臺北市：五南。

張金鑑（1985）。管理學新論。臺北市：五南。

張碧娟（1978）。國民中學教師工作滿足感之研究：激勵保健因素理論之應用（未出版之碩士論文）。國立政治大學，臺北市。

黃昆輝（1988）。教育行政學。臺北市：東華。

蒿子馨（1980）。論激勵法則在教育行政領導上的運用。師友，162，13-16。

謝文全（1989）。教育行政：理論與實務。臺北市：文景。

謝文全（2012）。教育行政學（第四版）。臺北市：高等教育。

英文部分

Adams, J. S. (1963, November). Toward an understanding of equity. *Journal of Abnormal and Social Psychology*, 422-436.

Alderfer, C. P. (1972). *Existence, relatedness, and growth: Human needs in organizational settings*. New York, NY: The Free Press.

Bridges, E. M. (1967). A model for shared decision making in the school principalship. *Educational Administration Quarterly, 3*, 49-61.

Chang, D. (1989). *Role conflict and role ambiguity among junior high school ad-*

ministrators in Taipei, Taiwan, Republic of China. Unpublished doctoral dissertation, University of Oregon, Eugene, OR.

Gibson, J. L., Ivancevich, J. M., & Donnelly, J. H. (1988). *Organizations: Behavior, structure, process* (6th ed.). Plano, TX: Business.

Hanson, E. M. (1991). *Educational administration and organizational behavior* (3rd ed.). Boston, MA: Allyn & Bacon.

Hellriegel, D., Slocum, J. W., & Woodman, R. W. (1989). *Organizational Behavior* (5th ed.). New York, NY: West Publishing Company.

Herzberg, F., Mausner, B., & Snyderman, B. (1959). *The motivation to work*. New York, NY: John Wiley & Sons.

Hoy, W. K., & Miskel, C. G. (2001). *Educational administration: Theory, research, and practice* (6th ed.). Boston, MA: McGraw-Hill.

Locke, E. A. (1978, July). The ubiquity of the technique of goal setting in the series of and approaches to employee motivation. *Academy of Management Review, 600*.

Lunenburg, F. C., & Ornstein, A. C. (2000). *Educational administration: Concepts and practices* (3rd ed.). Stanford, CT: Wadsworth.

Maslow, A. H. (1954). *Motivation and personality*. New York, NY: Harper & Row.

McClelland, D. C. (1962, July-August). Business drive and national achievement. *Harvard Business Review*, 99-112.

Robbins, S. P. (2001). *Organizational behavior* (9th ed.). Englewood Cliffs, NJ: Prentice-Hall.

Robbins, S. P., & Judge, T. A. (2013). *Organizational behavior* (14th ed.). Boston, MA: Pearson.

Skinner, B. F. (1971). *Beyond freedom and dignity*. New York, NY: Alfred A. Knoph.

Vroom, V. H. (1964). *Work and motivation*. New York, NY: John Wiley & Sons.

第八章

教育行政溝通

周崇儒

1. 了解教育行政溝通的意義。
2. 了解溝通的歷程與要素。
3. 了解教育行政溝通的類型。
4. 了解教育行政溝通的障礙。
5. 了解教育行政溝通的原則。
6. 認識集體協商的內涵。

■ 摘要 ■

「教育行政溝通」係指教育行政人員或團體透過適當的管道，將意見、事實、任務、決定、價值、觀念、態度、情感等訊息傳達給對方的歷程，其目的在增進了解、建立共識、協調行動、集思廣益或滿足成員需求，進而達成預定的教育目標。

溝通的歷程基本上包含五大要素，分別是：送訊者、訊息、收訊者、媒介、回饋。

教育行政溝通依不同的分類標準而有不同的類型。依組織的結構，可分為正式溝通與非正式溝通；依溝通的對象，可分為下行溝通、上行溝通、平行溝通與斜行溝通；依溝通的媒介，可分為書面溝通、語言溝通、身體語言溝通、資訊網路溝通；依回饋的作用，可分為單向溝通與雙向溝通。

在訊息傳遞的過程中，有些因素可能會影響雙方的溝通，這些因素包括：參考基準、過濾作用、組織結構、地位差異、訊息負荷量過大、選擇性知覺、使用的語言、個人情緒、防衛性溝通氣氛、溝通方法、地理空間、時間壓力、傳聞等。

為達成溝通的目的，教育行政溝通應把握下列原則：(1)平時奠定良好的溝通基礎；(2)妥善準備、適時追蹤；(3)掌握溝通的時效與時機；(4)充分運用多種溝通媒介；(5)重視雙向溝通；(6)兼採正式與非正式溝通；(7)發送訊息要適合收訊者的知識水準；(8)傳達的訊息具有說服力；(9)善用言詞維護對方尊嚴；(10)語氣態度溫和誠懇；(11)運用方法妥善處理僵局；(12)適時提供正確訊息。

集體協商是教育行政溝通的一種應用，它的歷程事項包括：(1)集體協商前的計畫和準備；(2)集體協商小組代表的決定；(3)集體協商的策略；(4)集體協商陷入僵局的處理方式；(5)雙方達成協議；(6)雙方依約定執行。

　　人不能離群索居，在人群中，人與人相處自然會產生交往互動的社會關係，而所有的社會互動關係都涉及溝通。溝通與人們的生活關係密切，無論是在家庭中、學校裡或是社會上，溝通行為是無所不在的。人們必須藉著溝通表達情感，傳遞訊息、意見、事實等，俾使雙方相互了解、建立共識，達成其目的或目標。

　　溝通普遍存在於人類生活的各部分，是人際關係所必需。溝通也存在於組織系統中，是組織運作不可或缺的歷程。透過溝通，可以把組織各部門、各層級及所有成員協調結合在一起，使其具有共同的了解與看法，並朝著組織的目標行動。因此，溝通是行政人員推動行政工作必要的手段與方法，透過有效的溝通，才能發揮協調統合的功能，達成組織的目標。

　　本章首先探討教育行政溝通的意義，其次依序說明溝通的歷程與要素、教育行政溝通的類型、教育行政溝通的障礙、教育行政溝通的原則，以及教育行政溝通的應用——集體協商，共分六節敘述如下。

第一節　教育行政溝通的意義

　　「溝通」（communication）的意義，就其字源來說，是導源於拉丁字「communis」，意指「共同」（common），含有「分享」（to share）或「建立共識」（to make common）的意思。根據《辭海》之解釋，溝通為「疏通意見使之融合」之意。許多學者也對溝通加以闡釋和定義。

　　劉興漢（1985）認為，溝通是所有傳達消息、態度、觀念與意見的程序，並經此程序，以達到人與人之間的了解與協議。

　　黃昆輝（2002）認為，溝通是經由語言或其他符號，將一方的訊息、意見、觀念、態度乃至情感等，傳至對方的歷程。

　　楊振昇（2002）認為，溝通乃是人際間、組織間，或個人與組織間透過

分享訊息、態度、價值觀念與道德標準的歷程，期能相互了解、集思廣益、建立共識，進而達成預定目標。

謝文全（2012）認為，溝通乃是個人或團體相互交換訊息的歷程，藉以建立共識、協調行動、集思廣益或滿足需求，進而達成預定的目標。

吳清山（2014）認為，溝通乃是個人或團體傳達情感、訊息、意見或事實給其他的個人或團體，彼此能夠產生相互了解的一種歷程。

Barnard（1968）認為，溝通是個人與個人間傳遞有意義符號的歷程。

Lewis（1975）認為，溝通是藉分享訊息、觀念或態度等，使送訊者與收訊者之間產生某種程度的相互了解。

Guthrie 與 Reed（1991）認為，溝通係經由語言或行為，將一個人的觀念、思想、意見資訊和感受傳送給他人的歷程。

Robbins（1991）認為，溝通是訊息意義的傳達與了解的過程。

綜觀上述各學者的看法，筆者定義「教育行政溝通」為：教育行政人員或團體透過適當的管道，將意見、事實、任務、決定、價值、觀念、態度、情感等訊息傳達給對方的歷程，其目的在增進了解、建立共識、協調行動、集思廣益或滿足成員需求，進而達成預定的教育目標。此一定義包含下列三項要點：

1. 教育行政溝通是交換訊息的歷程：溝通是送訊者透過管道與媒介，將訊息傳送給收訊者，這些訊息包括：意見、事實、任務、決定、價值、觀念、態度、情感等。

2. 教育行政溝通的雙方或為個人或為團體：溝通的雙方有時都是個人，如一位學管課長與一位課員，或是一位校長與一位教師之間的溝通；有時都是團體，如學管科與國教科、教務處與學務處之間的溝通；有時一方是個人而另一方為團體，如教育處長與學管科、校長室與科任教師、教務處與級任教師之間的溝通。

3. 教育行政溝通有其目的：溝通是一種有目的之活動，其目的包括：(1)
增進了解：透過訊息的交換與人際的互動，增進彼此的了解；(2)建立
共識：藉由協商、討論或說服，消除雙方的歧見，建立共識，凝聚組
織成員的向心力；(3)協調行動：運用溝通或召開協調會議，統合意
見，使組織行動協調一致，共同達成組織的目標；(4)集思廣益：透過
溝通與討論，匯集大家的意見，集思廣益，找出解決問題的有效辦
法；(5)滿足成員需求：藉著溝通，抒發情感、發展友誼，建立社會互
動關係，滿足成員情緒與社會的需求。

第二節　溝通的歷程與要素

　　溝通可視為一種過程或流程，當流程上出現偏離或阻塞現象時，溝通的
問題就會隨之而來。在溝通的研究領域中，許多學者會用圖解的方法來說明
溝通的歷程與要素，亦即所謂的溝通模式（communication model）。溝通模
式可以將複雜的溝通歷程簡化，使我們對溝通過程中所發生的事件及可能的
影響因素了解得更清楚，增進我們對溝通的認識與了解。以下分別介紹謝文
全的溝通模式、Hargie 的人際互動溝通模式，以及 Lunenburg 與 Ornstein 的
雙向溝通模式，來說明溝通的歷程與要素。

一、謝文全的溝通模式

　　謝文全（1997）提出了溝通模式（如圖 8-1 所示），說明人的溝通歷
程。當送訊者有訊息要和對方（收訊者）溝通，於是藉著媒介與管道把訊息
傳送給對方。當對方接到訊息之後，對訊息產生反應，此種反應也是一種訊
息；於是對方也透過媒介，將其訊息傳送給原來的送訊者，這種反應過程稱
為「回饋」。此時雙方的角色已改變，原來的送訊者變成收訊者，原來的收

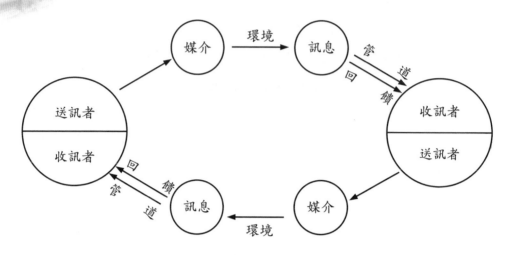

圖 8-1　謝文全的溝通模式

資料來源：謝文全（1997，頁252）

訊者變成送訊者，如此循環互動，直到溝通結束為止。在溝通的過程中，會
受到環境的影響。至於溝通的要素則包括：

1. 送訊者（或來源）：發出訊息的一方。

2. 收訊者（目的地）：在溝通的雙方中，接受訊息的一方。

3. 訊息：即溝通的內容。

4. 媒介：指代表訊息的符號，可分為語文與非語文（如手勢、表情、圖
   表等）兩種；也可指傳達訊息的工具，可分為人（如面對面溝通、透
   過第三者轉達）與物（如透過電話、書信溝通）兩種。

5. 管道：溝通訊息傳送的線路，可分為正式管道與非正式管道。

6. 環境：溝通發生的空間與時間，可分為物理環境（指溝通進行的場
   所）與精神環境（指溝通時雙方的心理狀態）。

二、Hargie 的人際互動溝通模式

O. D. W. Hargie 於 1986 年提出人際互動溝通模式（如圖 8-2 所示）。此模式描述了人際溝通動態的過程，其中涉及的因素很多，例如：個人因素、情境因素、動機、知覺、反應等，這些因素彼此之間存在相互的關係。溝通活動的核心在於雙方相互傳遞訊息，如圖 8-2 的中間部分，一方藉由知覺產生反應，而另一方在知覺其反應後，產生另一個反應，即回饋；這個回饋又成了前者的知覺刺激，如此循環互動，產生一連串的溝通行為或行動。

在核心的溝通歷程之外，個人因素（如人格特質、性別、年齡等）是一個主要的影響因素，它影響了個人的動機；動機會影響行為的本質、力量與持續力，也受到需求的影響。人際的互動亦是社會性的活動，因此情境因素（如文化、環境等）也會對溝通產生影響，支配個人的知覺與反應方式。此外，個人的認知、情緒、價值及信念等，在溝通的歷程中將成為中介因素，

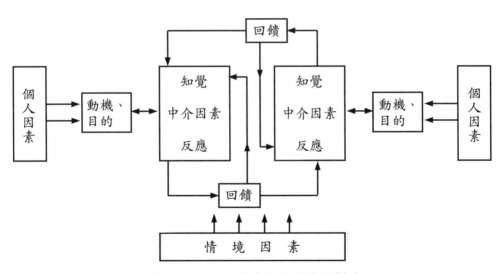

圖 8-2　Hargie 的人際互動溝通模式

資料來源：徐綺穗（1996，頁 210）

界於知覺與反應之間，也會影響個體的反應。

回饋則是一個人對他人所給予刺激的反應，通常發生於雙向溝通，溝通的雙方相互發出回饋，形成一個循環。有時回饋也對自己傳遞的訊息做反應，以便做為下個反應的參考訊息；至於訊息是否明確，則影響回饋管道的暢通。另外，情境因素也會影響個人的回饋，在愈放鬆的情境下，個人愈容易發出回饋（徐綺穗，1996）。

 三、Lunenburg 與 Ornstein 的雙向溝通模式

Lunenburg 與 Ornstein（2000）提出了雙向溝通模式（如圖 8-3 所示），他們認為，溝通的歷程即是送訊者與收訊者之間訊息的交換。送訊者將觀念、想法編碼，形成訊息，然後將它傳送給收訊者；收訊者收到訊息後會解碼，同時採取行動。溝通的障礙可能發生在過程中的任何步驟，但最常發生在傳送與接受訊息、接受訊息與解碼之間，而回饋則可以確保有效的溝通。至於溝通歷程的要素則包括：

1. 發展概念：發展要傳送給個人或團體的觀念、訊息或資料。

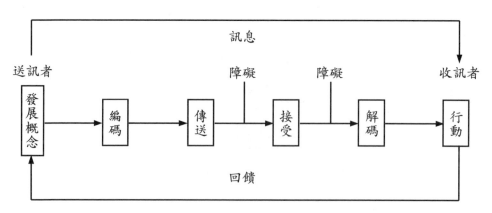

圖 8-3　Lunenburg 與 Ornstein 的雙向溝通模式

資料來源：Lunenburg 與 Ornstein（2000, p. 182）

2. 編碼：將觀念組織成為一系列的符號，例如：文字、非口語線索、圖畫、圖表等。

3. 傳送：傳送訊息，方法包括：備忘錄、電話、監視器、電腦、會議陳述、面對面溝通等。非口語的線索，如手勢、身體位置、臉部表情、聲音語調等，亦可傳達訊息。

4. 接受：如果訊息是口語，收訊者須專注傾聽；如果訊息是書寫的文字，收訊者須注意所陳述及隱含的意義。

5. 解碼：收訊者對接受的訊息翻釋成知覺或理解的意義。

6. 行動：收訊者對收到的訊息及其理解給予送訊者回饋。

綜觀上述學者所建立的溝通模式，筆者統整歸納：溝通是指送訊者透過媒介將訊息傳送給收訊者，收訊者收到訊息後，對訊息產生反應（即回饋），而雙方則依此互動循環產生一連串的溝通行動，此即為互動溝通模式，如圖 8-4 所示。溝通的歷程基本上包含五大要素，分別是：送訊者、訊息、收訊者、媒介與回饋：

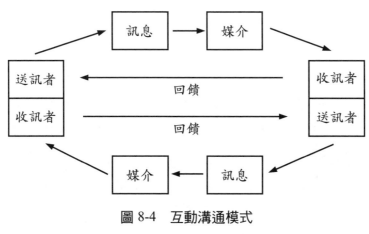

圖 8-4　互動溝通模式

資料來源：作者彙整編製

1. 送訊者：發出訊息的一方。送訊者有時是個人，有時是團體，有時是組織。
2. 訊息：即溝通的內容。
3. 收訊者：在溝通過程中，接受訊息的一方。
4. 媒介：指訊息傳送的媒介，包括語文和非語文兩種。
5. 回饋：收訊者收到訊息後所採取的反應或行動。

第三節　教育行政溝通的類型

溝通依不同的分類標準而有不同的類型（吳清山，2014；吳清基，1999；林逸青，2013；秦夢群，2011；張慶勳，1996；黃乃熒，1999；黃宗顯，2008；黃昆輝，2002；楊振昇，2002；謝文全，1997；Hoy & Miskel, 1996; Lunenburg & Ornstein, 2000）。以下分別從組織的結構、溝通的對象、溝通的媒介、回饋的作用等，說明教育行政溝通的類型。

 ## 一、依組織的結構區分

（一）正式溝通

正式溝通產生於正式組織之中，係指依循組織權威線路做有計畫之訊息流通的歷程（黃昆輝，2002）。正式溝通是在組織的正式結構下所進行的溝通活動，一切訊息的傳達必須依照各階層體系之隸屬關係做層層的傳遞。正式溝通可以透過法定的或是由組織設置的管道，例如：公文、函、簽呈、公告、通知、各種會議、座談、研商等，進行溝通活動，傳遞相關訊息，例如：教育局長針對十二年國民基本教育的實施，邀集各業務科長及承辦人開會討論，並將會議紀錄於會後分送各相關單位辦理，此即屬於正式溝通。

透過正式溝通，組織可以將訊息傳送給組織內的各成員，使組織各部門協調合作、同心協力，共同達成組織的目標。故正式溝通為組織運作所必需，而使用正式溝通系統時，必須注意到：(1)溝通管道要為每個人所熟悉；(2)溝通管道必須能夠傳達到組織內的每一位成員；(3)溝通路線必須儘可能直接而短捷；(4)每一條溝通路線都能加以利用；(5)溝通的中心人物應具備足以勝任的能力；(6)溝通路線在組織運作時不可被中斷；(7)每一個溝通訊息必須是真實、被確認的，即訊息來源必須出自某種地位的人，並且在其權威之內行使（Barnard, 1968）。

（二）非正式溝通

非正式溝通是隨非正式組織而來，係指透過組織結構但卻未在組織階層顯現的訊息流通。它是組織成員經非正式的接觸，所發展出的人際關係和個人友誼之結果，不受組織權威及地位的限制，是一種自發的社會交互作用，可發生於任何時間、任何地點（黃昆輝，2002）。非正式溝通可以透過非法定的、非正式的或私人身分的管道，例如：聚餐、宴會、閒談、聯誼、意見領袖、彼此的友誼等，建立社交關係，相互分享與了解，或建立共識，例如：校長欲實施一種新的教師進修方案，可利用閒談、聯誼等場合，試探或了解教職員的想法，此即屬於非正式溝通。

組織中非正式溝通常見的管道稱為葡萄藤傳聞或馬路新聞（grapevine）。傳聞是部屬自己建立的溝通管道，存在所有組織中，可傳送溝通的訊息，但卻不顯現在科層體系的系統上（Lunenburg & Ornstein, 2000）。傳聞在組織或團體內無所不在，其訊息有時是真實的，有時則是假的，但其唯一的共同點就是傳遞非常快速。傳聞產生的因素在於滿足組織成員或團體成員的社會需求，特別是組織或團體發生衝突、有異常事件、有人故意製造謠言，或成員無法從正式溝通管道獲得滿足時（張慶勳，1996）。

　　非正式溝通存在於教育行政組織的各層級中，對教育組織具有正負兩面的影響：一方面可能滋生謠言、閒話、打小報告、對抗改變等，降低正式溝通的功能，甚至影響成員向心力；另一方面則可補充正式溝通系統的不足，增進組織溝通的活力，發展組織成員的人際社會關係或個人友誼，培養共同的團體意識，滿足成員溝通的需求等。因此，行政主管應重視非正式溝通的存在與影響，因勢利導，加強非正式溝通系統的運用與功能，以免阻礙組織有效的運作。

二、依溝通的對象區分

（一）下行溝通

　　下行溝通是組織的上層人員，依指揮系統或層級體系，將訊息傳送至下層人員的方式（黃昆輝，2002；謝文全，1997；Hoy & Miskel, 1996; Lunenburg & Ornstein, 2000），例如：教育處長將訊息傳送給學管科長，學管科長再將訊息傳送給科員；或是校長將訊息傳送給主任，主任將訊息傳送給組長、教師，均屬之。故下行溝通係訊息透過指揮系統，依循「上司－下屬」的地位結構來傳送。因此，運用行政權威與指揮系統乃是下行溝通所必需。下行溝通的主要內容包括：(1)特定工作的指示；(2)組織成員對工作的了解，以及該工作與組織其他工作關係的說明；(3)組織程序與工作實務的解釋；(4)組織成員工作成就評量的結果；(5)組織目標的說明（Katz & Kahn, 1978）。

　　下行溝通是維持正式組織運作的必要條件。透過下行溝通，主管能夠下達命令，指示工作，說明工作程序與方法，闡釋政策與組織目標，激發成員行動，培養組織意識，共同達成組織的目標。在行政上，正式的溝通活動大部分是下行溝通，這種溝通最重要的是正確性，因此正確傳述是下行溝通成功的基本要求（鄭進丁，1990）。在教育行政組織中，下行溝通較容易進

行，是經常使用的方式，藉以宣布政策與政令，以求貫徹，然而在運用中應該避免過度使用命令、責備或官僚的語氣或態度，以免造成組織成員的不滿與排斥，影響工作士氣，阻礙工作目標的達成（楊振昇，2002）。此外，為確保訊息的意義能夠被理解，主管應發展雙向的溝通管道，充分運用層級體系裡上下的回饋過程。

（二）上行溝通

上行溝通是組織的下層人員，依指揮系統或層級體系，將訊息傳送至上層人員的方式（黃昆輝，2002；謝文全，1997；Hoy & Miskel, 1996; Lunenburg & Ornstein, 2000），例如：科員將訊息傳送給學管科長，學管科長將訊息傳送給教育處長；或是教師將訊息傳送給主任，主任將訊息傳送給校長等，均屬之。上行溝通的內容包括：(1)例行性業務執行的情形或工作成果的報告；(2)成員請求說明或欲了解的事項；(3)成員對組織工作或政策上改進的建議；(4)成員對工作或整個組織的感受和態度（DeFleur, Kearney, & Plax, 1993）。

上行溝通是部屬向上司報告的一種途徑，這類溝通常被視為行政控制的一種工具。因此，部屬會傾向強調正面的訊息，隱藏負面的訊息，傳送他們認為上司喜歡聽的訊息，故有關工作改進的建議並不多，訊息容易被扭曲或過濾；此外，由於溝通雙方角色與地位的差異，上行溝通的訊息常常不能充分傳遞。為了獲得及時的訊息，掌握訊息的正確性，組織應建立良好的溝通管道，例如：建立諮商與面對面溝通的制度、設置意見箱、定期舉辦座談會、採用參與式管理等，使上行溝通暢行無阻。

（三）平行溝通

平行溝通是組織的權威層級中，同一職級之人員所做的橫向訊息傳送之

方式（謝文全，1997；Hoy & Miskel, 1996; Lunenburg & Ornstein, 2000），例如：國教科長與學管科長間、主任與主任間、組長與組長間的溝通，即屬之。平行溝通提供組織之平行單位或人員彼此傳送訊息的線路，透過平行管道，組織單位或人員進行溝通，交換意見，協調工作，建立共識，共同合作，以達成組織的目標。一般而言，平行溝通的內容或事項，包括：⑴關於單位或成員之間的共同策劃事項；⑵關於單位或成員之間的執行配合事項；⑶關於單位或成員之間的衝突協調事項；⑷其他有關單位或成員之間的會辦事項（黃昆輝，2002）。

平行溝通的目的在於協調工作、解決問題、與同事分享訊息、解決衝突與建立關係（Harris, 1993），提供成員情緒與社會的支持（Lunenburg & Ornstein, 2000）。事實上，平行溝通具有扮演組織社會化過程的功能，當組織的各種功能愈彼此相互依賴時，則愈需要建立平行溝通的管道。當前教育組織日益龐大，部門增多，職能分工日細，各部門單位間難免意見分歧，甚至彼此意見相左、衝突；因此，應加強各部門單位間的平行溝通，統合協調各部門及成員的行動，使其分工合作，同心協力，有效地達成教育預定的目標。

（四）斜行溝通

斜行溝通是指，組織中跨越不同層級部門或人員之間的溝通，尤其是指不同單位且職級不相等的人員間進行的溝通（黃宗顯，2008），例如：教育局特教科與社會局社工師、學校輔導主任與教學組長之間所進行的訊息交流或溝通，均屬之。教育行政工作繁瑣，許多政策和工作的推動，必須跨部會或局處室組相關人員的配合與合作才能完成，有時單靠同一層級的部門處室，往往無法圓滿完成工作，因此斜行溝通更顯重要。以教育局在推動「中輟生防制」工作為例，在中輟生會議時，教育局承辦業務單位必須邀請社會

局社工師、區公所民政課、警政單位、少年隊等共同參與，彼此聯繫、交換意見和訊息等，才能統合、協調及分配相關工作，以利於中輟生防制工作的推展與落實。

三、依溝通的媒介區分

（一）書面溝通

　　書面溝通是指，溝通的一方或雙方以文字的書面資料進行溝通，以表達本身想法或陳述機關立場，使收訊的一方能有所了解（楊振昇，2002）。書面溝通是行政機關傳達訊息、溝通意見極為重要的方式，包含：公文、函、簽呈、信函、公告、通知、公報、報告、手冊等，行政機關可依溝通的對象與目的，採用不同的書面溝通方式，例如：教育部提出《邁向學習社會白皮書》，以使國人對這項政策的內容與實施更深入了解，或是教育局發文傳達有關建構式教學運用的原則，這樣的溝通方式即屬於書面溝通。書面溝通係透過文字表達進行溝通，因此用字應儘量口語化，少用專有名詞，力求簡潔、具體、確實、精要，這樣才能使收訊者了解而達到溝通的目的。如果訊息內容較為複雜，不容易藉由語言表達說明清楚，或是收訊者人數眾多，透過書面溝通是可考量的好辦法。

（二）語言溝通

　　語言溝通是指，溝通的一方或雙方透過講述、說明或報告的方式，以表達本身想法或陳述機關立場，使收訊的一方能有所了解（楊振昇，2002）。語言溝通的方式，可以透過面對面、電話或是通訊軟體（如Line）等進行。面對面溝通是一種口語的溝通，例如：各種會議、座談會、研討會、個別面談、口頭報告、演講、請示、研商等，均屬之；其優點是具有親切感，雙方

有彼此討論、對話的機會，可以提供立即回饋及澄清。電話溝通亦是口語的溝通，具有快速、省時、方便等優點，但由於無法看到對方，很難像面對面那樣親切、生動而靈活。

（三）身體語言溝通

身體語言溝通是指，透過身體的動作、移動、手勢、臉部表情、音調等來傳遞訊息。當我們使用語言溝通時，身體語言溝通也可能同時在進行。身體語言溝通是屬於非語文的溝通，如果能夠配合語言溝通而適切地加以運用，將可以增強溝通的效果，例如：當科長對一位科員說：「我對你有信心，我相信你能夠把工作做得很好。」如果科長能同時趨前並緊握其手，則對方必能感受科長的誠心與信任。相反地，如果肢體語言與語言溝通所表達的訊息相互矛盾，則可能會扭曲溝通的訊息，例如：校長開會時鼓勵教師多發言，但卻不停地察看手錶，此時他的身體語言所傳達的訊息，會讓人感覺他並不是真心誠意地鼓勵教師多發言，而是在趕時間或是希望會議快結束。

（四）資訊網路溝通

隨著資訊科技的進步與發展，資訊網路溝通已經成為現代人生活中重要的一部分。行政機關透過資訊網路可以快速地傳遞與溝通訊息，例如：教育部可以將多元入學方案的相關資訊公布在網站上，提供民眾查詢，使民眾了解多元入學方案的精神與作法。電子布告欄（BBS）具有信函、談話、郵件、公告及瀏覽資料等功能，透過它可以快速、方便地傳達或公告訊息，同時獲得收訊者的反應與回饋；電子郵件（E-mail）是組織裡的一種重要之書面溝通管道，運用它可將訊息傳遞給收訊者，進行彼此溝通。目前各機關首長為了解民眾需求，掌握民意趨勢，多設立專屬的電子郵件信箱，提供民眾反映意見，做為溝通的管道。另外，智慧型手機（或電腦）中的 Line 可即

時傳遞文字訊息，也可傳送圖片、影片和聲音等，已成為現代人不可或缺的溝通工具；我們也可以利用 Line 傳遞、溝通及聯繫相關訊息，掌握溝通的時效，發揮即時溝通的功能。

 # 四、依回饋的作用區分

（一）單向溝通

　　單向溝通係指，送訊者將訊息傳送給收訊者，但送訊者沒有追蹤的行動，收訊者也沒有給予回饋的機會（繆敏志，1991；Hoy & Miskel, 1996）。所以，單向溝通只是單向的傳達訊息，其模式如圖 8-5 所示，例如：教育行政主管對部屬宣布政策或下達命令，或主任對教師宣布決定事項，即屬之。然而，由於收訊者對訊息的理解與感受，常常與送訊者的本意有所出入，加上送訊者沒有回饋線索，無法了解收訊者的反應，並對收訊者做解釋與澄清，使得溝通的效果降低，甚至產生消極性的影響。因此嚴格說來，單向溝通並不是真正的溝通，它只是傳達訊息而已，無法在送訊者與收訊者間產生對話和互動。不過，單向溝通有其優點，包括：⑴一次溝通可以有很多的收訊者；⑵不會在答問與討論中花費太多的時間。

圖 8-5　單向溝通模式

資料來源：Hoy 與 Miskel（1996, p. 344）

（二）雙向溝通

雙向溝通是指，送訊者將訊息傳送給收訊者，收訊者收到訊息後對它做反應，這種反應稱為回饋，此時雙方角色互換，原來的收訊者變成送訊者，再將訊息傳回給收訊者（原來的送訊者），如此循環互動，直到溝通結束為止（繆敏志，1991；Hoy & Miskel, 1996）。其模式如圖 8-6 所示，例如：教育行政主管與部屬召開協調會議、座談會，或是主任召開教師學年會議等，即屬之。雙向溝通具有回饋作用，故在溝通過程中，送訊者可以隨時得到線索，了解傳送訊息有無被曲解或理解，以便做澄清或補充。雙向溝通具有一些優點，包括：(1)確認資訊的正確性：透過回饋的作用，使溝通訊息較具透明性，有助於了解送訊者的立場與意圖；(2)提升溝通動機：雙向溝通強調訊息的有效傳達，可以激勵送訊者的動機；(3)有助於教育行政決策：在雙向溝通的歷程中，送訊者能獲得較完整的表達，故他們的想法與意見具有提升教育行政決策品質的功能（黃乃熒，1999）；(4)增進收訊者自我滿足感：提供參與機會，激發收訊者投入的程度，使其獲得滿足感（繆敏志，1991）。

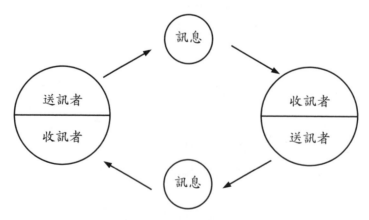

圖 8-6　雙向溝通模式

資料來源：Hoy 與 Miskel（1996, p. 346）

第四節 教育行政溝通的障礙

有效的溝通可以促使組織順利地達成目標,然而在訊息傳遞的過程中,因送訊者與收訊者之間的溝通意識、觀念、行為或媒介等因素,可能會影響雙方的溝通,而形成溝通的障礙。為了提升溝通的成效,對於影響溝通成效的障礙或因素確實有必要加以了解。因此,有許多組織溝通和教育行政學者曾對此一問題加以探討,例如:謝文全(2012)認為,溝通的障礙包含:語文上的障礙、知覺上的障礙、心理上的障礙、地位上的障礙、地理上的障礙、資訊上的障礙、時間及壓力的障礙、溝通管道的障礙;Lunenburg 與 Ornstein(2000)認為,影響溝通的障礙因素有:參考基準、過濾作用、組織結構、訊息負荷量過大、地位差異等。統合學者(吳清山,2014;秦夢群,2011;黃宗顯,2008;萬新知,1998;謝文全,2012;Hanson, 1996; Lunenburg & Ornstein, 2000; Robbins, 2001)的觀點,筆者歸納出十三項影響教育行政溝通的障礙或因素,茲說明如下。

一、參考基準

溝通雙方的價值觀念不同,則參考基準亦無法一致。由於學習、文化及經驗的不同,人們對相同的訊息會有不同的理解。假如送訊者與收訊者的參考基準相同,亦即對訊息的編碼與解碼相同,溝通可能會有效;但假如參考基準不同,溝通可能會受到曲解。主管與部屬、科長與科員、校長與教師等,這些群體都有獨特的經驗與特質,各自扮演不同的角色,他們可能因為參考基準的不同而產生溝通的障礙,例如:校長與教師在溝通學校教學設備需求時,校長會以全校的整體發展與需求為考量點,但教師則是以個別的需求做考量。

二、過濾作用

　　過濾作用係指，送訊者將訊息從某一層級傳送至另一層級時，操縱所傳遞的資訊。過濾作用通常發生在向上或向下溝通的情境裡。在向下溝通時，送訊者或收訊者由於學習、文化及經驗的差異，可能在編碼或解碼時，無意地過濾訊息；另外，送訊者可能認為部分訊息不需要讓收訊者了解，於是有意地過濾訊息，因此造成原始訊息的意義遭到扭曲。在向上溝通時，那些企圖向上流動的送訊者，特別容易過濾訊息，例如：部屬為求升遷，在傳遞訊息給主管時，會將訊息重新組合或選擇部分訊息，以有利於自己的立場或投主管之所好；至於對主管缺乏信任與安全感的部屬，對主管亦會過濾或保留傳遞的訊息。上述這些過濾作用都會造成溝通的障礙。

 三、組織結構

　　組織結構也會影響溝通的品質。高結構的組織係指組織裡有許多權威的層級體系，一般而言，溝通的效率會隨著權威層級體系的增加而降低，例如：訊息傳遞的行政層級愈多，訊息愈容易受到改變、濃縮、修改或誤解，甚至無法傳送到收訊者手上。在高結構的組織裡，個人在自己層級或與同事的溝通會比較多、比較好，但向上或向下溝通時則較差且容易受到扭曲。在扁平結構的組織裡，由於下層到上層之間的層級體系較少，故容易獲得訊息，主管與部屬間的溝通亦較佳，但其缺點就是行政主管的訊息負荷量過大，這些都會形成溝通的障礙。黃宗顯（2008）也指出，組織層級愈多，訊息傳遞的過程愈容易產生訊息受到扭曲或原意變質的情形，尤以口頭訊息傳遞最容易產生。組織層級愈多，若未能強化面對面直接溝通和確認的作為，則容易因為層級的阻隔，下情不能上達，或上意無法有效下達的情況便容易產生。

四、地位差異

組織成員因地位差異所引發的權力、利益問題，會造成溝通時的過濾作用。在上行溝通中，由於下層的人為討好上層的人，所以容易產生傳達好訊息、隱藏壞訊息的現象，導致奉承長官或蒙蔽真相的情況。同時，下層者所提的意見，常常不像上層者所提的意見受到尊重與認真處理，甚至可能被上層者有意無意地認為是對其職位的一種冒犯，或對其優越智慧的一種挑戰。在組織體系中，下行的意見亦容易被扭曲，上層者的一句話常被下層者大作文章或奉為圭臬，致使其意見與原意有所出入，這些都會形成溝通的障礙。此外，不同地位的溝通者也可能因為權威或恐懼權威的心理狀態，使得溝通無法客觀、理性的進行。

 ## 五、訊息負荷量過大

在一個外在環境急遽變動、傳播科技進步、重視專業與追求資訊的時代裡，行政人員經常超載負荷著比他們能有效運用與處理的訊息。收訊者接受訊息與處理訊息的能力有限，組織成員在面臨各部門及外界蜂擁而至的訊息時，將造成訊息負荷量過大，而降低處理訊息的能力。雖然收訊者對訊息可以選擇，但是當訊息太多又複雜時，收訊者可能無法吸收訊息或是適當地對其做反應。

 ## 六、選擇性知覺

在溝通過程中，收訊者基於他們的需求、動機、經驗、背景及個人的特質，會選擇性的「看」或「聽」。在接受、認知及解釋符號時，他們也會把自己感興趣或所期待的加諸在訊息上面，選擇其認為最重要或對其最有利的訊息。因此，對訊息完整的溝通效果便產生了障礙。另外，在溝通歷程中，

也可能出現因送訊者的外表或其他表現而產生「印象類推」和「月暈」效果的問題，以致影響對溝通事實的了解。

 ## 七、使用的語言

　　相同的文字對不同的人可能具有不同的意義。個人的年齡、教育程度與文化背景，會影響我們對語言的使用及對文字的定義，例如：一般而言，一位在大學任教的教授所使用之語言，顯然會不同於一個國小畢業在速食店工作的員工所使用之語言。事實上，後者（速食店員工）對於教授所使用的語彙，在理解上可能會有困難。當然，語言理解上的困難是來自雙方。送訊者與收訊者的年齡、教育程度與文化背景不同，使用的語言及其對語言的解釋、理解也會不同，因此容易造成溝通的障礙。另外，語意表達上的問題、專業上的術語或團體內的行話，一般人聽起來可能會無法了解其意義，這也會影響溝通的有效性，例如：教育行政人員在與一般家長溝通時，若使用「教育優先區」一詞，家長可能無法了解其意義，以致影響溝通的效果。

 ## 八、個人情緒

　　收訊者在接受訊息時的心理狀況，會影響其對訊息的理解。相同的訊息，當在生氣或高興的時候收到，其感受上是不同的。極端的情緒，如歡欣或沮喪時，最容易干擾有效溝通，因為在這些情況下，我們對訊息容易做情緒化的判斷，而忽略理性、客觀的思考。

 ## 九、防衛性溝通氣氛

　　氣氛會影響成員的心理狀態以及對事物的知覺。在溝通管道封閉、缺乏雙向溝通及彼此信賴度低的組織中，將形成防衛性的溝通氣氛，使組織成員對溝通的意願降低，溝通的效果因而也將大打折扣。

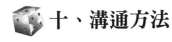 十、溝通方法

溝通方法的選擇與應用不妥當，也會形成溝通的障礙，例如：內容龐雜的多元入學政策，若僅以口頭說明，學校成員或家長聽了可能會遺漏部分重要內容，而無法掌握其全貌，故說明時有必要提供書面資料，甚至配合圖表和影像等加以說明。另外，原本當事者應該面對面溝通的問題，卻交由第三者代為溝通，結果可能因為傳達訊息變質的關係，而造成誤解或扭曲原意，這些都會造成溝通的障礙。

十一、地理空間

組織過於龐大，若組織部門分散於不同地區，成員之間互動機會少，關係淡薄，不容易建立彼此情感或信任關係；遇有問題，也不易召集大家進行面對面溝通；開會時，場所廣闊，參與溝通的雙方相隔距離拉遠，不容易產生互動。此外，場所太大，聲音容易擴散或產生回音，容易發生聽不清楚或看不清視訊溝通內容的情形。這些都會造成溝通的障礙。

十二、時間壓力

教育行政人員在處理行政事務時，有時由於時間緊迫，來不及召集相關人員溝通問題，或者由於時間有限，雙方不能暢所欲言、充分表達想法，或者由於時間討論不足，無法充分交換意見和訊息，以致影響對問題的了解或無法提出妥善的因應方式，這些都會影響溝通的成效。

十三、傳聞

傳聞是指，經由非正式的人際溝通管道傳遞不實或未經定案之訊息。由於人類富好奇心，當訊息缺乏正確性時，人們想要分享的動機和需求反而會

特別強烈。雖然傳聞有時可做為資訊的回饋，但它常有捕風捉影、言過其實的情形，故容易造成溝通的障礙。

第五節　教育行政溝通的原則

　　溝通存在於組織中，組織成員透過溝通可以相互了解、集思廣益、建立共識，進而達成預定的目標，故溝通乃是組織生存發展之所需。溝通是構成行政運作的要素，亦為維繫行政功能的動力，是傳遞資訊的歷程，也是建立共識的方法（瞿立鶴，1992）。溝通不單純是問題的解決，透過有效的溝通還可以增進相互了解、促進情感、激勵士氣、提高信心、增進知能，以及為下一次溝通建立良好的關係等功效（黃宗顯，2008）。學者從不同的角度思考，提出教育行政溝通的原則（吳清山，2014；林逸青，2013；林新發，1995；秦夢群，2011；黃乃熒，1999；黃宗顯，2008；黃昆輝，2002；楊振昇，2002；謝文全，1993；謝文全，2012）。儘管未盡一致，但溝通的基本向度和原則，則為多數學者所共同關注，例如：掌握溝通時機、暢通溝通管道、善用溝通媒介、注意訊息表達，以及個人語氣態度等皆是，綜合上述學者觀點，筆者提出十二項教育行政溝通的原則，茲分別說明如下。

一、平時奠定良好的溝通基礎

　　溝通是實力的延伸，實力是有效溝通的最重要基礎。要達成有效的溝通，平時就要奠定良好的溝通基礎，其具體的作法包含：⑴平時就要了解成員的個性與需要，同時建立良好的互動關係；⑵適時聽取成員意見，適度尊重採納，避免累積造成更大的歧見；⑶努力進德修業，累積權威及應變能力；⑷爭取表現機會或敢於接受組織交待的工作，磨練溝通能力；⑸體認溝通之重要性，培養樂於溝通的意願；⑹培養同理心，建立設身處地的溝通基

礎；(7)提供成員在職進修，吸收新觀念，以利溝通之進行（謝文全，2012）。行政領導者平時如能真誠待人、設身處地為人著想、主動和善與人互動、努力進德修業，必能建立良好的人際關係；有了良好的人際關係，在進行溝通時，自然容易順暢、沒有障礙。

 ## 二、妥善準備、適時追蹤

　　溝通是一個複雜的過程，涉及許多要素，因此在溝通前，對於所要溝通的議題或內容等，應充分了解與準備，同時考量與思索相關的因應對策，對於溝通過程中可能的障礙，如過濾作用、地位差異、專業用語等，應思考如何避免或克服。在溝通進行中，對於對方可能的反應，也應有所預估並預謀相關對策，以便當在溝通過程中遇到問題時，能快速有效因應。另外，溝通的問題如果是涉及法令或者已有明文規定的事項，則溝通的進行與問題解決，必須符合相關法令規定。如果溝通事項在法令上沒有明文規定，而組織過去已經建立相關的傳統成規，在溝通時應該加以考量。萬一組織中的成規有不合時宜之處，則可透過會議和公開討論的正當性程序，加以修正或調整（黃宗顯，2008）。在溝通後，很多訊息是要去執行的，因此在溝通結束後仍然需要進行追蹤，在追蹤執行的過程中，應對執行者提供必要的協助和鼓勵，同時對溝通過的訊息不斷檢討改善，以提升其正當性與可行性（謝文全，2012）。唯有適時追蹤執行情形，才能發揮溝通的功能，達成溝通的目的。

三、掌握溝通的時效與時機

　　為了提升溝通的效果，溝通者應掌握訊息內容的時效與溝通的時機。在進行溝通時，掌握溝通訊息內容的時效性，即所謂的「打鐵趁熱」，此時收訊者對溝通的訊息內容記憶猶新，可以避免受到干擾或遺忘，因此有助於溝通效果的達成（楊振昇，2002）。選擇適當的溝通時機是很重要的，時機不

對，常會弄巧成拙；通常在問題初露端倪時，就要進行處理，如果等到事態嚴重時再來溝通，那就困難了。溝通的時機，應把握下列要點，包含：(1)評估溝通時機的合宜性：如儘量避免在主管心情不好時，討論其可能不贊同的事項；(2)把握允許溝通的時間：對於急迫性的問題，應盡速在可用的時間內進行必要的溝通；對於爭議較大、看法較不一致的問題，若時間許可，不妨留些時間，多做幾次溝通，以達成「事緩則圓」的效果；(3)適時掌握溝通歷程中的脈絡機會：掌握時機詢問不了解的事項、澄清誤解、指出疑點、補充說明不足之處等（黃宗顯，2008）。

此外，收訊者的心理狀況也會影響其對訊息的理解，造成溝通的障礙。因此，當對方情緒不佳、工作繁忙、時間匆促、身體微恙時，難免會有情緒性的言詞或是非理性的反應，此時便不適合進行溝通；如果勉強進行，可能無法達到溝通的效果，應該等待時機成熟時，再與對方進行溝通。

四、充分運用多種溝通媒介

溝通媒介是指訊息的符號與傳達訊息的工具，透過多種溝通媒介傳達訊息，可以增進收訊者對訊息的接收與了解。組織在溝通時，應該兼採語文與非語文的溝通，而在運用語言溝通時，應該適度地配合身體語言溝通，如透過身體的動作、眼神、臉部表情、手勢、音調等，增強訊息的意義；採用多種傳達工具，透過面對面溝通（如會議、座談、面談、研商等）、電話溝通、資訊網路溝通（如E-mail、Line、Facebook等），使收訊者動用各種感覺器官，如聽覺、視覺、觸覺等來接受訊息，增進收訊者對訊息的接收與了解，提升溝通的效果，例如：教育部推動十二年國民基本教育時，除了辦理座談會、說明會，也可運用報章雜誌、宣導手冊、電視廣告、資訊網路等傳遞相關訊息，讓社會大眾對其理念、精神、目標與實施策略有基本的認識，如此才有助於十二年國民基本教育的推動。又如：有些溝通內容繁複的問

題，單靠口語並不容易表達清楚，此時溝通者可選擇書面文字和圖表輔助的方式，協助溝通。另外，運用 Line 或 Facebook 傳遞或分享訊息，可掌握溝通的即時性，是現代人不可或缺的溝通方式。

五、重視雙向溝通

　　雙向溝通具有回饋的作用，在此過程中，送訊者可以隨時得到線索，了解訊息是否被曲解，同時衡量所送訊息的效果，以及訊息是否需要修正或補充。在溝通過程中，透過雙向溝通才能確認溝通訊息是否被對方了解與接受，也只有透過雙向溝通，才能使收訊者有參與感，進而產生預期的影響力。組織溝通應重視雙向溝通，提供回饋的機會，使送訊者與收訊者能夠彼此了解訊息的意義，如此溝通才能發揮功效。面談、座談、意見箱、問卷調查等，都是創造雙向溝通的有效途徑，例如：教育部在推動教育改革方案時，透過全國分區座談，邀請不同的學者、專家、行政人員、教師、家長代表等參與，即在透過雙向溝通的方式，了解大家對教改方案的看法，尋求建立共識，俾有利於教改的推動。

六、兼採正式與非正式溝通

　　為暢通溝通管道，提高溝通的效果，組織應兼採正式與非正式溝通。正式溝通依其權威層級體系可以分為下行、上行與平行溝通。下行溝通可使上情下達，上行溝通可使下情上達，平行溝通則可協調各單位及人員，使其行動協調一致，共赴目標。因此，組織中應充分運用下行、上行與平行溝通，以期建立共識，達成組織的目標。然而，正式溝通較缺乏彈性，易使溝通流於遲緩。因此，組織應重視與加強非正式的溝通，透過聚餐、宴會、聯誼、閒談、意見領袖等，傳遞訊息，活絡組織訊息的流通。為暢通溝通管道，組織可以設置意見箱，讓組織成員或顧客提供建言或意見；或是設置布告欄，

公布相關訊息；定期舉辦座談會，提供彼此溝通互動的機會。另外，會議的提案問題，如果涉及爭議性，為了避免會議時可能產生衝突，或因討論冗長可能影響其他議程，可由提案單位或主事人員，針對所涉及的相關人員進行私下的意見徵詢或協商，以增進對問題的了解或建立一些可能的共識。

 ## 七、發送訊息要適合收訊者的知識水準

溝通要獲得效果，則訊息的內容應適合收訊者的知識水準。一般而言，知識水準較高的人，溝通時可採用「兩面俱陳」的方式，將所要傳送的訊息做背景、緣由的說明、利弊得失的分析，以及正反兩面的比較，使收訊者有較完整的訊息可供參考，進而做客觀理性的權衡。對於知識水準較低的人，可採「單面陳述」的方式，直接將訊息做正面的說明、優點的陳述，使收訊者能了解訊息的意義與目的，並做回應（黃昆輝，2002）。教育行政人員由於教育程度較高，因此在進行溝通時，宜採用兩面俱陳的方式；對於知識水準較低或對教育較陌生的社會大眾，宜採用單面陳述的方式，例如：教育行政機關在宣導新課程改革政策時，應以淺近易懂的訊息，直接說明課程改革後的正面效果，使社會大眾對課程改革有所了解，進而得到他們的認同與支持。

 ## 八、傳達的訊息具有說服力

在溝通的過程中，傳達的訊息會影響送訊者與收訊者之間的互動。如果訊息具有說服力，則收訊者才能了解與接受，同時達成溝通的目的。因此，組織溝通的訊息應具有說服力。訊息要具有說服力，基本上至少應符合下列條件，包括：(1)符合組織及收訊者的需要與能力：訊息的內容對組織有利，也符合收訊者的需要，則對收訊者愈有說服力；(2)合乎情理法：每個社會都有其價值體系，這些價值體系是個人判斷是否接受某項事物的參考架構；因

此，如果外來的訊息符合收訊者所持的價值或情理法，對收訊者就具有說服力；(3)具體並有例證：訊息具體可行，如有付諸實施且成功的例子，則說服力就更強；(4)組織化並具一致性：訊息要適當的組織，才能條理分明，說服他人；訊息要具一致性，合乎邏輯，才不會抵消其說服力；(5)把理由包括在訊息內：訊息附具的理由愈多、愈明確合理，則對人就愈具有說服力（謝文全，2012）。

 ## 九、善用言詞維護對方尊嚴

人都有尊榮感的需求，希望受到他人的尊重，以維持自己的尊嚴與價值。尊重溝通者在於尊重對方的人性尊嚴、人格與價值；尊重的具體表現，將有助於溝通關係的建立，增進對方的自我開放，進而達成溝通的目的。溝通的雙方是平等關係，上級機關或上司應該放棄權威的心態，不宜「官大學問大」、「倚老賣老」或「歧視他人」，以致影響訊息的交流；在溝通過程中，要以同理心進行溝通互動，重視他人的感覺、情緒與想法。另外，在進行溝通時，應隨時注意對方的人格，絕不可輕易傷害到對方的尊嚴，否則雙方撕破臉，溝通可能就無法進行下去。在溝通進行時，最容易傷害對方尊嚴的時候，就是在批評對方意見或提出異議的那一刻，此時溝通者應特別謹慎。溝通者可以運用一些技巧，避免傷及對方的自尊，這些技巧包括：(1)先誇獎對方正確的論點，或肯定對方有價值的意見；(2)主動為對方找個台階下；(3)將對方的錯誤歸罪係因自己缺失造成的，但以不傷害到自己為限；(4)以對方曾經表示過的有利論點，做為批評對方的依據；(5)論事不論人，而且所論的範圍應愈小愈好；(6)引用有權威性的名人論點，讓對方較不以為忤；(7)儘量不要在眾目睽睽之下批評對方，必要時可以透過私下或非正式的途徑；(8)透過德高望重的人士提出批評或異議（謝文全，1997）。

十、語氣態度溫和誠懇

　　傳達訊息的語氣與態度會影響溝通的效果，因此溝通者在傳達訊息時，語氣應溫和委婉，態度要誠懇自然，同時以一種平和理智、他人能夠接受的方式來表達。溝通時的態度應該要：(1)誠實地對待對方：讓對方在真誠自然的態度中體會到你的善意；(2)不採敵對的態度：心裡不高興時，能妥切處理內心的感受，以緩和的口氣向對方表示，不可嘲笑、羞辱對方，以免斷送溝通的機會（王柏壽，1996）。要讓對方接納，除了語氣溫和、態度誠懇外，同時要善用非語言溝通，例如：運用身體的動作、眼神、微笑、面部表情、音調等，增進溝通的效果。口語與非口語的表達訊息應該一致，展現溝通的真誠性，例如：當用口語稱讚對方時，臉上的動作表情也宜表現出專注與欣賞的樣子。另外，溝通者也可善用導引原則，順著收訊者所懷的動機和態度，漸次加以導引，使之朝著送訊者所期望的方向發展（黃昆輝，2002）。如果溝通的訊息能夠配合收訊者的價值與需求，將可導引其思路，使其容易接受訊息，達成溝通的目的。而運用導引原則的重點，包括：(1)應了解收訊者的自我評價：自我評價高的人對其判斷和意見有信心；自我評價低的人對自己沒信心，常會有某些明顯的防衛；(2)應了解收訊者的人格特質：權威人格者會注意送訊者的權威性，非權威人格者較注意溝通訊息的內容；(3)應了解收訊者的需要（繆敏志，1991）。

 十一、運用方法妥善處理僵局

　　在溝通協調過程中，如果遇到僵局，必須適當的處理，才能克服障礙，達成溝通的目的。解決僵局的根本辦法在於分析其形成原因，對症下藥，找出合宜的對策和方法。在未提出治本的解決方法之前，可視情境需要，採取下列方式因應，包含：(1)暫時中止溝通，等雙方情緒冷靜後，再另定時間進

行；⑵停止討論引起爭論的論點，改談原則，等原則取得共識之後，再來討論爭論的論點；⑶在過程中，有時讚揚對方有關的成就；⑷如果原來採用單面陳述的策略，可改用雙面具陳的策略；⑸引用權威者的觀點，來說明或支持自己的論點；⑹拿出事實或證據，來證明自己的論點，以獲得對方的心服；⑺透過雙方都尊敬的第三者，代為溝通；⑻適度讓步，並請對方提出解決方案（謝文全，1993）。

 ## 十二、適時提供正確訊息

任何組織都難免有謠言的發生與流傳，謠言訊息通常缺乏正確性，而且常有捕風捉影、言過其實的情形，因此容易形成溝通的障礙。然而，要徹底防止謠言幾乎不可能，最實際的作法，即設法減少謠言對教育行政工作的消極影響。防止謠言的發生與流傳，最好的作法就是適時提供正確的訊息，透過提供正確的訊息，可以讓組織成員或社會大眾有正確判斷的基礎，藉以了解真相。從心理角度來看，謠言即表示對某種事情的結果想要得到有關的訊息，如果能夠提供訊息，其心理的需求也可以獲得滿足（黃昆輝，2002），如此將有助於防止謠言的流傳。

第六節　教育行政溝通的應用──集體協商

集體協商是組織溝通中的另一種型式，在現代教育行政溝通中經常被應用來建立組織團體間的共識，或解決彼此的問題或爭執。所謂集體協商，就是組織系統的代表與組織內或組織外某特定團體的代表，就其相互關心的事務、工作條件、福利與薪資、權利與義務等，透過公開討論、談判與協商，藉以達成共識或解決問題，並做成書面協商資料，做為雙方共同信守的規範與原則，例如：教育部與教師會代表針對教師授課時數與實施教師評鑑進行

溝通與協調，或是教育部與家長代表針對不適任教師處理方式的溝通與協調，這些都屬於集體協商。

集體協商的歷程是一個複雜的活動，從協商前的準備到契約的達成與執行，這中間需要透過各種程序與策略，才能順利達成預期的目標。集體協商運作的歷程主要包括：⑴集體協商前的計畫和準備；⑵集體協商小組代表的決定；⑶集體協商的策略；⑷集體協商陷入僵局的處理方式；⑸雙方達成協議；⑹雙方依約定執行（涂慶隆，1999；Webb, Montello, & Norton, 1994），其說明如下。

一、集體協商前的計畫和準備

周詳的計畫和準備，將有助於在協商中順利達成所要求的目標，並爭取到最大的利益。所以，無論是工會或組織，雙方都應做協商前的計畫與準備，包括：⑴蒐集有關資訊和必要的資料，以供做決定和成本分析的參考：在集體協商之前，雙方都必須蒐集資料、評估資料，俾在協商時可供發言之參考和佐證；⑵決定協商的目標：以做為協商活動的基礎，以及提供整個協商過程的方針；⑶建立引導協商的基本規則：包括小組的代表性、會議時間和地點、會議議程、會議型式、會議紀錄，以及程序上的考慮等；⑷決定協商的範圍：包括相互關心的課題，如薪資、工作條件、額外責任等；⑸僵局時的處理方式：萬一雙方協商陷入僵局時，應該如何處理，宜事先有所準備（Webb et al., 1994）。

二、集體協商小組代表的決定

工會或組織本身都希望在協商桌上能順利達成他們的要求與預期目標，而雙方的協商小組在整個協商進行過程中，扮演著協商成敗與否的關鍵角色。在教育機構中，協商小組通常可由教育行政主管、人事主管、行政人員

代表、教師會代表或教師代表等組成，這些代表可透過選舉產生。一般而言，雙方協商小組代表的人數可視實際需要而定，但大多為三至五人。在選擇協商小組代表時，必須考量人員的下列因素，包括：⑴時間：是否有足夠的時間參與協商活動？⑵性情：性情是否穩定？⑶毅力：是否經得起這種繁瑣的工作？⑷專業知識：是否具有集體協商的專業知識？⑸能力：是否有能力參與協商的工作（Webb et al., 1994）？

 ## 三、集體協商的策略

協商的目的在於達成協議，因此決定適當的協商策略，對於達成協議是相當重要的。在協商的過程中，雙方必然選擇有利於實現各自目標的策略。一般而言，協商的方法可分為分配性協商與合作性協商：分配性協商是一種「我贏你輸」的解決方式，每一方都十分看重自己的目標，而且與另一方的目標直接對立；然而，資源是固定有限的，各方都想在資源分配中使自己獲得最多，在多數情況下，協商是失敗的。合作性協商在本質上是尋求一個或更多的解決方案，以創造出「雙贏」的結果；在這種情況下，雙方需要願意去理解對方的立場，相互信任，在解決方案時著重在實現雙方所選擇的目標，以達到對雙方都有利的協議（Robbins, 1998）。因此，雙方在運用策略時，應該相互取捨與妥協，以發掘共同或互補的利益，在追求雙贏的目標下，化解雙方的歧見與衝突，並建立彼此互信和尊重的關係，這樣協商才能達成協議。

 ## 四、集體協商陷入僵局的處理方式

在集體協商過程中，經常會因為雙方堅持自己的主張，彼此不肯讓步，使得協商陷入僵局。當雙方協商陷入僵局時，可以採取下列的處理方式：⑴調解：雙方邀請中立的第三者出面調解，調解者只是扮演顧問或建議的角

色,其目的乃在避免協商惡化,打破彼此堅持不妥協的僵局;(2)事實調查:在雙方的同意之下,邀請中立的個人或事實調查小組進行調查並提出報告,以了解爭議問題的事實真相;(3)仲裁:當調解、事實調查均無法化解僵局時,仲裁可能就是最後的手段,此時雙方宜邀請仲裁者給予仲裁(Webster, 1985)。

 ## 五、雙方達成協議

當雙方已經就各種問題獲致共同的看法時,要將協商的結果內容用文字呈現,做成書面紀錄或簽訂契約,這些紀錄或契約必須經過雙方共同的確認,以免將來發生不必要的爭議。

 ## 六、雙方依約定執行

當雙方達成協議後,接著即是依書面紀錄或契約執行。契約的執行一般包括:(1)契約的溝通:協商達成協議後,應儘速讓每一位成員充分了解契約的內容;(2)契約的評估:評估契約的優缺點、執行時可能遭遇的困難與問題,以及可能造成的影響等;(3)契約的執行與申訴程序:執行契約,同時建立一個合理的申訴制度,讓組織中的個人或團體對契約內容有不滿之處時,均可依法提出申訴(Webb et al., 1994)。

集體協商是溝通的另一種型式與應用,也是民主社會的產物,其目的在透過集體意見的公開討論、談判與協商,達成共識或解決問題。目前在社會大眾關心教育事務,教師團體、家長團體及家長參與校務的潮流趨勢之下,集體協商將是未來教育行政人員建立共識、解決問題或爭執的重要途徑。

關鍵詞彙

・溝通	・非正式溝通	・身體語言溝通
・教育行政溝通	・下行溝通	・資訊網路溝通
・溝通模式	・上行溝通	・單向溝通
・人際互動溝通模式	・平行溝通	・雙向溝通
・雙向溝通模式	・斜行溝通	・過濾作用
・互動溝通模式	・書面溝通	・傳聞
・正式溝通	・語言溝通	・集體協商

自我評量

1. 請說明教育行政溝通的意義與目的。

2. 請簡要說明溝通的歷程與要素。

3. 依溝通的對象來分，溝通包括哪些類型？

4. 你認為雙向溝通有哪些優點？

5. 請列舉八項影響教育行政溝通的障礙或因素。

6. 請列舉八項教育行政溝通的基本原則。

7. 何謂「集體協商」？請簡述其歷程。

個案研究

　　林大勇（化名）是旺旺國小（化名）資深老師，畢業於師範學院。林老師平日教學非常認真，每天總是第一個到校，督導學生早自習，放學後也常常留下來批改作業，全心全意投入教育工作。因此，只要是林老師帶的班級，一向都能獲得大家的好評。平日裡，林老師管理班級毫不馬虎，他耐心而且嚴格地要求每位學生時時刻刻都要循規蹈矩。而大多數的學生在林老師的要求下，成績、品德與行為表現都漸漸精進。

　　學期初，王小華（化名）由他校轉進林老師班級。王小華今年 12 歲，調皮好動，經常不寫作業，上課也常常遲到。不久，他便成為林老師班上最頭痛的人物，而他對林老師的要求也頗感吃不消，一直想再轉學。

　　某天，王小華的功課沒有做完，數學隨堂測驗又不及格，於是林老師要他在午睡時，坐到林老師旁邊的特別座，一方面請他把功課補完，一方面則幫助小華進行補救教學。王小華勉強坐下，心裡卻非常不高興，林老師請他把臉轉過去，王小華硬是不肯，林老師只好用手去挪動他的頭，沒想到他用力把頭一甩，正好被林老師手上的原子筆筆心劃過，於是傷痕就留在臉上。當王小華回家時，王媽媽看見了好不心疼，便問說：「兒子，你是跟誰打架了？」小華回答說：「我不是和別人打架，是被林老師打的。」王媽媽於是決定向學校討回公道。

　　第二天早上，王媽媽氣沖沖地到學校要求校長出面處置，並堅持林老師要公開道歉，否則將採取進一步的行動。

👥 問題討論

1. 溝通時常會因為個人因素，導致訊息傳遞錯誤，在這個故事中，你覺得訊息的錯誤發生在哪裡？為什麼會這樣呢？

2. 從上面的故事敘述中，你覺得林老師是否有疏忽的地方？你覺得他在事件
　發生後應該怎麼做比較好？

3. 如果你是該校的校長，此時你應該怎樣與家長溝通呢？

❧ 參考文獻 ❧

中文部分

王柏壽（1996）。教師如何與學生家長溝通。**教師之友**，37（1），17-23。

吳清山（2014）。**學校行政**（第七版）。臺北市：心理。

吳清基（1999）。**教育與行政**。臺北市：師大書苑。

林逸青（2013）。學校行政溝通。載於吳清基（主編），**教育政策與學校行政**（頁 179-196）。臺北市：五南。

林新發（1995）。**教育與學校行政研究：原理和實務分析**。臺北市：師大書苑。

徐綺穗（1996）。從人際溝通的互動模式探討親師溝通的障礙與對策。**臺南師範學院初等教育學報**，9，207-227。

涂慶隆（1999）。**國民小學學校教師會集體協商功能及其運作歷程之研究**（未出版之碩士論文）。臺北市立師範學院，臺北市。

秦夢群（2011）。**教育行政理論與模式**。臺北市：五南。

張慶勳（1996）。**學校組織行為**。臺北市：五南。

黃乃熒（1999）。教育行政溝通。載於王如哲、林明地、張志明、黃乃熒、楊振昇（合編），**教育行政**（頁 101-125）。高雄市：麗文。

黃宗顯（2008）。教育行政溝通。載於謝文全等人（合著），**教育行政學：理論與案例**（頁 327-362）。臺北市：五南。

黃昆輝（2002）。**教育行政學**（第二版）。臺北市：東華。

楊振昇（2002）。教育行政溝通理論。載於伍振鷟（主編），**教育行政**（頁 115-137）。臺北市：五南。

萬新知（1998）。國民小學校長行政溝通行為、組織溝通氣氛與校長領導效
　　能之關係研究（未出版之碩士論文）。國立臺南師範學院，臺南市。

劉興漢（1985）。領導的理論及其在教育行政上的運用。載於中華民國比較
　　教育學會（主編），教育行政比較研究（頁 389-409）。臺北市：臺灣
　　書局。

鄭進丁（1990）。國民小學校長運用權力策略、行政溝通行為與學校組織氣
　　氛之關係（未出版之博士論文）。國立政治大學，臺北市。

繆敏志（1991）。領導、作決定與溝通。載於（蔡保田主編），學校行政
　　（第三版）（頁 71-138）。高雄市：復文。

謝文全（1993）。學校行政。臺北市：五南。

謝文全（1997）。教育行政：理論與實務（第十二版）。臺北市：文景。

謝文全（2012）。教育行政學（第四版）。臺北市：高等教育。

瞿立鶴（1992）。教育行政。臺北市：國立編譯館。

英文部分

Barnard, C. I. (1968). *The function of the executive* (3rd ed.). Cambridge, MA:
　　Harvard University Press.

DeFleur, M. L., Kearney, P., & Plax, T. G. (1993). *Mastering communication in
　　contemporary America*. Mountain View, CA: Mayfield.

Guthrie, J. W., & Reed, R. J. (1991). *Education administration and policy: Effec-
　　tive leadership for American education* (2nd ed.). Boston, MA: Allyn & Bac-
　　on.

Hanson, E. M. (1996). *Educational administration and organizational behavior*
　　(4th ed.). Boston, MA: Allyn & Bacon.

Harris, T. E. (1993). *Applied organizational communication.* Hillsdale, NJ: Lawrence Erlbaum Associates.

Hoy, W. K., & Miskel, C. G. (1996). *Educational administration: Theory, research, and practice* (5th ed.). New York, NY: McGraw-Hill.

Katz, D., & Kahn, R. L. (1978). *The social psychology of organizations* (2nd ed.). New York, NY: John Wiley & Sons.

Lewis, P. V. (1975). *Organizational communication: The essence of effective management.* Columbus, OH: Grid.

Lunenburg, F. C., & Ornstein, A. C. (2000). *Educational administration-concepts and practices* (3rd ed.). Belmont, CA: Wadsworth/Thomson Learning.

Robbins, S. P. (1991). *Management.* Englewood Cliffs, NJ: Prentice-Hall.

Robbins, S. P. (1998). *Organizational behavior: Concepts-controversies-application* (8th ed.). Upper Saddle River, NJ: Prentice-Hall.

Robbins, S. T. (2001). *Organizational behavior* (9th ed.). Upper Saddle River, NJ: Prentice-Hall.

Webb, L. D., Montello, P. A., & Norton. M. S. (1994). *Human resources administration: Personnel issues and needs in education* (2nd ed.). New York, NY: Macmillan.

Webster, W. G. (1985). *Effective collective bargaining in public education.* Ames, IA: Iowa State University.

教育行政衝突管理

張德銳

1. 能簡述衝突的意義、種類和層次。
2. 能區別傳統的、人群關係的，以及互動的衝突觀點。
3. 能區別功能性和失能性衝突。
4. 能概述衝突的形成原因。
5. 能概述衝突的過程。
6. 能描述衝突的五種解決方式。
7. 能描述衝突解決方式的權變途徑。
8. 能說明衝突的預防策略。
9. 能說明衝突的處理策略。
10. 能說明衝突的引進策略。

■ 摘要 ■

衝突係指個人、團體或組織間,因目標、認知、情緒和行為之不同,而產生矛盾和對立的互動歷程。其種類有四:目標衝突、認知衝突、情緒衝突和行為衝突。

組織衝突的層次,大致可以從其所牽涉的範圍,由小至大,區分為下列六個層次:個人內的衝突、個人間的衝突、團體內的衝突、團體間的衝突、組織內的衝突、組織間的衝突。

衝突哲學觀點的演進,可以分為三個時期:傳統的觀點認為必須努力避免或消除衝突;人群關係的觀點認為應該接受和處理衝突;互動論的觀點認為可以引進衝突。

衝突的形成原因可以分成三方面:個人人格因素、人際互動因素和組織因素。

組織衝突為一連串的動態過程。每一個衝突「情節」是在前一個情節結束之後才產生的,而其本身結束時所產生的「餘波」,又導致下一個衝突情節的開始。每一個衝突情節可以分為四個階段:(1)挫折階段;(2)認知階段;(3)行為階段;(4)結果階段。

衝突的預防策略,計有培養和諧開放的組織氣氛、預防或消除非正式組織的反功能、暢通溝通管道、避免法令和執行程序的僵化、實施目標管理、釐清各部門工作職權、減少學校次級文化的矛盾現象、對於外部環境的壓力充當「海綿」的角色、避免產生「輸與贏」的現象。

衝突的處理策略,計有建立高層次的目標、擴大組織的資源、重新設計組織的結構、採取拖延戰術、採取安撫方式、採取問題解決的方式。

衝突並不一定都是破壞性的,對於建設性的衝突,教育行政人員不但不必刻意迴避,而且應掌握時機,加以引進。

第一節　教育行政衝突管理的意義

在現代教育組織中，衝突的存在是一個不容否認的事實。由於教育組織的日趨多元化、民主化、專業化和複雜化，所以參與教育運作的成員和團體不但日益增多，而且也比以往更勇於表達自己的價值和觀念，更努力追求自己的目標和利益，因而在表達和追求的過程中，難免和觀念不同、利益不同的成員或團體，產生衝突的火花。

身為一位卓越的教育行政人員，應有能力做好衝突管理的工作。唯教育行政人員在運用衝突管理的策略之前，必須先充分了解衝突的意義和正確診斷衝突的原因和過程。如果沒有充分的了解和正確的診斷，則衝突管理所採行的策略很可能會無效或事倍功半；同樣的，光有了解和診斷而沒有處理策略和執行，其了解和診斷所做的努力很可能會毫無作用、浪費心力。

一、衝突的意義

筆者綜合歸納專家學者的看法（張文雄，1982，頁11；張潤書，1990，頁 277-278；張鐸嚴，1985，頁 11；DuBrin, 1978, p. 253; Hanson, 1991, p. 273; Hellriegel, Slocum, & Woodman, 1989, p. 448; Katz & Kahn, 1978, p. 615; McFarland, 1974, p. 229; Owens, 1987, p. 245; Ranney, 1971, p. 11; Robbins, 1989, p. 367; Steers, 1991, p. 514; Stoner & Freeman, 1989, p. 391），將衝突定義如下：衝突係指個人、團體或組織間，因目標、認知、情緒和行為之不同，而產生矛盾和對立的互動歷程。

上述衝突的定義可以包括下列三個要素：

1. 個人、團體或組織互為敵對者：不論是個人、團體或組織，有了互相對立的敵對者，才能構成衝突，否則只是單方面的作為，並不能構成

衝突。

2. 不一致的目標、認知、情緒和行為：發生衝突的敵對者之間必有其不同的目標、認知、情緒和行為，如果彼此之間並無不一致，則衝突必然無由產生。

3. 因為不一致而肇致矛盾和對立的互動歷程：衝突之產生必然由於敵對者之間的「交互作用」，如果敵對者之間根本沒有接觸的機會，則不會發生衝突。而且此次矛盾和對立的互動結果，必然會影響到下次的互動關係，因此衝突並不是靜態或是最後結果的，而是動態和不斷改變的歷程。

 ## 二、衝突的種類

Steers（1991）指出，衝突的基本種類有四：目標衝突、認知衝突、情緒衝突和行為衝突。目標衝突是指兩個或兩個以上目標或利益的不相容；認知衝突是指意見或觀念的對立；情緒衝突是指興趣不相投或情感上的嫌惡；行為衝突是指衝突當事人表現出對方難以接受的言語、舉止等。在這四種衝突類型當中，可能以情緒衝突和行為衝突較為表象、較容易觀察得到，其他兩種衝突因為較難從表面上觀察得到，所以可能必須從當事人所表現的情緒和行為做為了解的線索。

 ## 三、衝突的層次

組織衝突的層次，大致可以從其所牽涉的範圍，由小至大，區分為下列六個層次。

（一）個人內的衝突

係指由於個人的兩個內在目標或認知狀態之相互敵對而產生的衝突，又

可細分為下列三種：

1. 雙趨衝突（approach-approach conflict）：即「魚與熊掌不可兼得」，例如：張組長同時獲有晉升教務主任和留職停薪進修碩士學位的機會，但只能選擇其一。

2. 雙避衝突（avoidance-avoidance conflict）：即「兩害相權取其輕」，例如：李主任因案必須辭去主任職位或外調其他鄉鎮繼續擔任主任的工作。

3. 趨避衝突（approach-avoidance conflict）：即「既愛之又恨之，欲趨之又避之」的矛盾心理，例如：王主任想參加國中校長甄試但又怕榜上無名，損傷自尊。

（二）個人間的衝突

兩個人之間若擁有不一致的目標、意見、情緒和行為，即可能發生衝突，例如：甲乙兩位老師都想參加某一在職進修活動，然而學校所分配到的名額卻只有一名。

（三）團體內的衝突

是指某一團體內的所有成員或是部分成員之間之對立和矛盾，例如：某校學務主任和生教組長皆認為，為了加強學生紀律工作，應該嚴格管教學生；然而，訓育組長和衛生組長卻認為，提供學生自治和自主的空間，才是提升學生紀律的治本之道。

（四）團體間的衝突

是指團體和團體之間或者部門和部門之間的衝突，例如：張德銳（1990）的一項研究結果指出：臺北市國民中學訓導行政人員抱怨必須處理

因為教務處實施階梯式能力分班而增多的學生違紀行為，而教務行政人員則抱怨訓導處所舉辦的活動干擾了學校的正常教學。

（五）組織內的衝突

是指由於組織結構、組織氣氛和正式權威等關係，而造成學校組織成員間或團體間的矛盾或對立，又可細分為下列四種：

1. 垂直式衝突（vertical conflict）：即主管和部屬之間的衝突，例如：某校校長因為嚴格視導資深教師的教學，而引起資深教師的反彈。

2. 水平式衝突（horizontal conflict）：即在組織體系中同一層次但不同部門之間的衝突，例如：教務主任向總務處抱怨該處購買教具教材的速度太慢，以致於無法及時支援教師的教學。

3. 實作—幕僚的衝突（line-staff conflict）：即學校幕僚部門和實際負責生產作業部門（即教學部門）的衝突，例如：某實驗小學的研究發展部門雖然正在研究推廣某一新式教學法，但是該校的多數教師卻認為該教學法並無法提升教學效果。

4. 角色衝突（role conflict）：即學校成員面臨兩個以上的角色或角色期望時，因不知何所適從而產生的衝突。

（六）組織間的衝突

係指學校組織與另一外部團體或組織的衝突，例如：某一私立國民中小學為了招生人數和招生方式上的限制，而與教育行政主管機關起衝突。

四、衝突的哲學觀點

Robbins（2001）指出，衝突哲學觀點的演進可以分為三個時期。在1940 年代以前，傳統的觀點（traditional view）認為，必須努力避免或消除

衝突，因為衝突具有暴力、破壞性和非理性等特徵。在 1940 年代末期至 1970 年代中期，人群關係的觀點（human relations view）認為，應該接受和處理衝突，因為衝突在任何團體或組織裡，都是自然和無可避免的現象。晚近互動論的觀點（interactionist view）則不僅認為，衝突具有解決問題的正向功能，而且是團體或組織為避免成員心態保守、觀念呆滯，所以必須加以引進的措施。關於互動論的觀點，Thomas（1976）曾有所說明：

> 不一致觀點的對抗，通常可以產生較高品質的觀念。不一致的觀點，很可能基於不同的證據、考慮、洞見和參照架構。由於不一致觀點的對抗能夠迫使當事人考慮先前其所忽視的因素，所以這種對抗有助於當事人就自己和他人的立場，整合出一個較為周延的觀念。（p. 891）

根據互動論的觀點，衝突的價值是中立的，也就是對教育組織而言，衝突可能是利，也可能是弊，其利弊的判定規準是教育組織的目標和績效。凡是有助於達成目標和增進績效的衝突，就是「功能性衝突」（functional conflict）；凡是有礙於目標和績效的衝突，便是「失能性衝突」（dysfunctional conflict）。

衝突是否產生有益或有害的結果，端賴教育行政人員的管理技巧而定。無效能的衝突管理（如圖 9-1 所示），常導致組織成員對衝突採取負向的反應。長期負向反應下來，自然會形成競爭性、威脅性的組織文化，進而形成破壞性的衝突，危害到組織的整體健康。反之，有效能的衝突管理（如圖 9-2 所示），會引導組織成員採取正向的反應，塑造成員間合作性、支持性的組織文化，鼓勵成員善用衝突的生產性途徑，進而提升組織的健康和績效。

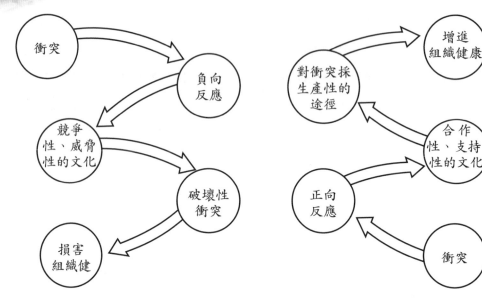

圖 9-1　無效能的衝突管理　　　　　　　圖 9-2　有效能的衝突管理

資料來源：Owens（1987, p.248）　　　　資料來源：Owens（1987, p.249）

　　互動論的管理哲學亦認為：過高或過低程度的衝突，對教育組織的表現都是不宜、有害的；但是，適當程度的衝突則可能不但無害而且有益，如圖9-3所示。過於微弱、稀少的衝突，可能會造成組織的停滯和革新的困難；過於激烈、頻繁的衝突，可能會導致組織的分裂和混亂；而適度的衝突，則可以一方面維持組織的穩定發展，另一方面促進組織的革新、繁榮和進步。

　　唯 Robbins 與 Judge（2013）指出，即使強烈擁護互動論的研究者，亦開始體認到鼓勵衝突所帶來的問題。因此，即使適中程度的衝突對組織的表現是有好處的，但還是宜注意到衝突對於組織信任、尊重及凝聚力的傷害，而應更加關心成功解決衝突的建設性方法，使其負面的影響能被減到最低。

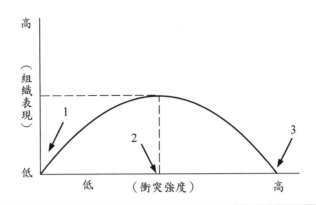

狀況	衝突強度	衝突功能	組織特性	組織表
1	低或無	負功能	・對環境變遷適應緩慢 ・缺乏革新 ・缺乏新觀念 ・冷漠 ・停滯	低
2	適中	正功能	・朝組織目標正確的方向移動 ・革新和變遷 ・追尋問題解決 ・創造力和對環境變遷快速適應	高
3	高	負功能	・分裂 ・對活動的干擾 ・協調困難 ・混亂	低

圖 9-3　衝突強度和組織表現的關係

資料來源：Gibson、Ivancevich 與 Donnelly（1991, p. 300）

第二節　教育行政衝突的原因和過程

 一、衝突的形成原因

　　教育行政衝突的形成原因可以分成三方面：個人人格因素、人際互動因素和組織因素。了解這些因素，有助於進行教育行政衝突的診斷工作。

（一）個人人格因素

　　在個人人格因素方面，張文雄（1982）指出，組織成員在年齡、教育背景、人格需要、理念、價值、政治信仰、宗教信仰等之差距愈大，則衝突的可能性愈高，例如：在學校工作上，由於年齡差距過大，年老的教師常難與年輕的教師相互合作。再者，學校教師和職員因為教育背景不同，有可能造成不同的參照架構（frame of reference），因而對相同事物而有不同的解釋和了解。最後，如果具有權威性人格的上司和具有強烈獨立需要的部屬在一起工作，難免亦有潛在的衝突危機。

（二）人際互動因素

　　在人際互動因素方面，張文雄（1982）指出，非正式組織的反功能以及人際溝通的不良情況是兩個重要因素。誠如謝文全（1989）所言，學校的非正式組織固然有其正功能，但亦可能有下列反功能：(1)造成成員角色衝突，降低其工作效率；(2)傳播謠言，破壞正式組織的凝聚力；(3)互相掩護徇私，腐蝕正式組織運作的合理性；(4)抵制正式組織的革新，降低其對環境的適應力；(5)抹殺成員的創造力，減少其對正式組織的貢獻。此外，學校成員間如果溝通不良，則可能導致彼此之間的誤會，並帶給雙方心理上的隔閡作用。

（三）組織因素

在組織因素方面，綜合歸納專家學者的看法，可分為下列十個因素（林清江，1981；張文雄，1982；Gibson et al., 1991; Owens, 1987; Pondy, 1967; Stoner & Freeman, 1989; Thompson, 1967）：

1. 工作的互依性：兩個成員或團體在執行任務時，如果必須相互依靠對方才能得到協助和情報，則衝突的可能性較高。

2. 法令和程序的僵化：法令和程序本是滿足組織成員之需要，但是因為法令和程序難以完全周密詳盡，再加上執法人員如果過於墨守成規、不知變通，則勢必造成組織成員的個別差異，以及需要無法獲得適當的滿足。如此一來，法令和程序不但不能避免衝突，反而可能變成組織衝突的來源。

3. 目標的不一致：當兩個成員或團體必須在一起工作，但卻無法對工作目標和達成目標的手段產生共識時，便遭遇目標不一致的衝突，例如：雖然某一國中教務主任認為應加強高成就學生的升學準備，可是輔導主任卻認為應加強對低成就學生的補救教學，此時即會有衝突的情況發生。

4. 資源的有限性：當各團體的成員體會到組織人力、財力及設備無法同時滿足各方之需求時，則各團體可能會因為爭取有限的資源而產生衝突，例如：某一大學內的兩個學術研究單位因為爭取同一學術研究經費，而相互批評對方的研究績效。

5. 責任的不明確：由於各部門職掌或管轄範圍分割不清楚，所以如果某部門想要取得更多職掌，或者想要推卸原屬於自身而績效不理想的業務時，勢必會和其他部門產生衝突，例如：國民中學輔導室和學務處在處理問題學生的職掌上，可能仍有些相互重疊的地方，以致於這兩

個處室的行政人員可能會發生「有功則爭，有過則諉」之現象。

6. 酬賞的不公平：如果某一成員或團體認為，他們所得到的報酬、工作任命、工作條件或地位象徵遠低於預期的結果，則因為挫折及憤怒的結果，可能會與負責分配這些利益的主管或與獲得利益者發生衝突，例如：在中小學每年度的教師成績考核之後，總有少數教師因自認為考核結果不公平而和校長起衝突。

7. 權力的不平衡：如果一個成員或團體企圖提高其權力，則很可能因為威脅到另外一個成員或團體的地位而產生衝突，例如：某學校教務處想籌畫成立某一研究中心，但是因為受到校內相關學系的反對而受挫。此外，當一個成員或團體的實際權力和其組織地位不太一致時，也很可能會發生潛在的衝突，例如：某校校長室秘書自恃為校長之「紅人」，而經常和該校教務長、學務長、系主任等一級主管明爭暗鬥。

8. 組織次級文化的矛盾：由於組織體系不斷地專業化和分工，組織內各團體、各部門的人員常經由教育、訓練和經驗之不同，而發展出其各自不同的目標、利益觀點、單位結構、人際關係、語言、規範、時間取向等，也就是自己的組織次級文化（organizational subcultures）。如果這些次級文化彼此不能互相包容，則勢必會產生文化衝突現象，例如：各級學校中的人事、會計人員可能因其所表現的價值觀念和行為型態與教師有所不同，而與教師產生衝突。又如：教師所強調的「專業導向」（professional orientation）和學校行政人員所強調的「科層體制導向」（bureaucratic orientation），也可能會激起衝突的火花。

9. 組織氣氛的不當影響：如果一個組織的氣氛過於保守、封閉，則常會因為壓抑不同的意見，而造成異議分子的強立對抗。反之，如果一個

組織的氣氛過於強調自由競爭，則難免肇使各團體、各成員因為惡性競爭而產生激烈的抗衡。

10.外部環境的壓力：組織是一開放系統（open system），其運作自然會受到外部環境影響，然而如果外部環境的壓力和組織成員的需求和期望背道而馳的話，則外部環境的壓力乃易成為組織衝突的來源之一，例如：在大多數的美國學區裡，地方自主的傳統相當濃烈，如果美國聯邦政府企圖以國會通過的法案（如 1970 年代的《特殊教育法案》）來控制各學區的教育措施，則難免會引起各學區的反彈。

二、衝突的過程

Thomas（1976）曾把組織衝突視為一連串的動態過程，如圖9-4所示。每個衝突「情節」（episode）是在前個情節結束後才產生，而其本身結束時所產生的「餘波」（aftermath），又導致下一個衝突情節的開始。

根據 Thomas（1976）的衝突過程模式，每一個衝突情節可以分為以下四個階段。

（一）挫折階段（frustration）

由於年齡、教育背景、人際溝通不良、非正式組織反功能、工作互依性、法令僵化等因素，致使組織成員和團體在追求其目標和行動時，遭遇挫折，而感到沮喪。如此，便形成組織衝突的前奏階段。

（二）認知階段（conceptualization）

在歷經挫折之後，衝突雙方可能開始意識到衝突的存在。然後，雙方各自就其主觀意識，來界定衝突的本質、對方和己方的籌碼和需求，以及解決衝突的可行方式。

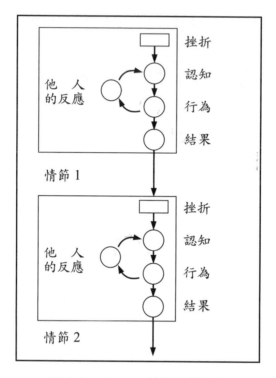

圖 9-4　Thomas 的衝突過程模式

資料來源：Thomas（1976, p. 895）

（三）行為階段（behavior）

在此階段，衝突雙方開始執行其所選擇的衝突解決方式，來控制局面，以達成自己的目標。其解決方式可能係競爭（competing）、合作（collaborating）、妥協（compromising）、逃避（avoiding）或適應（accommodating），其關係如圖 9-5 所示。由圖中可知，這五種方式的選擇，端視衝突雙方堅持己方利益和顧及對方利益的程度而定。

1. 競爭：只顧自己而不考慮對方的反應，是一種「我贏你輸」（win-lose）的競爭局面。

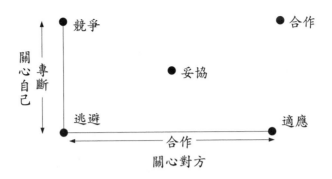

圖 9-5　衝突解決的五種方式

資料來源：Thomas（1976, p. 900）

2. 合作：雙方共同合作，以求雙方皆滿意的反應，是一種「雙方皆贏」
（win-win）的局面。

3. 妥協：彼此退讓，以謀求和平共存的反應，是一種「有輸有贏」
（win-win, lose-lose）的局面。

4. 逃避：不顧自己也不考慮對方的反應，在多數情況下，是一種「雙方
皆輸」（lose-lose）的局面。

5. 適應：不顧自己但滿足對方需求的反應，是一種「我輸你贏」（lose-
win）的局面。

Thomas 認為，各種衝突解決方式有其適用情境。為擴大衝突的有利結
果或減少衝突的不利結果，衝突當事人在決定衝突解決方式時，應採取權變
的途徑。至於各種方式的適用情境，如表 9-1 所示。

其次，在衝突的一方採取某一解決方式之後，其行動勢必引起對方的反
應。當然，雙方的互動和反應會決定衝突的結果，以及衝突是否舒緩或加劇
了原先存有的敵意和裂痕。

表 9-1 衝突解決方式的權變途徑

衝突解決方式	適用情境
競爭	1. 當需要採取快速、果斷的行動,如處理緊急事件。 2. 當需要執行重要但不受人歡迎的決定,如削減成本、強制執行法令和紀律。 3. 當確定此一爭議對組織的福祉至為重要。 4. 可避免對方利用己方的非競爭行為來獲取利益。
合作	1. 為滿足雙方都認為相當重要的需要,所以值得找出一個整合性的解決方案。 2. 當己方的目標是在於學習。 3. 當需要整合雙方不同的觀點。 4. 當需要藉著調和出一致性的利害關係,以獲致雙方對協議的承諾。 5. 當需要獲致雙方良好的工作情緒和關係。
妥協	1. 雖然達成己方目標是重要的,但不值得為此採取更為專斷的解決方式。 2. 當對方具有均等的權力且其所欲達成的目標和己方互不相容。 3. 對於複雜的爭議事件,暫時獲得解決。 4. 在時間壓力下,獲得一個權宜的解決方式。 5. 在合作或競爭不可能時,做為備用的解決方案。
逃避	1. 當爭議事件係微不足道的小事。 2. 當知覺到並無任何機會可以滿足己方需要。 3. 當潛在分裂的損失超過解決爭議所獲得的利益。 4. 想要讓對方冷靜下來後,再謀求解決。 5. 想要在獲得更多資訊後,才來做決定。 6. 當其他人無法更有效地解決衝突。 7. 當所爭議的事件是其他事件的徵候。

表 9-1　衝突解決方式的權變途徑（續）

衝突解決方式	適用情境
適應	1. 當發現對方是對的，而且想要展現己方是講道理的。 2. 當爭議事件對於對方比起己方更為重要，因此想要以滿足對方需要，來維持合作的關係。 3. 為求將來事件的解決，先建立起己方的社交信譽。 4. 為減少居於下風所產生的損失。 5. 當組織的和諧與穩定是非常重要的時候。 6. 允許下屬經由錯誤中學習而發展其工作能力。

資料來源：Thomas（1977, p. 487）

（四）結果階段（outcome）

在此階段，衝突雙方開始各自評估前一階段所產生的效果，亦即衝突能夠滿足己方利益的程度。評估之後，如果仍有一方感到不滿意或是僅止於感到部分的滿意，則不滿意的部分勢必播下來日衝突的種籽；反之，如果雙方都感到滿意，則雙方在未來當有較佳的合作可能。

第三節　教育行政衝突的管理策略

教育行政人員在詳細診斷某一衝突的種類、層次、形成原因和過程之後，必須遵循衝突管理的一個大原則，亦即先研判此一衝突對教育組織之功能是具破壞性或是具建設性，然後予以適當地回應。如果係屬破壞性衝突，則應事先預防或及時處理；如果係屬建設性衝突，則應慎重考慮引進的可能性。

一、衝突的預防策略

「預防勝於治療」，因此對於失能性的潛在衝突，教育行政人員應採取下列策略，來預防其發生或降低其蔓延的範圍。

（一）培養和諧開放的組織氣氛

安排各種正式與非正式的活動，例如：自強活動、讀書會、不定期聚餐等，來增進組織成員間的交流、了解和友誼。此外，應鼓勵組織成員在教學上和其他工作上互相討論與合作，以舒緩組織成員彼此間可能因為年齡、教育背景、人格需要、理念、價值、政治信仰、宗教信仰等不同，所產生的潛在衝突危機。

（二）預防或消除非正式組織的反功能

為避免非正式組織和正式組織之間的要求產生衝突，教育行政人員應注意下列事項：⑴行政措施能兼顧成員需要的滿足；⑵當非正式組織已有產生反功能的跡象時，適時給予警告；⑶遷調或升任非正式組織的領袖；⑷在適當時機以適當藉口拆散非正式組織；⑸以給予非正式組織成員處分或迫其辭職或調職為最後手段（謝文全，1989）。

（三）暢通溝通管道

為減少教育組織成員之間因為溝通不良所產生的誤解和隔閡，教育行政人員應普及溝通管道和增進溝通效果。在普及溝通管道方面，應安排充足的下行、上行、平行、正式、非正式、對內、對外等溝通網絡。在增進溝通效果方面，應注意下列溝通原理的應用：適應知識水準、動之以情、曉之以理、語意明確、因勢利導、互補作用、切合經驗，以及注意時效等（黃昆

輝，1988）。

（四）避免法令和執行程序的僵化

為減少「依法行事」所可能造成的弊病，教育行政人員應避免墨守成規、不知變通；反之，應確實了解教育法令的實質目的與精神所在，然後在不違法的前題下，除了要以積極的作為來超出法定的標準之外，更要以誠懇的服務態度來滿足教育組織成員的個別差異和需求，以促進教育組織的和諧發展。

（五）實施目標管理

黃振球（1990）指出，目標管理（management by objectives）係由各教育行政主管與部屬在一起協商，依據教育組織的大目標，制定共同目標，進而確定彼此成果的責任和進行自我控制、自我評核等工作，藉此激勵組織成員的責任和榮譽感，發揮其工作潛能，而達成組織整體目標的一種管理程序。因此，教育行政人員若能善用目標管理的方法和精神，當能強化組織內部的協調溝通，並使組織各部門不致於因為目標的重複和脫節，而致使衝突事件的不斷發生。

（六）釐清各部門工作職權

為避免權責不明確所產生的衝突，教育行政人員應：(1)對於每一個部門和每一個職位應有一份詳細而清楚的工作說明書（job description）；(2)利用各種溝通管道，讓各部門和各職位的負責人充分理解工作說明書之內容；(3)當某一職位空缺時，即應依工作說明書所載明的職責，選用最恰當的人選；(4)定期邀約相關人員進行對工作說明書的檢討和修正工作，以配合教育組織時空環境變遷的需求（Gorton, 1987）。

（七）減少學校次級文化的矛盾現象

　　為舒緩學校次級文化的衝突現象，教育行政主管應利用行政權力，溝通行政人員、教師和職員三者之間的價值觀念，務使各方人員都能對學校的教育目標、教師的教學任務和所需的支持系統、學生的學習需求等，產生「共識」（林清江，1981）。有了共識之後，應可降低各方人員彼此之間的潛在衝突之可能。

（八）對於外部環境的壓力充當「海綿」的角色

　　對於外部環境的要求，教育行政人員應適度地加以吸納或加以緩衝，以減少外界壓力對教育組織成員的衝擊，例如：如果某些學生家長對教師有不合理要求時，校長應適時地加以抵擋。

（九）避免產生「輸與贏」的現象

　　在衝突事件中，如果衝突雙方一味強調「己方非贏不可，對方一定要輸」的態度，則衝突之後，勢必造成贏的一方志得意滿、輸的一方俟機報仇之餘波。因此，教育行政人員在處理各部門與各成員的衝突時，為能有效預防後續衝突的發生，應要求衝突雙方儘量少採取「你輸我贏」的策略或態度。

二、衝突處理策略

　　當衝突事件發生之後，教育行政人員最好不要：⑴忽視衝突的存在，不予行動；⑵採取秘密處理之手段，企圖瞞天過海；⑶對引起衝突的當事人，給予不當標記或進行人格上的攻擊，例如：將之視為惹事生非者或異端分子（Steers, 1991）。

此外，茲綜合歸納專家學者們（張文雄，1982；張鐸嚴，1985；Gorton, 1987; Hanson, 1991; Hellriegel et al., 1989; Steers, 1991）的看法，提出教育行政人員可考慮採行的衝突處理策略，如下。

（一）建立高層次的目標

如果衝突事件是因為「目標不一致」所引起的，則教育行政人員可以建立一個衝突雙方都可接受的高層次目標，然後要求雙方拋棄彼此之間的差異，共同為較高層次的目標而努力。

（二）擴大組織的資源

如果衝突事件是因為「資源有限性」所引起的，則教育行政人員可以向外界爭取更多的人力、財力和物力資源，來儘量滿足各方之需求，例如：某大學的兩個學術研究單位如果因為學術研究經費的分配不足而互相爭執的話，則校長可以向教育部申請較多的研究經費，來滿足雙方的需求。

（三）重新設計組織的結構

如果衝突事件是因為「工作互依性」所引起的，則可以設計或修正組織的結構來解決衝突，策略如下：

1. 人員的輪調（rotation of members）：人員輪調一方面可消除個人因認知不同所產生的各種誤會，另一方面可增進受輪調成員的經驗和歷練，例如：將教學組長輪調擔任訓育組長，以增進其對學務處工作之任務及困難的了解。

2. 利用連鎖位置（linking pin）：亦即選擇某一衝突雙方皆可信賴且身居雙方要衝的人物，作為居間「連鎖」的位置，以協調整合衝突的雙方，例如：為了減少各學系主任和會計室主任在教學設備預算使用上

的爭執，可以委請總務長充當協調其間的連鎖位置。

3. 建立整合性的部門（integrating department）：在衝突雙方之上，另設一個較高層次的部門來整合雙方的歧見，例如：如果某大學的學生輔導中心和生活輔導組經常在違規學生的個案處理上存有歧見，則應委由全校性的訓育委員會進行意見整合的工作。

4. 以增加庫存來做為緩衝（buffering with inventory）：為減少某一部門對另一部門在某一資源上的依賴，可以增加此一資源的庫存量，來減少衝突發生的可能性，例如：如果教師經常抱怨某些消耗性教學用品的請購時間太久，則可以增加這些用品的庫存量，以減少教師和總務處採購人員之間的衝突。

5. 提供相同資源以減少互相依賴（decoupling by duplication）：對於衝突雙方提供他們彼此所需之各種資源以減少彼此之互相依賴，例如：某大學在每一個教室各設有一套視聽教學設備，以消除以往教師爭用視聽教學設備之窘境。

6. 物理上的隔離（physical separation）：將激烈衝突的雙方先予隔離，待雙方冷靜下來之後，再來解決問題。此外，亦可將有多次衝突紀錄的雙方成員，安排在不同的辦公場所，以減少其互相接觸的機會。

7. 限制互動的機會（limiting interaction）：將兩個因為人格需要或價值理念不同而常起衝突的成員，安排擔任不同的工作任務，以減少其工作上互動的機會，例如：將具有權威性格的教師和具有獨立自主需求的教師，安排在不同的任教年級。

（四）採取拖延戰術（procrastination）

如果發覺衝突雙方有冷靜下來的必要，或者察覺衝突事件不但棘手且短時間內不易處理好，或者預知情勢的發展會使衝突事件自然舒緩下來，則可

以考慮暫時採取拖延戰術。唯教育行政人員必須切記：拖延戰術只是權宜之計而已，它並未深入問題本源來謀求解決，一旦衝突再爆發，很可能會更為嚴重。

（五）採取安撫方式（smoothing）

以理性的說服或情感的影響，一方面強調衝突雙方共同的利益，另一方面安撫雙方不滿的情緒，以企圖降低雙方尖銳的對立。唯「安撫」和「拖延戰術」一樣，都只是一種短暫的緩和策略，如果要謀求徹底解決衝突，實有賴衝突雙方採取面對面共同解決問題的方式。

（六）採取問題解決的方式（problem solving）

此種方式是衝突處理的最佳方式。此種方式的運作，通常是在第三者（很可能是教育行政人員）的協助下，讓衝突雙方坦誠溝通，然後綜合雙方的意見，尋求雙方都有利，也就是「雙方皆贏」（win-win）的解決方法。其具體步驟詳細說明如下（Gorton, 1987）：

1. 早期發現、早期治療：對於一個潛在或微小的衝突，應及時發現、及時處理，否則時日一久，很可能會演變成一個無法處理的重大衝突事件。

2. 診斷衝突和獲取信任：首先應蒐集衝突爭論的主題、癥結所在、形成原因等背景。其次，應以客觀、無私的態度，以及良好的人際關係技巧，來贏取雙方的接受和信賴。最後，為避免雙方見面時情緒的升高，應以教育行政人員和單獨一方會談的方式，穿梭於衝突雙方之間。會談時除了應努力了解雙方的看法之外，應鼓勵雙方對於對方採取較為正向的態度。當然，對於雙方在會談時所使用的尖酸刻薄言詞，則不必予以理會。

3. 發現衝突的有關事實：對於衝突雙方所陳述的意見和觀點，應利用多種方法和多種管道，加以驗證其是否屬實。如果屬實，則應協助其向對方溝通；如果缺乏事實根據，則應加以澄清。然後，藉著衝突雙方對事實的了解，可逐步減少其不一致的觀點和增進其相互一致的觀點。

4. 發展一個整合性的解決方案：鼓勵雙方坐在一起，共同以開放的心胸和彈性的態度，思考出一個能符合雙方目標和利益的解決方案。

5. 發展妥協的基礎：假如上述的整合性解決方案實在無法獲得，則教育行政人員可能有必要要求雙方各讓一步，也就是進行妥協工作。妥協要能成功，有賴於教育行政人員能說服雙方接受：⑴除妥協之外，別無其他更好的選擇；⑵妥協並不代表懦弱，更不是一件不光榮的事；⑶己方的目標和利益固然要追求，但是對方的立場和觀點亦應顧及。

6. 鼓勵雙方發展並接受妥協方案：在妥協的過程中，可先由任何一方發展出一個妥協方案；如果對方不接受，則可以提出「對立方案」（counterproposal）。不管是妥協方案或是對立方案，其提案者應多顧及對方的立場、觀點和需求。最後，在教育行政人員的居間協調下，希望能夠產生某一雙方都能夠接受的妥協方案。

7. 付諸仲裁：如果上述步驟仍然無法解決衝突，則可能必須付諸仲裁。仲裁者可能是衝突雙方的共同上司或是外部專業團體。無論仲裁的結果如何，衝突雙方都必須接受。至於仲裁的途徑，可能有下列三種：

　⑴訴諸職位權威：由衝突雙方的直屬上司，依其權威、知識和智慧來處理衝突，例如：如果教學組長和註冊組長發生衝突，則宜由教務主任來做仲裁。

　⑵訴諸較高權威：如果衝突雙方認為他們的直屬上司無法公平合理地處理時，他們有權利向更高層的上司申訴，例如：教學組長可以向

校長請求仲裁。

(3)訴諸外部仲裁者：由外部的專家學者或專業團體來對成員的申訴做公正的裁判，例如：一位被解聘的國中教師可以向教師申訴評議委員會申訴，請求仲裁。

為求公正地協助衝突雙方解決衝突，根據美國「爭執解決專業人員協會」（The Society of Professionals in Dispute Resolution，簡稱 SPIDR）的要求，擔任協助衝突解決的專業人員必須遵守下列倫理信條：(1)不偏私（impartiality）；(2)公開解決程序（informed consent）；(3)確保隱私權（confidentiality）；(4)避免「利益衝突」（conflict of interest）；(5)迅速處理（promptness）；(6)顧及衝突解決結果（the settlement and its consequences）（Hellriegel et al., 1989, pp. 467-468）。

三、衝突引進策略

衝突並不一定都是破壞性的，也可能具有迫使當事人解決問題、促使團體一致對外，以及刺激組織革新等功能。對於此種建設性的衝突，教育行政人員不但不必刻意迴避，而且應掌握時機，加以引進。是故 March 與 Simon（1958, p. 131）便曾說：「衝突不但不足懼、不足畏，而且可愛。如果從領導者的立場而言，衝突乃是獲取內部控制的主要工具。」

Gorton 與 Snowden（1993）認為，如果教育組織某一部門或成員的表現不但有嚴重缺失，而且沒有改進的意願時，則教育行政人員可以考慮引進衝突。另外，張文雄（1982）也認為在下列五個時機，可以引進衝突：(1)組織中各部門或成員具有高度順應性而缺乏創造力時；(2)組織暮氣沉沉，內部士氣低落時；(3)組織各部門目標未能與組織總體目標相配合時；(4)組織結構未能適應外在環境的變動時；(5)組織各部門間失去制衡作用而呈現不平衡狀態時。至於在每個時機引進衝突的具體作法，說明如下。

1. 當組織成員的表現嚴重不佳且不願改進時，可以先行採用其他不致引起衝突的方法，來協助其改進。唯有在其他方式失敗後，為了確保組織的績效，可以採取衝突對抗的方式，例如：對於一位教法不當、教室管理失控的教師，校長可以用委婉規勸、同儕輔導、在職進修等方式，協助其改善之；但是在經過一段時間的協助之後，如果該名教師仍然執意不改或者改進情形非常有限，則校長可能必須以壯士斷腕的心情，冷靜地告知其受解聘的可能性。

2. 如果組織各部門、各成員具有高度順應性而缺乏創造力時，為了刺激組織革新的活力，則可以考慮採取下列手段：

   ⑴利用實質上或精神上的獎勵競爭措施，例如：校內優良教師、模範職員、模範工友，以及自治小市長的選拔等，來促進各部門、各成員的良性競爭。

   ⑵聘用具有不同背景、觀念、價值、風格的組織新成員，以增進組織的異質性，例如：歐美各著名大學在有教師職位空缺時，往往以外校畢業生為優先考慮。

   ⑶升任具有創新觀念且能包容不同意見的成員擔任各部門領導者，以激勵各部門成員求新求變，不斷革新。

   ⑷在解決問題時，將負責解決問體的團體成員分成兩組。由各組成員分別就其所提出的對立方案，進行辯護和質疑。然後，決策者再就兩個對立方案的利弊得失，做一個較佳的抉擇，以避免團體決策時所發生的「團體思考」（groupthink）弊病。

   ⑸在團體做決策時，指定一個成員或一個小組來專門扮演批評者的角色。在團體有任何提案時，由這一個成員或小組，針對提案的弱點及實施問題等，進行嚴屬的批判，以確保每個提案的可行性。

3. 當組織內部士氣低落時，可以強調外部敵人，以一致對外的競爭方

式,來增進內部的團結和士氣,例如:在當前國內師範教育多元化的趨勢下,各教育大學實可以採取和普通大學競爭的策略,來提高師生的工作士氣和教學品質。

4. 如果組織各部門目標未能配合總體目標,則應藉適當的時機,召集相關部門的負責人進行檢討、修正工作,例如:如果某校某一學年度的發展重點之一係要增強學生利用圖書館的能力,但是教務處和學務處卻缺乏相關配合活動,則此時校長可以藉視導圖書館的機會,和教務長及學務長共同檢討缺失。

5. 在組織結構未能適應外在環境的變動時,可以藉組織結構的改變來調適之,例如:國內各教育大學的教育研究所,應逐步分化為教育行政研究所、課程與教學研究所等,一方面因應國內教育工作的專業化趨勢,另一方面更可以加強各研究領域之間的良性競爭和互動。

6. 如果組織各部門間失去均衡作用,則應適度加強弱勢部門的力量,以求取各部門的良性制衡和競爭,例如:我國中小學一向過於強調各基本學科的教學,以致於各藝能科的教學相對地受忽視,今後為促進各科教學的均衡發展,可能有必要強化藝能科的師資陣容和課程內容。

「水可載舟,亦可覆舟」,引進衝突猶如刀刃之兩面,稍一不慎,可能會傷及自身。是故,教育行政人員在引進衝突時,務必慎重,尤其應特別留心下列三點:第一,不要在同一時間應付多個衝突,以免樹敵過多或力量分散;第二,在引進衝突之前,應事先預防衝突所可能帶來的各種負面效果;第三,在引進過程中,保持彈性,隨時依情況之實際變化而應變,使衝突維持在一個可控制的範圍之內(張文雄,1982;Gorton, 1987)。

 關鍵詞彙

- 衝突
- 衝突過程模式
- 衝突引進
- 功能性衝突
- 衝突預防
- 失能性衝突
- 衝突處理

 自我評量

1. 試定義衝突的意義，並說明其種類和層次。

2. 說明衝突的三種觀點，並加以討論與比較。

3. 功能性衝突與失能性衝突的差異何在？什麼因素決定了衝突的功能性？

4. 在什麼情況下，衝突可能對團體有利？

5. 衝突過程模式的要素如何？請舉一例說明衝突的四個階段如何運作？

6. 學校領導者應如何預防衝突？請舉一實例說明之。

7. 學校領導者應如何處理衝突？請舉一實例說明之。

8. 學校領導者應如何引進衝突？請舉一實例說明之。

合唱團風波

　　星光國小（化名）是一所位於臺灣南部的國民小學，成立的時間雖只有二十年，但由於老師的教學認真，學生在課業的學習上卓然有成，深獲地方家長的肯定。此外，令全校師生及地方家長所興奮的是，在去年，學校合唱團一鳴驚人地獲得全縣合唱比賽第一名，這對這個只有數萬人口的小鎮而言，實在是一個很值得慶賀的榮譽。

　　方念慈（化名）是位教學認真負責的音樂老師，歷年來皆負責校內合唱團的訓練工作。今年開學時，她向學務主任表示倦勤之意，希望能換別的老師來訓練，讓別人也有機會磨鍊，但另一位音樂老師以她沒有經驗，以及願意全力協助為由，而不願接受此項重責大任；而另一名藝能科老師雖然認同音樂社團的重要性及方老師的辛苦，但也愛莫能助。後來，只好勞駕校長親自為方老師加油打氣，勸她不要給自己太大的壓力，更不要在乎合唱比賽的名次。在校長的力勸下，方老師終於點頭答應繼續負責合唱團的訓練工作。

　　平時方老師都是利用早上七點四十分開始練合唱，練到八點五十分結束，讓學生回到原來班級上第一節課。但是，因為合唱教室有放冷氣，門必須關上，所以聽不見鐘聲響，因此常常到了八點五十分還不知結束，往往第一節課已上了十五分鐘，學生們才一個一個陸續回到教室，造成級任導師頗為不便，大家都有微詞，但因體諒方老師的用心和辛苦，大家便一再忍耐。有一天，六年甲班的王老師在辦公室一邊改作業一邊與五年級的老師們閒聊，談話中，提到了她班上每一天的第一節課都沒辦法好好上。這一番話傳到了方老師的耳中，方老師非常不高興，便通知合唱團學生，即日起無限期停止一切練習，直到學校找到一位新的合唱團指導老師為止。於是，校內合

唱團便停擺了！

　　學校的學務主任知道了此一事件，非常著急，便急著找教務主任解決問題，沒想到教務主任還沒聽完他的說明，便冷冷地回答：「教學第一，社團活動其次，你自己看著辦吧！」

問題討論

1. 在星光國小，有哪些非正式團體？形成的原因為何？
2. 星光國小存在哪些衝突？你會如何有效預防和處理？
3. 如果你是校長，你會同意方老師的再度請辭嗎？為什麼？
4. 請舉一個你所知道的衝突實例，並說明該項衝突對你的啟示。

：參考文獻：

中文部分

林清江（1981）。**教育社會學新論**。臺北市：五南。

張文雄（1982）。**組織衝突之研究**（未出版之碩士論文）。國立政治大學，臺北市。

張德銳（1990）。臺北市國民中學行政人員所經歷的角色衝突與角色不明確之研究。**新竹師院學報**，4，61-89。

張潤書（1990）。**行政學**。臺北市：三民。

張鐸嚴（1985）。**國民小學教師與行政人員間衝突管理之研究**（未出版之碩士論文）。國立臺灣師範大學，臺北市。

黃昆輝（1988）。**教育行政學**。臺北市：東華。

黃振球（1990）。**學校管理與績效**。臺北市：師大書苑。

謝文全（1989）。**教育行政：理論與實務**。臺北市：文景。

英文部分

DuBrin, A. J. (1978). *Fundamentals of organizational behavior: An applied perspective*. New York, NY: Pergamon.

Gibson, J. L., Ivancevich, J. M., & Donnelly, J. H. (1991). *Organizations*. Boston, MA: IRWIN.

Gorton, R. A. (1987). *School leadership and administration* (3rd ed.). Dubuque, IO: Wm. C. Brown.

Gorton, R. A., & Snowden, P. E. (1993). *School leadership and administration: Important concepts, case studies and simulations* (4th ed.). Madison, WI: Brown & Benchmark.

Hanson, E. M. (1991). *Educational administration and organizational behavior* (3rd ed.). Boston, MA: Allyn & Bacon.

Hellriegel, D., Slocum, J. W., & Woodman, R. W. (1989). *Organizational behavior* (5th ed.). New York, NY: West Publishing Company.

Katz, D., & Kahn, R. L. (1978). *The social psychology of organizations* (2nd ed.). New York, NY: John Wiley & Sons.

March, J. C., & Simon, H. (1958). *Organizations*. New York, NY: John Wiley & Sons..

McFarland, D. E. (1974). *Management: Principles and practices* (4th ed.). New York, NY: Macmillan.

Owens, R. G. (1987). *Organizational behavior in education* (3rd ed.). Englewood Cliffs, NJ: Prentice-Hall.

Pondy, L. R. (1967). Organizational conflict: Concepts and models. *Administrative Science Quarterly, 12*(2), 296-320.

Ranney, A. (1971). *Governing: A brief introduction to political science*. New York, NY: Holt, Rinehart, & Winston.

Robbins, S. P. (1989). *Organizational behavior: Concepts, controversies, and applications* (4th ed.). Englewood Cliffs, NJ: Prentice-Hall.

Robbins, S. P. (2001). *Organizational behavior* (9th ed.). Englewood Cliffs, NJ: Prentice-Hall.

Robbins, S. P., & Judge, T. A. (2013). *Organizational behavior* (14th ed.). Boston, MA: Pearson.

Steers, R. M. (1991). *Organizational behavior* (4th ed.). New York, NY: Harper-Collins.

Stoner, J. A., & Freeman, R. E. (1989). *Management* (4th ed.). Englewood Cliffs, NJ: Prentice-Hall.

Thomas, K. W. (1976). Conflict and conflict management. In M. D. Dunnette (Ed.), *Handbook of industrial and organizational psychology* (pp. 651-717). Chicago, IL: Rand McNally & Company.

Thomas, K. W. (1977). Toward multidimensional values in teaching: The example of conflict behaviors. *Academy of Management Review, 2*, 487.

Thompson, J. (1967). *Organizations in action*. New York, NY: McGraw-Hill.

教育行政視導

湯志民

1. 探討教育行政視導的基本理念。
2. 認識教育行政視導的組織現況與人員角色。
3. 分析教育行政視導的問題與改進策略。
4. 掌握學校控案問題並了解控案調查技巧。
5. 學習運用教育行政視導的理念與查案技巧。

■ 摘要 ■

　　教育行政視導是教育行政人員根據教育政策，藉觀察、評鑑與輔導，提供學校協助與指導，以促進教育效率和教育質量提升之歷程。

　　教育行政視導的目的主要在改善整個學校的教育情境，包括：教師專業知能、課程教材、教學方法、學校建築與設備、學校經費、人事行政和社區關係等。

　　以內容方式而言，教育行政視導可分為：行政視導、教學視導。以分工方式而言，教育視導可分為：分區視導、分級視導、分類視導、分科視導。以視導人數而言，教育視導可分為：個別視導、團體視導。

　　教育行政視導的原則，可分為專業化、組織化、民主化、科學化、均衡化等五項來說明。教育行政視導的方法，依其歷程可概分為計畫、視察、指導和報告。

　　我國的教育行政視導組織，主要為教育部、教育部國民及學前教育署、直轄市教育局，以及各縣市教育處之督學室。

　　教育行政視導人員的角色主要有：領導者、協調者、指導者、激勵者、研究者和評鑑者等七種。其職權主要有：糾正權、調閱權、變更權、召集權、檢查試驗權、輔導權、獎懲建議權、緊急處理權等。

　　教育行政視導人員在視導學校時最常出現的問題，可分為教學問題和行政問題二大類。其視導形象、組織、員額、方法及培訓上，仍有許多待改進之處。

　　學校控案問題有一定程度的複雜性，可從陳情問題、陳情方式、陳情來源、陳情人士和陳情型態等五方面了解。控案調查技巧可從案情研判、調查重點、調查方法和調查報告等四方面加以掌握。

　　各國教改風起雲湧，校園民主化的促進，帶動了一波波的學校革新風潮。教師專業自主權、家長教育選擇權和學生受教權，是新世紀學校教育眾所矚目的關切議題，也牽動著學校教育的革新與發展。有怎樣的視導，就有怎樣的教師和學校，教育行政視導工作承上啟下，位居轉銜樞紐，至為重要。教育行政視導是一門理論與實務兼具的學門，在快速變遷的社會中，視導人員應有的基本理念為何？應扮演何種角色？學校有何視導問題？學校控案日多，督學如何查案？值得一探究竟。

第一節　教育行政視導的基本理念

　　學校課程的設計、教材的組織、教師的進修、教學研究的推展、教學方法的運用、學校建築的興建、學校人事的管理，以及預算經費的分配等，對教師的教學效率和學生的學習效果，均有直接、間接的影響，如何使之協調配合，發揮教育功能，即為教育視導的主要工作。C. A. Wagner 曾謂：「有是視導，乃有是教師」（As is the supervision, so is the teacher.）、「有是視導，乃有是學校」（As is the supervision, so is the school.）（引自劉真，1980），正是對教育視導工作的重要性給予最好的注腳。

一、教育行政視導的意義與目的

　　何謂「教育行政視導」？教育行政視導的「目的」在協助學校提升行政效率、增進教師教學效能，還是改善整個教學情境？以下分別就教育行政視導的意義和目的加以說明。

（一）教育行政視導的意義

　　視導（supervision）係「視察和指導」的簡稱（孫邦正，1984），教育

視導則是「教育的視察指導」（劉真，1980）、「教育視察和輔導」（雷國鼎，1977），或「教育事業的視察與輔導」（朱匯森，1979）的簡稱。所謂「視察」，是根據一定的標準，對教育事業做精密的觀察，以明瞭實際的狀況。舉凡課程安排、教師教學、學生學習、經費支付、校舍設備、財產保管、學校校風和規章儀式、教育工作人員的辦事能力、服務精神等，均應由視導人員詳細審查，以做為獎懲和指導改進的依據。「指導」則係根據視察的結果，做正確的判斷，然後予以被視導者積極的指示或輔導，使之逐漸改進。視察和指導應緊密結合、互相配合，才能使視導發揮功效（湯志民，1988）。

在英文中，supervision 是個複合詞，由 super 與 version 合成的。super 具有「在上」或「超越」（above、over、beyond）之意；version 則是由 video 而來，其意有「察看」（see）的意思。因此，就字義而言，supervision 就是具有由上面往下察看（oversight）的意思（邱錦昌，1991）。視導一詞，各國用語略有不同，美國稱為「supervision」，英、法稱為「inspection」，日本稱為「視學」，我國稱為「視導」，中國大陸則稱之為「督導」（沈衛理，1996；林武，1984；黃崴，1998；蔡炳坤，1995）。

教育行政視導的意義，可從下列學者專家之界定中知其梗概：

1. Good（1973）：視導（supervision）是一種控制功能，評鑑現行的進行中活動，以確保能依計畫和教學一致的實行；也是一種唯一的控制功能，能對執行中的工作直接地領導做修正行動（p. 572）。

2. Shafritz、Koeppe 與 Soper（1988）：視導（supervision）是⑴透過觀察、回饋、晤談和一般的教職員發展活動，協助教師和其他專業教職員得以表現他們的最佳能力；⑵一種教育領導者的角色，藉由督導人員的表現確保服務的品質。學校的視導，可由校長、學區課程專家、中心官員，以及有時候是督學或助理督學進行。視導通常包括教職員

的晤談、僱用和職訓、教職員發展、課程發展、課程和教職員評鑑，以及教材和設備（p. 458）。

3. 呂愛珍（1974）：教育視導係指，教育行政人員根據一定的標準，對教育事業的實施情形，做有效評鑑，進而領導教育工作人員研究教育問題，改進行政設施及教學活動，以提高教育效率的一種行政行為（頁45）。

4. 謝文全（1993）：教育視導（educational supervision）是教育行政的一環，係視導人員基於服務的觀點，有計畫的運用團體合作之歷程，藉視察與輔導來協助被視導者改進其行為，以提高其工作效能，進而增進受教育者（即學生）的學習效果，達成國家的教育目標與理想（頁369）。

5. 張清濱（1994）：教育視導乃是教育行政人員藉由視察與輔導的歷程，督促學校貫徹教育政策與措施，促進校務健全發展，協助教師改進教學，並增進學生的學習，以達成教育目標，提升教育品質（頁11）。

6. 秦夢群（1997）：教育視導是視導者對於教育活動，藉觀察、評鑑、輔導等步驟，提供協助與指導，並與被視導者共同合作改進的歷程（頁331）。

7. 黃崴（1998）：教育督導是由教育督導組織及其成員根據教育的科學理論和國家的教育政策，運用科學的方法和手段，對教育工作進行監督、檢查、評估和指導，期以促進教育效率和教育質量提高的過程（頁3-4）。

綜上所述可知，教育行政視導是教育行政人員根據教育政策，藉觀察、評鑑與輔導，提供學校協助與指導，以促進教育效率和教育質量提升之歷程。此一定義之內涵如下：

1. 視導人員是教育行政人員，包括：教育部、教育局（處）之督學和業務主管行政人員。

2. 視導對象是學校，包括：大學、中學、小學和幼兒園等各級學校。

3. 視導策略是藉觀察、評鑑與輔導，與學校共同合作，提供教育專業協助與指導。

4. 視導目標是促進教育效率和教育質量之提升，包括：督導學校執行教育政策、促進校務健全發展、改善學校環境設施、提升教師教學效能、增進學生學習成效、融合家長社區關係等。

（二）教育行政視導的目的

劉真（1980）引述美國教育學者 Arnold 界定視導的意義，包含三事：即⑴精確之視察；⑵可靠之判斷；⑶審定其判斷而改進教育事業；並據此，特別說明教育視導的目的：「即在根據一定的標準，對一切的教育設施，加以精密的觀察與正確的判斷，然後予被視導者以積極的、適當的指示和輔導，俾教育事業得以不斷的進步」（頁 222）。教育行政視導過去的對象多集中於某一個別教師，教育行政視導工作常侷限於教學參觀、個別教學談話與行政考核，而目前的教育視導工作，為因應社會的變遷，已擴展至整個教學情境。Burton 與 Brueckner 即指出，現代教育視導的目的在於改進整個教學的過程與整個學習的環境，而不僅是要改善教師個人的一切能力而已（引自邱錦昌，1991，頁 25）。黃昆輝（1982）亦指出，視導的目的主要在改善整個教學的情況（the total teaching-learning situation），而不是將視導的焦點集中於某一個別教師。

由此可知，教育行政視導的目的主要在改善整個學校的教育情境，包括：教師專業知能、課程教材、教學方法、學校建築與設備、學校經費、人事行政和社區關係等（湯志民，1988）：

1. 就教師專業知能而言，資深教師經驗豐富，但往往疏於了解教育新知，資淺教師則反之。教育行政視導應鼓勵教師進修，彼此觀摩學習，溝通觀念，交換經驗，以提升教育專業知能。

2. 就課程教材而言，正式課程（the formal curriculum）、潛在課程（the hidden curriculum）和空白課程（the blank curriculum）的設計和善用，教科書的選購和活用，教材的編製和資料的蒐集，均有助於教學和提升學習效果，教育視導應協助學校和教師善加推廣。

3. 就教學方法而言，教育視導應協助教師了解現代教學革新的趨向，能運用前導架構、改變教學方法、善用資訊媒體、強化後設認知、培養思考技巧、變換教學情境，以及活化教學評量之教學革新策略（湯志民，1993）。

4. 就學校建築與設備而言，視導人員可依據「形式跟隨功能」（form fellows function）的原則協助學校，使校地的運用、校舍的設計、校園的規劃、運動場的配置，以及附屬設施的設置，能建構出良好的教育情境（湯志民，2000；Castaldi, 1994）。

5. 就學校經費而言，教育視導人員應指導學校在運用經費時，當以「學校之所需，且用途之最廣」為前提，以「用費之最少，而功效之最大」為準則，以「經費之所能負擔」為權衡（黃昆輝，1982），方能紓解學校經費之不足及運用之不當。

6. 就人事行政而言，教育視導工作應協助學校建立與維持良好的組織氣氛，和諧的人事關係，以提振教育士氣，發揮現代學習型組織（the learning organization）的功能（參見 Senge, 1990）。

7. 就社區關係而言，學校為社區的中心及精神堡壘，教育視導工作應協助學校建立與社區的動態和諧關係，運用社會資源，俾利學校行政業務推展，豐碩課程內涵，增進教學效率。

二、教育行政視導的範圍與類型

教育行政視導是指督學對學校的視導？教育行政機關對學校的視導？教育行政機關對教育組織的視導？還是……？以下先說明教育行政視導的範圍，再就教育行政視導的類型加以分析。

（一）教育行政視導的範圍

教育視導因其主體（即視導人員）與客體（即被視導者）範圍之變化而不太相同，較常見的教育視導有下列五種範圍（如表 10-1 所示），茲略述如下（謝文全，1993）：

1. 教育視導是指督學對學校的視導，這是最狹義的看法。

2. 教育視導是教育行政機關對學校的視導，即教育視導人員並不限於督學，凡是教育行政機關的成員〔如部長、局（處）長、科長、課長等〕視導學校，即屬教育視導。

3. 教育視導是教育行政機關與非教育行政機關對學校的視導，即視導的主體，並不限於教育行政機關的人員，同時包括非教育行政機關的有關人員，如各教育大學的教育輔導人員、其他學者專家或教師本身的同事等。

表 10-1　教育視導的五種範圍

視導主體＼視導客體	學校	教育組織
督學	1	
教育行政機關	2	4
教育行政機關與非教育行政機關	3	5

資料來源：謝文全（1993，頁 372）

4. 教育視導是教育行政機關對教育組織的視導，即視導的主體是教育行政機關的成員，如部長、局（處）長、督學或其他人員；而視導的客體則包括所有的教育組織成員，即包括學校及教育行政機關本身的人員。據此定義，則教育部、局（處）視導各級學校、社教機關及縣、市教育局，即屬教育視導；也就是說，教育行政機關各級主管對所屬成員的視導（如教育部長視導部內司長），也屬教育視導。

5. 教育視導是教育行政機關及非教育行政機關對教育組織的視導，即視導客體是整個教育組織（包括學校及教育行政機關本身），而視導主體則包括教育行政機關與非教育行政機關（如教育大學或其他有關機關）兩者，這是最廣義的教育視導。

謝文全（1993）進一步指出，在以上五種範圍中，前三種是屬於一般人心目中的教育視導，而後二種則是屬於一般人心目中的教育領導。林明美、簡茂發（1996）亦指出，目前討論教育視導，多係指教育行政單位對學校及教育機構之視導；狹義的說，是指督學對學校的視導。本章關於教育行政視導的論述，即以第二種範圍（教育行政機關對學校的視導）為範疇，並以第一種範圍（督學對學校的視導）為主體。

（二）教育行政視導的類型

教育行政視導依視導內容、分工方式和視導人數可分為許多不同的類型，茲分述如下。

1. 以視導內容而言

教育行政視導可分為：⑴行政視導（administrative supervision）；⑵教學視導（instructional supervision）。「行政視導」係以學校的行政（或教師教學以外）事務為主要視導範圍，國內的視導工作大都偏向行政視導（邱錦

昌等人，1998；楊振昇，1999），例如：視導督學到學校視導，主要在了解學校的行事計畫、規章制度、行政運作、組織氣氛、經費運用，視察學校的建築和環境設備，參與學校的慶典活動，關切教育政策的推展和執行，協助解決行政問題，有效促進社區關係等。「教學視導」是視導人員對教學所做的觀察、分析、輔導與改進的歷程，藉以提升教學的效果（李珀，2000，頁6），也是有視導權能者對教學所做的觀察、分析、輔導與改進的歷程，藉以提升教學的效果（謝文全，1999，頁 2），更是視導人員與教師一起工作，以協助教師改進教學，增進教學效果的一種活動（呂木琳，1998，頁13）。

教學視導最主要的目的在於幫助教師自我成長，以期達到提升教師專業水準之目標，並藉此系統之實施來提升教學品質，使每一個受教的學生都能有更好的學習環境及學習成果。教學視導的運作過程分為：⑴準備階段——步驟 1：完成視導教師之遴聘；步驟 2：視導教師在職訓練；步驟 3：召開教學視導之說明會；⑵教室觀察階段——步驟 4：教師完成自我評鑑；步驟5：前視導會議；步驟 6：由視導教師進行教室觀察；步驟 7：視導資料分析；步驟 8：準備成長計畫；⑶成長階段——步驟 9：實施成長（改進）的實際作為；步驟 10：召開受視導會議，如預定改進之教學行為仍未改變，則再回到步驟 5（李珀，1998）。

教學視導模式有許多種，例如：臨床視導（clinical supervision）、同儕視導（peer or collegial supervision）、情境視導（contextual supervision）、協同視導（collaborative supervision），以及發展性視導（developmental supervision）等（呂木琳，1998；張清濱，1996）；近幾年，還有學校本位教學視導（張德銳、李俊達，1999）之推展，更豐富了教學視導的範疇。

2. 以分工方式而言

　　教育視導可分為：⑴分區視導；⑵分級視導；⑶分類視導；⑷分科視導。「分區視導」即劃定視導區，每一視導區由指定的視導人員負責，例如：臺北市教育局督學以二個行政區為視導區，教育部國民及學前教育署督學以縣（市）為視導區，縣市教育處督學則以一個（或數個）鄉鎮市為視導區。「分級視導」則是以各級政府之視導權責區分，例如：教育部、直轄市教育局、縣市教育處分別視導其所屬的國立、市立、縣立各級學校。「分類視導」依教育性質區分，例如：分為行政和教學，或分為學校教育和社會教育，或分為普通教育、職業教育和師範教育，或依教務、學務和總務區分，每類均由具有該方面專長的視導人員負責。「分科視導」係依課程科目來區分，例如：英文、數學、自然、社會、體育、音樂、美勞等，每科分由具專長之視導人員負責。美、英、法、日普遍施行分科、分類或分級視導（吳培源，1999；林武，1984；邱錦昌等人，1998），國內直轄市和縣市教育局（處）督學在視導學校時以分區視導為主，分科輔導為輔（由督學協助一至二個學科的國民教育輔導團工作）。

3. 以視導人數而言

　　教育視導可分為：⑴個別視導；⑵團體視導。「個別視導」係指視導督學個人到學校視導，例如：直轄市教育局和縣市教育處平常視導學校，即由該視導區督學到校視導。「團體視導」係指一位以上的視導督學到學校視導，例如：教育部督學視導所屬學校時，皆由數位督學一起到學校視導。英國以往的皇家督學（Her Majesty's Inspection）對受政府補助的學校約每七年要舉行完全視導（full inspection）一次，對私立學校約每十年舉行完全視導一次，即是由具不同專長的視導人員組成，以集體視導（team inspection）方式行之。英國在 1992 年通過的《教育法案》（Education Act 1992），將

教育視導單位之地位加以提升，亦即將皇家督學自教育科學部獨立出來，於 1993 年另設置教育標準署（Office for Standard in Education）（邱錦昌，2001a），其視導對象只限於中等以下學校，視導方式由註冊督學（registered inspector）向教育標準署申請組成三至十六位左右的視導團隊（inspection team）到校視導，視導團隊中至少有一位外行視導人員（lay inspector），以收「旁觀者清」之效（吳培源，1999；謝文全，1999）。

 ## 三、教育行政視導的原則與方法

教育行政視導要有良好的績效，需有學養俱豐的視導人員協助學校解決相關問題。當然，教育行政視導工作有其專業性，教育行政視導的原則與方法，值得了解與探討。

（一）教育行政視導的原則

教育行政視導的原則，筆者參考教育部國民及學前教育署（2017）以及學者專家（李祖壽，1979；孫邦正，1984；張清濱，1994；雷國鼎，1977；謝文全，1993）之見解，可整理為專業化、組織化、民主化、科學化、均衡化等五項，茲分述如下。

1. 專業化

教育行政視導工作應由受過專業訓練的人擔任，而教育行政視導人員應具有專門的知識技能，了解學校的組織結構，熟悉課程、教學、教材、評鑑、法令規章和學校建築的理論與實際，而且要有敏銳的觀察力、善於溝通、經常進修研究、不斷充實學識經驗，並有良好的查案技巧，方足以擔當視導的重任。

2. 組織化

教育行政視導工作非一人一事可以竟其功，應有健全的視導組織，系統井然。其要點如下：(1)設置視導機關專司其責；(2)視導員額要適量，使每位視導人員的視導幅度（span of supervision）不致太小或過大；(3)實施視導分工：視導工作內容繁雜，種類不一，實非一人所能兼籌並顧，實施分工愈專，視導愈精；(4)相互協調：分工之下需相互協調聯繫，以收連絡統一之效。

3. 民主化

教育行政視導人員在執行視導工作時，應注意：(1)尊重被視導者的人格尊嚴；(2)具有開放理念，察納雅言，廣開言路，彼此溝通，一視同仁；(3)尊重學校自主管理；(4)對所有學校、教師或教育人員給予均等的視導機會；(5)視導的結果應告知被視導者，如有異議應准其申復，相互探討；(6)視導後應與被視導者共同研擬改進方案，而非僅做單方面的指示。

4. 科學化

教育行政視導工作應重科學的精神、態度與方法，以求客觀、精確、有效。因此應注意：(1)視導要有計畫，以便按部就班依序達成視導的預期目標；(2)視導要專業分工，以發揮系統化的功效；(3)採用科學化的方法和技術，如問卷調查、訪問、觀察、行動研究、田野調查、文件分析、檔案夾資料分析等，來蒐集與分析學校行政和教學資料；(4)視導應有科學的新工具，如視導資料以電腦建檔以利查詢，視導人員應配備專屬行動電話，以增加視導機動性及處理校園緊急事件之聯繫。

5. 均衡化

即視察與指導應均衡並重。視導包括「視察」與「指導」，視察以明實況、定獎懲，以做為改進的參考依據；指導則在糾正錯誤、補救缺點、協助解決困難、督促推行政令，使教育事業日新又新。教育行政視導人員常有走馬看花，「視」而不「導」或「導」而不「視」之情形；視而不「導」毫無效果，導而不「視」難中時弊，二者均非所宜，有效的視導應二者兼重，才能切中時弊、發揮功效。此外，行政視導和教學視導亦應兼顧，重行政而輕教學，學校效能之提升難見績效。

（二）教育行政視導的方法

孫邦正（1984）提出教育視導的方法，包括：視察、調查、考核、指導和報告。劉真（1980）將教育視導實施的歷程分為計畫、視察、調查、考核、指示、輔導、記載和報告等八個工作。據此，將教育行政視導的方法，依其歷程可概分為計畫、視察、指導和報告，茲分別說明如下。

1. 計畫（planning）

視導工作的範圍甚廣，事前應有周密的計畫，其項目包括：決定視導的目的、列舉視導的項目、釐訂視導的標準、設計視導的方法、安排視導的行程、準備需要的工具和資料等。完整的計畫要符合具體、量化、可行、合理，以及具時間性（specific, measurable, attainable, reasonable, time-table，簡稱SMART）的特性（陳倬民，1990）。簡易的視導計畫，可自繪雙向表，縱軸以被視導學校為單位，橫軸以教務、學務、總務、輔導、人事、會計、教學研究、家長和社區為項目，表中空格填入視導時間（預訂或已實施），並依實需記載之視導對象和要項。視導人員第一次到學校，宜運用開學之際（或之前），先禮貌性拜會（視導工作可下次再來），並從新設學校、校長

新任學校及易（或曾）發生問題之學校先視導。

2. 視察（overseeing）

　　視察的作用，在考核教育法令的實際推行，明瞭教育事業的內容，查考教育人員學行器識及工作績效。視察時，應注意：⑴在視察時間上，根據邱錦昌等人（1998）之研究，督學到校視導，每次視導時間以「半天」為宜，其次為「二小時」及「一整天」；⑵在視察次數上，每位督學到視導區學校例行視導，最好是「一學期兩次」（邱錦昌等人，1998）；⑶在視察態度上，應謙和有禮，具民主素養，重溝通協調，著整潔服裝，顯大方儀態，視人以正眼，忌高視闊步，戒盛氣凌人，不吹毛求疵；⑷在視察技術上，要運用最短的時間獲取最完整而詳實客觀的資料，運用第一時間力促化解問題於無形。

3. 指導（directing）

　　視察之後應繼之以指導，妥善的地方予以獎勵，錯誤的地方應指導其研究改進。指導時，應注意：⑴善用「揚善於公堂，諉過於私室」的原則；⑵注意被視導者的人格特質，指導方式或直接或間接，或暗示或明示，可酌情兼用；⑶口頭指導應利用機會求其自然，書面指示須避免重形式而少內容之官樣文章；⑷不以指謫為限，而須有積極可行的建議，其建議之意見或方法應有法令或學理上的充分依據；⑸指導說明應深入淺出，條理清晰，抓住重點；⑹指導須以教育事業為對象，對事不對人，讓被視導者受到充分尊重；⑺以問題解決為導向，重視組織和諧氣氛；⑻指導應有良好的溝通互動，並讓被視導者能充分陳述說明；⑼遇重大、緊急或有時效性事件，應即赴現場，給予建議，協助解決。

4. 報告（reporting）

視導時應將重要的事實伺機隨手記載，以做為填寫視導報告的參考。記載方法有文字、數字和符號三種，運用時以明確簡便為要，並注意記載內容應涵蓋視導計畫中的各項要點。視導完畢，應根據記載將視察所見結果和建議，向被視導者、教育行政機關及有關人員，做口頭或書面的報告；報告內容至少包括：⑴視導重點；⑵優缺點分析；⑶改進建議等三項。報告內容以文字敘述者宜用篇章式，數字較多者宜用表格式，適於列舉者宜用綱要式。遇到緊急事件時，應先向教育行政機關首長做簡要口頭報告，隨即提詳實的書面報告，以利適時因應。

第二節　教育行政視導的組織與人員

俗云：「工欲善其事，必先利其器」，教育視導工作要順利推展，應有完備的教育視導組織和人員來執行，以下就國內之教育行政視導組織的現況及教育行政視導人員的職權加以說明。

 ## 一、教育行政視導組織的現況

我國的教育行政視導組織，主要為教育部、教育部國民及學前教育署、直轄市教育局，以及各縣市教育處之督學室，以下分別加以說明。

（一）教育部的視導組織

從歷史的沿革來看，教育部的視導組織在過去曾有一段相當長的時間有正式編制，例如：1913 年設「視學處」，為我國首次設置之視導行政機關；1926 年設「督學處」，1941 年改「督學室」為「視學室」，1943 年復改為「督學室」；1960 年代迄今，中央視導人員直接隸屬行政首長，並無正式

的組織編制。目前的視導組織，根據 2015 年「教育部編制表」，置督學八人，列簡任第十二職等，並無隸屬特定組織單位。教育部督學視導學校分為定期視導、特殊視導及專案訪查、統合視導；定期視導以每學年度視導一次為原則，特殊視導及專案訪查由部長或次長指派之，視導大專校院和地方教育事務採統合視導方式（邱錦昌等人，1998；秦夢群，1997；教育部，2013；楊振昇，1998）。

（二）教育部國民及學前教育署的視導組織

教育部國民及學前教育署的前身為臺灣省政府教育廳。1942 年，「全國教育視導工作檢討會」議定省市視導組織設「督學室」，置主任一人，由廳長任命，此為省視導工作有正式組織編制構想之濫觴。至 1980 年代，《臺灣省政府教育廳組織法》將督學室納入正式組織編制。依 1997 年「臺灣省政府教育廳職務列等表」所示，督學室置主任一人，為簡任第十職等，督學編制二十一人，為薦任第八至九職等，由教育廳廳長就具符合上述公務人員資歷者加以任用（邱錦昌等人，1998）。1999 年「精省」之後，教育廳改制為教育部中部辦公室，督學室改為第五科，人員遇缺不補，不再補實。2013 年教育部組織改造，教育部中部辦公室升格為教育部國民及學前教育署，設視察室；督學視導所屬學校，係採分區視導方式，以縣市為單位派駐視導督學，通稱為「駐區督學」。由簡任視察五名，擔任分區召集人（並置總召集人），負責行政視導、教學視導或專案視導；且依任務需要遴聘優秀現職或退休教育人員擔任聘任督學，分為：⑴行政督學：協助行政視導、行政運作及校長辦學之輔導；⑵課程督學：協助教學視導、課程規劃及教師教學之輔導。目前主要負責視導的學校，為國立及私立高級中等學校、特殊學校，以及國立大學附屬高級中等以下學校（教育部國民及學前教育署，2017）。

（三）直轄市教育局的視導組織

臺灣目前有六個直轄市，包括：臺北市、新北市、桃園市、臺中市、臺南市、高雄市，茲以臺北市和高雄市為例，簡述其教育局視導組織，以明梗概。

1. 臺北市教育局的視導組織

依《臺北市政府教育局組織規程》（臺北市政府，2014）第3條規定：「本局設下列各科、室，分別掌理各有關事項：……十一、督學室：各級學校與本局所屬社會教育機構之指導考核、策進及參與教育評鑑等事項。」據「臺北市政府教育局編制表」（臺北市政府，2014），督學為薦任職（第八至九職等），編制員額十二人，由教育局長就具符合公務人員資歷者加以任用，督學室為法定單位。督學室置主任一人，為第九職等。督學視導方式分為駐區視導、專題視導和諮詢視導：⑴駐區視導：將各級學校依行政區分為十二視導區，每二區置駐區視導督學一名，採綜合、分項、教學、重點、專案和協同視導等方式；⑵專題視導：擇重要施政重點，由專題視導督學分別負責；⑶諮詢視導：由聘任督學依學校實際需要或會同駐區督學進行諮詢視導；⑷其他：私立幼兒園及補習班則視需要進行專案視導。

駐區視導督學及專題視導督學於視導之後，應將視導內容或建議事項記錄於受視導單位之視導紀錄表內，以做為改進及視導追蹤檢核之依據；並填寫視導週報表，記錄各校配合教育局重要政策之實際執行情形及困難與建議事項，以即時反映學校狀況並與相關業務科室密切聯繫。此外，督學調查案件，應依狀況、把握時效，適時提出報告（臺北市政府教育局，2017a）。

2. 高雄市教育局視導組織

依《高雄市政府教育局組織規程》部分修正條文（高雄市政府，2016）第3條規定：「本局設下列各科、室，分別掌理各有關事項：……十、督學室：各級學校及社會教育機構之督導考核及策進等事項。……。」據「高雄市政府教育局編制表」（高雄市政府，2016），督學為薦任職（第八至九職等），編制員額十三人，由教育局長就具符合公務人員資歷者加以任用。督學室置主任一人，為第九職等。視導人員分為一般督學（包括視導區督學、專案督學）、課程督學和榮譽督學：(1)視導區督學：編制內督學依業務屬性分派為視導區督學，負責行政視導、案件查察、教學視導及其他交辦事項，並擔任國民教育輔導團學習領域之組長，督導學校教學及課程計畫之執行；(2)專案督學：編制內督學依業務屬性分派為專案督學，負責重要教育施政措施之規劃、推廣、執行及管考；(3)課程督學：遴聘具課程專業領導能力之教育人員兼任，協助教學視導及督導國民教育輔導團、學校教學及課程計畫之執行；(4)榮譽督學：遴聘優秀退休教育人員，擔任行政視導、教學視導及辦學經驗之傳承等，並依專長指導國民教育輔導團學習領域、學校教學及課程計畫之執行。視導人員得採實地視察、訪談、檢閱資料、邀集座談或參加學校會議方式進行視導；視導區督學及榮譽督學得進行個別視導或協同視導（高雄市政府教育局，2016）。

（四）各縣市教育處的視導組織

各縣市教育處組織規程，雖有督學的員額編制，但並無督學室的法定組織單位。各縣市教育處督學為薦任職（第七至八職等），編制員額三至十一名，督學視導學校均採分區視導方式，也有縣市教育處以聯合（團體）視導為輔，或以分科視導為輔（張清濱，1994）。各縣市教育處之視導區，以鄉鎮市為單位，視導督學每人至少視導一鄉鎮市，每學期應普遍視導二次，並

於每學期開始、學期中及結束時，分別舉行視導會議。督學每次視導學校之後，應填寫視導報告，以利下次視導時追蹤了解處理情形；學期結束時，應向教育處長提出該學期的視導報告，以利長官了解學校的校務狀況與困難。如遇緊急、重大或特殊案件，則應隨時專案向縣市政府教育處或教育部報備。

二、視導人員的角色與職權

教育行政視導人員到學校視導有其法定職權，唯視導職權之執行與運用，應與視導人員的角色相符應。以下先要析教育行政視導人員的角色，再說明教育行政視導人員的職權。

（一）教育行政視導人員的角色

早期，英、法、日、美等國的教育視導常偏重於視察和監督，例如：英國樞密院於 1839 年設置二名皇家督學，即是為了監督政府教育補助款的使用情況；法國在帝國大學中設置督學，巡視各地是為了督促教育法令之實施，並糾正學校存在的弊端；美國早年的教育視導也是一種居高臨下的專制視察，其目的不在幫助學校和教師改進工作，而在於檢查和考核下屬人員的工作優劣，是一種行政性的督導，自 1930 年代後，美國視導的職能才由視察、監督轉為向學校和教師提供服務；日本戰後的教育改革，接受美國教育使節團的建議，廢除了帶有命令與監督性質的視學官制度，而推行一種具有輔導性、建議性及幫助教師解決問題的視導制度（英、法、日、美四國教育視導組織之比較，無日期）。

Wiles 與 Bondi（2000）從當代文獻中發現，最少有六種主要的視導概念：⑴視導是一種行政行為；⑵視導是一種課程工作行為；⑶視導是一種教學功能；⑷視導是一種人群關係行為；⑸視導是一種管理；⑹視導是一種一

般的領導角色。1990 年代，因決策下放（decentralized decision making）、學校本位管理（school-based management）、教師賦權增能（teacher empowerment）之影響，學校的視導已成為一種去集中化的管理（a decentralization of management）。視導角色的演進，二百年來大致由視察和屬行（inspection & enforcement）、科學視導（scientific supervision）、科層視導（bureaucratic supervision）、合作視導（cooperative supervision）、技術視導（technical supervision）、課程強調（curriculum emphasis）、臨床視導（clinical supervision）、管理人視導（managerial supervision），發展到合作領導（cooperative leadership）（如圖 10-1 所示）。Wiles 與 Bondi 並從視導能力說明，視導人員應為人的發展者、課程發展者、教學專家、人群關係工作者、教職員發展者和行政人員。

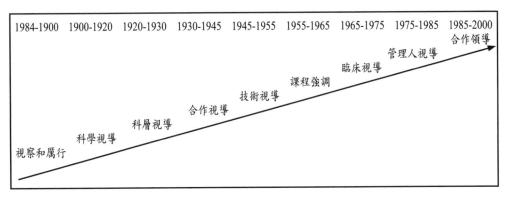

圖 10-1　視導角色的演進

資料來源：Wiles 與 Bondi（2000, p. 8）

　　基本上，教育行政視導人員的角色與教育視導功能之間有密不可分的關係。劉真（1980）指出，教育視導的功能有四：⑴促進教育行政機關和教育機關的聯繫，藉以溝通聲氣，減少隔閡；⑵監督教育機關切實奉行教育法令，以貫徹國家的教育政策；⑶整飭教育事業，介紹教育方法，以提高教育

的標準；⑷根據視導的結果，可以明瞭教育的實況，估量教育的效率，改進教育的制度。邱錦昌（2001b）亦說明督學之功能：⑴明瞭教育實況，發掘問題與解決問題；⑵傳達政策法令、溝通觀念、協調與整合各項資源；⑶領導與輔導教育人員；⑷從事研究、進修並增進專業發展；⑸增強、助長與激勵教育人員士氣與工作績效；⑹評鑑與回饋，以促進學校健全發展與辦學效能之提升。據此，教育行政視導人員為發揮教育視導功能，至少應扮演「協調」、「領導」、「指導」和「評鑑」的角色。英國地方教育局督學，須從事許多協助學校發展的工作，扮演多重的角色，包括：計畫、監控、研發、評鑑、溝通和協助的角色（吳培源，1999）。參考上述，並根據學者專家（邱錦昌，1991；邱錦昌等人，1998；張清濱，1994）之研究加以整理，教育行政視導人員的角色主要有：領導者、協調者、指導者、激勵者、研究者，以及評鑑者等七種，茲分別要述如下。

1. 領導者（a leader）

教育行政視導人員是教育行政機關的代表，自然扮演著教育領導者的角色。依現行法令規定，教育行政視導人員應協助教育當局推動政令，督促學校落實教育政策，同時扮演學校教學領導者（instruction leaders），亦應強化教學視導功能，以帶領教師改進教學。此外，教育行政視導人員常代表教育行政機關參與學校各項慶典活動、教學觀摩或主持相關會議，其「動見觀瞻」之舉常有帶動「風行草偃」領導之效。

2. 協調者（a coordinator）

教育行政視導人員是教育行政機關、學校與社區之間溝通的橋梁，若學校有經費的困難，教育行政視導人員可以協助學校向教育行政機關溝通爭取。其次，教育行政視導人員是「緩衝者」（buffers），學校人、事或物之

紛擾、家長與師生之衝突、學校徵收校地面對抗爭等，教育行政視導人員可以居中協調、排解紛爭。此外，教育行政視導人員也是「公共關係人」，學校行政、教師會和家長會運作關係不理想者，亦需要教育行政視導人員溝通協調，以利學校穩定發展。

3. 指導者（a director）

　　教育行政視導人員具有豐富的行政歷練，對學校而言有如顧問般，可給予學校一些經驗性指導。首先，學校的發展目標和校務發展計畫之設定，教育行政視導人員應提供建言，以導引學校發展。其次，各年度行事計畫之期程、經費和處室間之配合，教育行政視導人員可提供學校應注意重點，以利提高行政績效。第三，學校的教學研究會、教學觀摩和教學檢討會，教育行政視導人員皆應積極參與，並提供借鏡之建議，以協助教師改進教學。第四，學校的大型活動，如運動會、畢業典禮、校外教學等之規劃、執行、應注意事項，教育行政視導人員應提供建言，俾使活動順利圓滿。此外，校園事件頻傳，學校若缺乏經驗，遭逢事故難免不知所措，教育行政視導人員應協助學校處理校園危機，以維校園安定。另外，學校營繕工程之預算編列、規劃設計、發包興建到完工驗收，工期漫長，教育行政視導人員應隨時提醒學校注意事項，以利有效執行、減少紛爭。

4. 激勵者（a stimulator）

　　教育行政視導人員是「變革的代理人」（change agent），對促進學校發展及參與百年樹人的教育工作者，應代表教育當局適時予以肯定與鼓勵。因此，教育行政視導人員應鼓勵辦學績優的學校、優良勤奮並具愛心或默默耕耘的教師、義工家長和捐資興學人士，以慰勞績並收見賢思齊之效。其次，教育行政視導人員應激勵教師進修、接受新觀念，以提升教師素質，並

促進教學革新。第三，教育行政視導人員應經常鼓舞教師士氣，促進學校組織氣氛和諧融洽，以有效凝聚學校進步動力。

5. 研究者（a reseacher）

社會急遽變遷，教育新知更迭迅速，教育行政視導人員肩負引領學校教育進步的重任，自應積極從事各項有關教育研究，亦應鼓勵學校教師研究，以增廣見聞，擴增新知。因此，教育行政視導人員應不斷參加有關教育的研習進修或學術研究，藉以吸收新知。其次，應積極參與學校的教學研究會，發表學術研究著作，以帶動學校的研究氣氛。第三，鼓勵老師以行動研究，尋求有關教學問題能具體有效的解決。第四，教育行政視導人員應多參與學校的研究，以協助學校發展其教育理念、課程設計、教材教學，俾利建構良好的教育環境。

6. 評鑑者（a evaluator）

教育行政視導人員常有機會到學校，並協助學校解決相關問題，因此較能深入了解學校相關事務，透過平日的觀察與指導，即自然的扮演評鑑者之角色，例如：校務評鑑、教學評量、人事考核（如校長考核、特殊優良教師選拔、不適任教師評核），以及其他的專案評鑑（如交通安全評鑑）等，皆應有教育行政視導人員的參與，以務實評核學校辦學績效。

值得注意的是，根據邱錦昌等人（1998）對臺灣地區各縣市教育行政人員、教育視導人員、學校行政人員、中小學老師及學者專家計 2,888 人之調查研究發現，視導人員角色重要者由高而低為「協助者」（2,058 人次，占 22.92 %）、「諮詢者」（1,881 人次，占 20.95 %）、「激勵者」（1,534 人次，占 17.08 %）、「協調者」（1,428 人次，占 15.90 %）、「評鑑者」

（1,367 人次，占 15.22 %）、「領導者」（712 人次，占 7.93 %）；從上述調查結果，顯示一重要訊息，即認為視導人員扮演「協助」、「諮詢」、「激勵」和「協調」、「評鑑」的角色，比「領導」的角色更為重要，此一訊息對視導人員甚有參考價值。

（二）教育行政視導人員的職權

教育行政視導人員，就督學而言，在視導學校時，依教育部（2013）《教育部督學視導及協助推動重要教育事務要點》、教育部國民及學前教育署（2017）《教育部國民及學前教育署教育視導實施要點》、臺北市政府教育局（2017b）《臺北市政府教育局督學視導要點》及有關規定，具有下列職權，唯執行時仍應以不影響教學為最高原則：

1. 糾正權：督學視導學校，發現有違反教育法令事件，應隨時糾正之。
2. 調閱權：督學視導學校，得調閱學校之各項簿冊、報告及有關資料。
3. 變更權：督學視導學校，為執行職務，必要時得變更授課時間。
4. 召集權：督學得召集當地教育人員開會，以徵求教育設施意見，討論視導進行辦法，或視導後之檢討改進事宜。
5. 檢查試驗權：督學視導學校，得依業務需要檢查學生名額及試驗學生成績。
6. 輔導權：督學視導學校，對學校行政及教師教學，得依視導結果隨時給予輔導。
7. 獎懲建議權：督學對辦學或教學績效卓著者、研究有創獲者及其他特殊表現者，得呈請主管長官敘獎；對辦學不良或教學績效不佳者，得呈請懲處。
8. 緊急處理權：督學視導學校，遇有特殊事故時，得即時處理並向教育行政主管機關報備。

第三節　教育行政視導的問題與查案技巧

在國內，教育行政視導是一門具有相當實務性價值的學門，但以往教育行政或教育視導專書，幾乎無一論述教育視導的實務問題。尤其是，校園民主化的促動，學校控案日多，視導人員會面臨的主要視導問題為何？查案技巧為何？值得吾人了解。

一、教育視導的問題與改進

視導學校是一件很愉快的事情，可以看到學校運動會中大夥揮汗如雨競賽奔騰的熱鬧、城鄉交流活動中孩子揮手告別淚流滿面的不捨、老師默默耕耘努力付出的感人畫面、義工媽媽和爸爸在大太陽下為孩子指揮交通、純真學童上課時的琅琅書聲和下課時的忘情追逐，這些皆是一幅幅美麗的學校生活畫面，漫遊其間，心中有無限的感動。當然，學校也有許多惱人的問題，教育視導人員應面對並協助學校處理，以維持學校的安定。此外，教育視導人員的形象、組織、員額、方法及培訓上，仍有許多待改進之處，都值得關切，以下將分別探討。

（一）教育行政視導的問題

教育行政視導的問題包羅萬象，教育行政視導人員在視導學校時最常出現的問題，可分為教學問題和行政問題二大類，茲要述如下。

1. 教學問題

最常出現的教學問題，包括：⑴補習：常見的是教師在自己家、學生家或另租地方補習，也有教師利用早自習、午休或課後在校內補習，或者在補

習班兼課；⑵體罰：常見的有打手心、打耳光、半蹲、罰站、青蛙跳、伏地挺身、跑操場等；⑶參考書和測驗卷：如將參考書當教科書使用（國小較嚴重），利用早自習、午休、自習課、第八節課，甚至上課時間，大量使用測驗卷讓學生反覆練習（國中較嚴重）；須補充說明的是，教育部規定禁用參考書和測驗卷，臺北市政府教育局則強調教師使用參考書、測驗卷時，應依教育專業及教學自主權，並就輔助教學之需要及對學生學習有利者，適當選擇使用，以提升教學品質；同時，要求各校應訂定規範，審慎使用參考書、測驗卷，不得有取代課本、加重學生負擔或收取不當利益等情事；⑷不按課表上課：如上一節的課延伸續教、主科挪用藝能科授課時間、隨意調課等；⑸不當收費：如巧立名目收費、辦活動超收費用、收費不給收據等；一般而言，私立學校在收費問題上比公立學校多；⑹課後自習：如國中課後留校自習，以臺北市為例，開放對象以國三學生為限，且應遵守「不強迫」、「不收費」、「不上課」、「不考試」之原則，唯實際執行上，偶會出現學校強迫學生參加、家長繳費給教師、教師為學生上課或用來考試等情事。

2. 行政問題

最常出現的行政問題，包括：⑴教務方面：如巡堂不實、未巡堂或遭教師抵制等問題，或者作業抽查只是蓋章檢查徒具形式問題，學校編班未依教育部的常態編班規定問題等；⑵訓導方面：如校園安全與危機問題，學務主任或生活教育組長為維護秩序易發生體罰學生問題，戶外教學活動之行車及學生活動安全問題，以及都市學校交通導護易發生安全事故問題等；⑶總務方面：如學校營繕工程招標（如聯合招標、圍標、搶標）引起糾紛問題，學校預算經費編列浮濫及不當運用問題，學校遭縱火或偷竊之財務受損問題，都市學校校園開放及停車問題等；⑷輔導方面：如中等以下學校缺乏專業輔導人員，學校智力測驗使用（如濫用、誤用）之問題，中輟生的輔導問題，

普通班學生與班上特殊學生之相處（或引起衝突）問題等；(5)人事方面：如教師簽到、遲到和早退問題，不適任教師問題等；(6)其他：如合作社販賣物品及財務問題，家長會、教師會與學校行政互動問題，家長與老師衝突問題，學校噪音（如大型活動練習、樂儀隊練習）影響社區問題，學校流浪狗處理問題，小型學校廢校問題等。

（二）教育行政視導的改進

　　教育行政視導的問題錯綜複雜一如前述，應有形象清新、經驗豐富的教育行政視導人員協助學校處理相關問題，以達到改善整個教學情境之視導目的。根據學者專家之研究（吳培源，1999；林明美、簡茂發，1996；邱錦昌，1988，1991；邱錦昌等人，1998；秦夢群，1997；張明輝，1996；張清濱，1994；楊振昇，1998，1999；謝文全，1993），教育部和縣市教育局（處）的教育行政視導人員在視導形象、組織、員額、方法及培訓上，仍有許多待改進之處，以下分別加以說明。

1. 改善教育行政視導人員的形象

　　早期的教育行政視導人員一直給人一種高高在上、很威權，甚至官僚的感覺。近年來，因教育改革和行政民主化的推動，使得視導督學的角色有很大的轉變；視導的發展，在功能上由視察轉向輔導，在關係上由上下、主從與對立轉向平行、同仁與和諧，在溝通上由單向轉至雙向到多向。教育視導人員的形象，也因此開啟了轉變的契機，其可努力的方向有：(1)教育行政視導人員應不斷的進修，以提升視導專業自主的能力與涵養；(2)教育行政視導人員應尊重學校本位管理，視導時採取民主的作風；(3)教育行政視導人員應與社區、學校發展良好的互動關係，以建立親和、專業、民主等良好的形象；(4)教育行政視導人員應潔身自愛，以成為教育工作者的表率；(5)教育行

政視導人員應主動配合實施本身的績效評鑑，以增進教育視導「高效能」的形象；(6)教育行政視導人員應在許可範圍內，主動公布相關報告（或上網），以提升一般權威與專業權威之形象。

2. 教育行政視導組織應法制化

目前，教育行政視導單位，除直轄市（臺北市、高雄市等）教育局的督學室為法定單位外，教育部中部辦公室的督學併入第五科，教育部和各縣市教育處之督學室，均非屬法定單位。亦即，在《教育部組織法》和各縣市教育處的組織法規中，均沒有督學室的規定，尤其是各縣市教育處紛紛將主任督學一職改置為副處長，督學更是陷入群龍無首的狀態。因此，建議教育部設督學處，置處長一人，各縣市政府教育處應比照直轄市政府教育局設督學室，並置主任一人，以利教育行政視導事務的統整與協調。此外，督學室主任之職等應比督學高一職等，例如：臺北市政府教育局督學為第八至九職等，督學室主任為第九職等，官等無差別，在教育視導工作之領導上易產生困擾，因此臺北市政府教育局督學室主任應調高到第十職等，以利領導。

3. 擴充教育行政視導的員額編制

目前的教育行政視導工作偏重行政視導，主要係因視導督學皆由教育行政人員晉升，熟諳教育行政相關法令和政策，但對教學較為陌生，加以視導督學之員額編制不足，工作負擔較為沉重，自無暇兼顧教學視導事宜。因此，應審慎研議擴充教育行政視導的員額及職等，首先在教育行政視導人員類別上應分為：(1)行政督學：以文教類國家考試及格且具備行政年資者擔任之；(2)教學督學：包括專任調兼，即教學督學以優秀學科教師、主任、校長，具備十年以上學科教學經驗，經過公開甄選合格後專任調兼；兼任（聘兼），即退休優良教師、主任、校長等，與專家學者針對任務臨時聘為教學

督學或教學輔導員，給予差旅費及工作費，以榮譽職方式委任之。

其次，在教育行政視導的員額編制擴充上，其方法有：(1)在中央補助地方國民教育及其他教育經費中，明訂一定比例經費須用於增聘專兼任視導人員及改進視導工作範圍，即可達到擴充教育視導的員額編制、增聘機動約聘專門學科督學之目的；(2)發展與加強學校本位的教學視導工作，由學校行政人員參與教學視導工作，推動同僚視導制度；(3)商請師資培育機構參與視導工作；(4)以專案的方式採行聘任督學制，協助擔任教學視導工作；(5)遴聘合格兼職視導人員與成立特殊專案視導小組，針對特定事項實施專案視導（邱錦昌等人，1998）。

4. 提升教育行政視導的方法技術

教育行政視導是一項專業性的工作，視導方法和技術的提升，可努力的方向有：(1)展現視導的專業行為：如視導前，充分的資料蒐集，有效的溝通說明視導的方向與重點。視導時，面帶微笑、態度謙虛、自然誠懇，表現出高度興趣、專注與尊重；善用肢體語言表達，肯定學校行政人員與教師優良適當的表現；使用必要的輔助工具，以示對視導過程的謹慎和重視；儘可能發現各校特色。視導後，提供專業的協助，具體分析行政或教學的行為、意涵及困境之所在，協助學校行政人員與教師發展行政與教學策略；提供行政或教學的專業諮詢，幫助學校行政人員與教師專業成長與發展；視導結果提供追蹤輔導的參考，提供績優事項供他校參考；(2)採用科學化的方法和技術：如問卷調查、訪問、觀察、行動研究、田野調查、文件分析、檔案夾資料分析等，來蒐集與分析學校行政和教學資料，並進行視導人員與被視導者的對話與釐清，以利公布和說服社會大眾；使用電話、網際網路與遠距進修，設置全國視導資訊服務網站，蒐集各地視導績優學校的資料和各地的視導座談、研習資料、專家學者講座內容之全文或摘要等；(3)交替使用不同類

型的視導，包括：定期視導和機動視導，教學視導和行政視導，個別視導和團體視導，行政督學、教學督學與教學輔導團聯合視導，教育部和縣市教育局督學聯合視導等；⑷採用多樣性的教師進修與輔導，包括：群體合作研究與發展（課程與教學、行政革新）、區域與全國的輔導網、獨立研究、自修、讀書會、研討會、工作坊、教學演示（教學觀摩會）、座談、特約輔導、縣市際或校際聯合教學研習、參觀、聘請專家專題講座、轉介服務、重點訪視、參加研習意願調查、追蹤輔導、蒐集行政與教學技能及重要的教學方法、研製視聽教學媒體或影片、編印輔導叢書、專題報告或參考資料、出版教育視導通訊或期刊；⑸使用多元的社會組織集體參與視導活動：如商請師資培育機構及其他地方教育輔導團協同視導，推展學校本位的視導方法（包括學科中心學校協同視導、學校教學研究會的研究進修、校長與主任的教學視導和同僚視導），邀請教師會、教師專業團體、家長及社區、民間代表等參與視導活動。

5. 強化教育行政視導人員的培訓

要提升教育行政視導人員的形象，增進視導的方法和技術，則應強化視導人員的培育與在職進修，例如：⑴教育部可商請大學或師資培育機構針對教育行政或視導人員，開設教育視導在職進修課程，或利用遠距教學提供教育視導進修課程；⑵教育部可商請大學或師資培育機構設立教育視導研究所，或開設教育視導研究學分；⑶獎勵績優的教育行政視導人員，可帶職帶薪在國內外進修學位，或赴國外專題進修研究六個月至一年，或提供國外教育考察機會；⑷鼓勵教育行政視導人員主動積極參與各項研習、進修、讀書會、觀摩會、工作坊、行動研究或論文發表；⑸定期召開教育部和縣市教育局（處）督學聯席會議，以促進教育視導人員的交流和經驗分享；⑹鼓勵學術團體成立教育視導學會，以增進教育視導的理論和實務研究；⑹建立視導

督學證照制度，訂定基本的進修時數與建立專業檔案夾考評制度。

 ## 二、學校控案與調查技巧

有人譏評現代社會是一個控訴社會（suing society），黑函滿天飛，更是臺灣處於民主轉型中的一個特殊現象。在民主社會中，任何人有意見或心中有不滿，皆可透過不同的意見箱或申訴管道予以陳訴，其中也有許多控訴函件未具名，形成所謂「黑函」，而造成主政單位查案和被控訴者的困擾。

「教育」是社會大眾極為關切的議題，學校是實施教育的重要場所，如有不當的教育措施，難免遭受批判或控訴。以下就筆者擔任縣市督學及在省縣市教育廳局的多年查案經驗，分為學校控案問題和控案調查技巧二項加以說明。

（一）學校控案問題

學校控案問題有一定程度的複雜性，可從陳情問題、陳情方式、陳情來源、陳情人士和陳情型態等五方面了解。

1. 陳情問題

就中小學而言，在一般教學方面最常出現的陳情問題為：教師補習、體罰學生、不當使用參考書和測驗卷、班級不當收費、校園暴力等；其次，在行政事務方面最常出現的陳情問題為：學校不當收費、不適任教師問題、合作社販賣物品及財務問題、編班不公或能力分班、營繕工程招標問題等。

2. 陳情方式

學校控案最常見的陳情方式，包括：⑴寫陳情函：是陳情方式最多的一種，其格式不一，大多以信件方式（重點有時不易摘錄），少數具公文格

式；慎重者以掛號寄件，收件對象大多是主政機關首長（如教育局長或縣市長）；唯大多數皆不具名，有具名者以假名居多；陳情人地址通常不具、不完整或為假地址；(2)打電話：是最便宜行事的方式，每次陳情時間少者數十分鐘，多者超過一小時；陳情者大多匿名，陳情重點不清或內容太多，如請陳情者提供書面資料，則會有不了了之的現象，但三不五時會再來電話催促；(3)傳真：傳真與寫陳情函的情況類似，唯出現次數較少，可能是傳真號碼較少見，或因未經公文程序較不能確定傳真是否有人接辦所致；(4)傳話：也是較少出現的陳情方式，係指透過與主政者熟悉的第三者轉述陳情內容，易於督辦，但因轉介者與主政者熟悉，陳情內容多係以警示性質居多；(5)E-mail或Line：最近較為流行，透過縣市長信箱、教育局長信箱，以E-mail或Line陳情，簡便快速，案件日多，唯陳情者不一定具名，陳情內容也因無法提供附件，而較籠統含糊，類屬情緒抒發為多。

3. 陳情來源

　　學校控案最常見的陳情來源，包括：(1)上級長官交辦：大多數的陳情函或電話紀錄都會到主政機關首長（如教育局長或縣市長）手上，經其批示後逐交督學室查辦，或交由主管科室分案查辦，也有一些陳情函電由教育部函轉縣市教育處查辦；近年來，民主開放，有許多陳情案件（如體罰、性騷擾等）透過議會或召開記者會，引起社會大眾注意事件，此時上級長官也會迅即交查；(2)主管科室簽辦：長官交查案件，或有陳情函收文者為科室主管，或陳情電話打到主政科室，則由主政科室簽會視導督學呈局（處）長核示後查辦；(3)督學自己收到：有些陳情函電由視導督學自行接收，簽會科室呈局（處）長核示後查辦，唯此一情形較少出現，可能是陳情者較不易了解誰是負責主政的視導督學所致。

4. 陳情人士

學校控案最常見的陳情人士，包括：(1)學校人員：學校同仁彼此間有嫌隙或有嚴重衝突，也易導致控訴案件；此類陳情案件描述清楚，證明文件來自內部資料較齊全，唯因自己人控訴幾乎百分百以匿名函告；(2)家長：家長陳情大多為教師管教、補習或國中編班問題，陳情方式以電話或 E-mail 居多，因方便易於陳述，此類陳情人偶會具名；(3)學生：對學校或教師的管教、體罰或編班問題，也會以函電陳情，因學生較率真，通常會具名；(4)補習班：特別是針對教師補習抗告，此為利益衝突；學生因教師的影響力而在教師那兒補習，補習班自然有意見，陳情抗告勢無法免，唯以匿名居多。

5. 陳情型態

學校控案最常見的陳情型態，包括：(1)誣控亂告型：通常是欲加之罪，何患無辭，隨意捏造事實，說一些子虛烏有的事，或一部分真實大部分虛假之事，以告臭對方為目的；(2)真憑實據型：陳情內容鉅細靡遺、有條不紊，證據充分、逐條檢附，此類控案以告倒對方為目的；(3)死咬不放型：此類陳情典型的將所有罪行或過錯都歸因於控訴對象，如控訴對象未受任何處分，或處分情形未令陳情人滿意，陳情人會以三年、五年或更長的時間持續以同案或另增新案控告，此類控案以告倒對方為目的；(4)節節進逼型：陳情案件分批陳控，一件一件寄送，一案扣一案，當主查者陷入瓶頸或稍無動靜，隨即會補充資料，逼得控訴對象無法喘氣，此類控案以逼倒對方為目的；(5)蜻蜓點水型：陳情函只寥寥數語，言簡意賅，此類控案以告訴為目的；(6)天馬行空型：陳情內容泛泛之論，言教育不離愛國反共，對教育改革意見特多，唯多言不及義打高空，此類控案以陳情為目的；(7)胡言亂語型：陳情函有字無義，內文洋洋灑灑，讀完才知可能是精神有問題的人之作品，但往往要來回閱讀數次才敢確定，此類控案毫無目的。

（二）控案調查技巧

學校的控案調查技巧要好，通常要靠累積經驗，如有高人指點，自易順利完成。控案調查事涉責任歸屬，自應慎重，而控案調查技巧可從案情研判、調查重點、調查方法和調查報告等四方面加以掌握。

1. 案情研判

視導督學頃接控案，應迅即了解案情的嚴重與否，以利應對。案情研判的目的主要在掌握問題的嚴重性、急迫性和時效性，以及處理時應有的態度。案情研判有三項重點：

(1)重大否：案情是否重大，以地點（校內或校外）、時間（上班或下班）、狀況〔死亡或受傷（人）、公務或私德（事）、財物損失大或小（物）〕、媒體（關切與否）來研判。通常發生地點於校內比校外嚴重，發生時間於上班比下班嚴重，發生狀況以人比事、物重要，死亡比受傷嚴重，公務比私德嚴重，財物損失以大比小嚴重，新聞媒體關切比不關切（或知道）者嚴重，例如：上班時間在校內發生狀況（如學生死亡事件、教師補習或實驗室失火）都是很重大；而下班時間在校外發生狀況，則無前者嚴重。此外，團體事件比個人事件嚴重，如學生集體中毒比個人中毒更受曯目，若受到媒體的關注則非同小可。

(2)具體否：案情是否具體，是查案的重要根據。通常看控案內容的人、事、時、地、物是否具體，具體者應詳查，不具體者無從查處，可列入參考，例如：「本市○○國小五年三班曾○○老師強迫學生每週一、三、五下午放學後至其家中補習，每人每月收二千元」，對人時事地的描述很具體，視導督學可據以詳查；唯如控案只簡述：「本

377

市○○國小老師放學後在家中補習」，對人時事地的描述較不具體，視導督學無從查處，可列入參考。

(3)具名否：控案是否具名，是查案與否的重要根據。通常具名者應詳查，匿名（用假名或無名）者可不查，但如案情具體，仍應參考了解。

2. 調查重點

　　學校控案案情有時很複雜，要釐清調查重點並非易事。前述案情研判之後，應即詳閱控案內容，了解案情的陳述問題及訴求。調查重點應以具體事實為據，以事分項，逐項列明，以利查處，例如：艾○○於四月一日投函向教育局陳情：「本市○○國小五年三班曾○○老師，上課不認真，經常體罰學生，並強迫學生每週一、三、五下午放學後至其家中補習，每人每月收二千元，本學期第一次段考還洩題給補習的學生，請速派人調查」（以下案例說明，以此案為主）。此案控訴對象的「人」很明確，依「事」分有四項：(1)上課不認真；(2)經常體罰；(3)課後補習；(4)段考洩題，但第1項「上課不認真」並未說明具體狀況（如上課隨便說說、常說廢話或無病呻吟、常叫學生自習、經常遲到早退或態度不佳等），第2項「經常體罰」也未言明體罰方式、時間和對象；因此，本案調查可以第3項「課後補習」和第4項「段考洩題」為主，第1項「上課不認真」和第2項「經常體罰」則附帶了解，經整理後有三項調查重點：

- ○○國小五年三班曾○○老師強迫學生每週一、三、五下午放學後至其家中補習，每人每月收二千元。
- 本學期第一次段考曾老師洩題給補習的學生。
- 曾老師上課不認真和經常體罰。

3. 調查方法

學校控案經案情研判，並掌握調查重點之後，應即規劃並著手調查。調查方法包括訪查對象、訪查方式、訪查原則、訪查紀錄和現場處理，以下分別說明：

⑴訪查對象：首先，拜訪陳情人：以前案為例，應先拜訪艾○○，藉以了解陳情動機（避免被借刀殺人）、對本案處理的想法，同時對陳情內容如有不清楚、不解之處或想進一步了解相關問題也可一併請教。其次，訪查有關人員：以前案為例，如上課不認真、經常體罰、段考洩題及教師補習因故無法調查（如因本案風吹草動，教師得知消息，已鳴金收兵，暫停補習），可訪查學生。最後，訪查被控訴對象：以前案為例，應訪查當事人曾○○老師，以印證所查事實或讓其有說明或釐清的機會，唯訪查態度應充分尊重對方。

⑵訪查方式：可用多種方法，包括現場調查：如前案的補習，到曾老師家現場調查；訪問：如前案的補習現場調查不到，也可訪問或問卷調查該班學生；調閱資料：如前案的段考洩題，可調閱該班學生第一次段考成績，了解補習學生是否成績有整體性異常偏高的狀況；電話查詢：如無法、不必或時間不足以到現場訪問或受訪人員不願見面者，可以電話查詢。

⑶訪查原則：首先，應注意不影響教學：訪談教師和學生儘量利用其下課時間。其次，事前準備：如訪查對象和順序要先確定、同一人不同案要一起問、訪談重點事先準備好、需書面資料者預先備妥、預測可能情形和處置措施等。第三，速查速報：因調查案件需掌握時效，事證取得最怕風吹草動，尤其是調查屬實，人情關說難免紛沓，易生困擾。第四，確實保密：督學是公務人員，執行公務本有保密之責，尤其是學校控案較為複雜，更應謹言慎行、確實保密，以避免無謂紛

爭。第五，無預設立場：被控訴者不一定是有問題的人，也可能是被陷害的對象，因此查案時應以最客觀的態度，取其最有利者（反證），以安教心，避免打擊士氣。

(4)訪查紀錄：訪查結果要做成書面資料提報，訪查紀錄的呈現方式有二種：一為整體式，以事件為主，將所有訪查結果彙整依序說明；另一為個別式，以人為主，將所有受訪的答話一一記錄留存。整體式訪查紀錄，受訪者意見不一定列入，但事件釐清較為清楚，訪查結果完全由訪查人員（如督學或專案小組）負責；個別式訪查紀錄，受訪者意見逐項列入，但事件釐清較不清楚。因訪查人員對事實釐清本應負全責，加以書面紀錄和報告係供人閱讀，自以事件釐清為要，必要時可要求受訪者將關鍵證詞以書面提供，列入附件，以資佐證。

(5)現場處理：有時案情緊急、有急迫性、新聞性高或社會亟為關注，有時因案情查報到定案需一段時間，且可能學校相關經驗不足，應於現場訪查後，告知學校或相關人員應即處理要點或配合事項，以利維持學校安定或避免事態擴大。對於情節較輕者，視導督學於調查後，也可先就相關的不當事宜或措施，對應負責的有關人員給予應急的提示、建議改進注意事項，或予以口頭警告、糾正等。

4. 調查報告

控案調查完成後，應即提交調查報告。就教育局而言，視導督學調查學校控案，其調查報告係以簽呈方式向機關首長（教育局長）簽報，調查報告簽呈格式的主要內容包括主旨、說明和擬辦三項，分別說明如下：

(1)主旨：要述查案意旨，一般以60字為度。以前案為例，主旨為：「有關署名艾○○陳情本市○○國小五年三班曾○○老師上課不認真、經常體罰、課後補習和段考洩題一案，調查結果，簽請　鑑核。」

(2)說明：一般分為調查依據、調查重點、調查情形、案情分析和責任分析等五項。

①調查依據：說明陳情來源，如：「依艾○○四月一日陳情函及 鈞長（指教育局長）四月十日批示辦理。」

②調查重點：列舉陳情重點，如：「a.○○國小五年三班曾○○老師強迫學生每週一、三、五下午放學後至其家中補習，每人每月收二千元；b.本學期第一次段考曾老師洩題給補習的學生；c.曾老師上課不認真和經常體罰。」

③調查情形：通常說明調查人員、調查時間、調查結果和處理情形。

· 調查人員：如：「本案由王督學○○和第三科趙股長配合前往調查。」

· 調查時間：如：「本案於四月十二日（星期三）晚上六時至曾○○老師家了解補習情形，四月十三日（星期四）到○○國小了解曾老師段考洩題、上課不認真和經常體罰情形。」

· 調查結果：依調查重點分項說明調查時間、方式和結果，也可列表說明較為清楚（如表 10-2 所示）。

· 處理情形：針對調查結果，請學校注意一些因應事宜。以前案調查結果為例，視導督學可請校長轉知學校同仁，重申教師不可補習之規定，並要求爾後負責段考命題的老師，應嚴守保密職責，以免考試不公，又遭致無妄之處分；至於，曾老師上課不認真和經常體罰部分，因陳情事實不具體，且查無實據，只要責成校方平常多加注意曾老師的上課情形即可。

④案情分析：說明本案的背景動機。以前案為例，首先說明陳情動機，如：「本案陳情人為學生家長，孩子沒補習，對老師以差別待遇的方式洩題給補習學生覺得不滿，特提陳情希望教育局儘速處

表 10-2 學校控案調查結果說明表

調查重點	調查時間	調查方式	調查結果
1. ○○國小五年三班曾○○老師強迫學生每週一、三、五下午放學後至其家中補習,每人每月收二千元。	四月十二日(星期三)晚上六時	・會同學校校長或主任到曾老師家中調查。 ・備妥相機存證(必要時)。 ・現場問卷調查(題目包括補習時間、地點、收費和洩題情形)。	・經現場查證,五年三班的補習學生計十五名,補習時間為每週一、三、五下午五時到七時,每人每月收二千元。 ・補習學生均承認上情,並填寫書面問卷資料(附件1,略)。 ・曾老師辯稱係家長強力請託為學生加強課業,但未收費,錢是家長自由給的。
2. 本學期第一次段考曾老師洩題給補習的學生。	四月十三日(星期四)上午	・訪談陳教務主任○○了解段考命題老師。 ・到學校調閱五年三班第一次段考成績。 ・利用課間活動或午休時間,分別訪談(或問卷調查)曾老師和補習學生。	・經調閱五年三班第一次段考成績,發現補習學生的數學成績有異常偏高情形。 ・補習學生表示第一次段考的數學題很簡單,他們在補習時有多次練習一樣的題目,老師只有說這些題目很重要,要我們多練習,但並沒有說是段考題目。 ・曾老師雖未承認洩題,唯依上情研判應有洩題情事。

表 10-2　學校控案調查結果說明表（續）

調查重點	調查時間	調查方式	調查結果
3. 曾老師上課不認真和經常體罰。	四月十三日（星期四）上午	• 利用課間活動或午休時間，抽樣訪談五年三班學生。 • 訪談內容，以了解學生一天的生活情形為題，間接了解曾老師的上課情形及對學生管理是否會以體罰方式處置。	• 經訪談大致了解曾老師上課偶而會遲到，對上課不乖的同學會指責或記點扣分，但沒有體罰的情形。

理，唯對上課不認真和經常體罰仍無具體說明。」其次，說明被控訴者之背景，如：「該校王校長○○表示，曾老師剛從師院畢業二年，平日待人尚稱有禮，教學也算認真，此次違規補習和洩題，可能因涉世未深，不諳法令，加以補習家長一再要求、盛情難卻，而誤觸法令；至於，上課不認真和經常體罰經查尚無具體事實，唯會有此誤會，可能是曾老師平常疏於和家長溝通所致。」如為匿名陳情，則簡述：「本案係匿名陳情，唯曾老師補習和洩題經查屬實，至於上課不認真和經常體罰無具體事實且查無實據。」

⑤責任分析：依有關人員分析其相關責任。以前案為例，如：「a. 曾○○老師違規補習和洩題，應依《加強輔導中小學正常教學實施要點》及『教育專業人員獎懲標準』之規定懲處；b. 校方對教師不可補習之規定，有明確的宣導，經查二月二十三日的學校日誌有『請老師注意不可補習……』之紀錄；至於不可洩題部分，應請校方嚴格要求老師依規定辦理，以維護考試的公平性和學生權益。」

(3)擬辦：依調查結果簽擬處理辦法。以前案為例：

①曾○○老師違規補習和洩題，應依《加強輔導中小學正常教學實施要點》及「教育專業人員獎懲標準」之規定懲處。

②至於曾老師上課不認真和經常體罰部分，因陳情事實不具體，且查無實據，已責成校方平常多加注意曾老師的上課情形。

⑤本案呈核後，擬移請國民教育科（業務科）處理。

關鍵詞彙

・教育視導　　　　・視導人員　　　　　・查案技巧

・教育行政視導　　・視導問題

・視導組織　　　　・學校控案

自我評量

1. 試述教育行政視導的含義和目的。

2. 何謂行政視導？教學視導？試就所知說明為何國內的教育行政視導偏重行政視導，而少有教學視導？

3. 試據本書所提的教育行政視導方法，說明督學如何視導其轄區學校？

4. 教育行政視導人員的角色為何？試評述之。

5. 視導督學最常遇到的視導問題有哪些？試就所知說明之。

6. 從事教育行政視導工作時，常需處理不同的陳請案件，如果你是一位督學，上級長官交查一份檢舉函（如下），請就調查重點和調查方法分別說明之。

教育局長官：

　　本市○○國小六年五班黃○○老師，利用早自修和午休時間在教室補習，每人每月收費一千元，且上課經常遲到早退，上課不用課本，只叫學生寫參考書的測驗題，請速派人查處，以維學生受教權益。

一群不滿的家長　敬上

2017.1.30

個案研究

　　邁向二十一世紀之際，世界各國教改風起雲湧，教育鬆綁（deregula-tion）、去集中化（decenteralization）、學校本位管理（school-based mana-gement）、教師賦權增能（teacher empowerment）等理念，促進了校園民主化，也帶動了一波波的學校革新風潮。

　　臺灣，美麗之島，三百多年的文教史，歷經明、清和日據時代，最近十年大放異彩，重要的改革措施一一登場，學校教育眾所矚目，參與意見日多，學校主政人員如何融合各家之說，如何尊重教師的專業自主權、家長的教育選擇權，以維護學生的受教權和促進學校的發展，已成為新世紀學校行政最重要的一大課題。

　　某一所國小，家長會長過度關心校務，甚至有些專斷，常以一己之見，藉家長會之名，要求學校配合執行，在民意為大之下，確實造成學校不少困擾。無獨有偶的是，該校教師會也很強勢，希望校長做什麼決定都要經過教師會同意。該校校長是剛經教育局國小校長遴選委員會選任，初任校長經驗不足，如果您是該校的視導督學，您將如何協助校長？

❧ 參考文獻 ❧

中文部分

朱匯森（1979）。**教育行政新論**。臺北市：臺灣書局。

吳培源（1999）。**英國教育視導制度**。高雄市：復文。

呂木琳（1998）。**教學視導：理論與實務**。臺北市：五南。

呂愛珍（1974）。**我國地方教育視導人員任務研究**（未出版之碩士論文）。
國立臺灣師範大學，臺北市。

李珀（1998）。教學視導。教師天地，96，25-31。

李珀（2000）。**教學視導**。臺北市：五南。

李祖壽（1979）。**教育視導與教育輔導**（上）。臺北市：黎明文化。

沈衛理（1996）。**教育督導概論**。大連市：遼寧師範大學出版社。

林明美、簡茂發（1996）。改革教育視導制度。取自 http://gate.sinica.edu.tw/
info/edu-reform/farea8/j17-18/05.html

林武（1984）。**中、美、英、法、日五國教育視導制度之比較研究：兼論我
國教育視導制度改進之途徑**（未出版之碩士論文）。國立高雄師範學
院，高雄市。

邱錦昌（1988）。**臺灣地區國民中學教學視導工作之研究**（未出版之博士論
文）。國立政治大學，臺北市。

邱錦昌（1991）。**教育視導**。臺北市：五南。

邱錦昌（2001a）。**教育視導與學校效能**。臺北市：元照。

邱錦昌（2001b）。**當前教育行政體系下督學角色功能**。取自 http://iwebs.url.
com.te/main/html/hef/358.shtml

邱錦昌、黃國彥、江文雄、湯志民、陳添球、楊慶麟、阮靜雯（1998）。我國教育視導制度改進之研究。臺北市：教育部教育研究委員會。

英、法、日、美四國教育視導組織之比較（無日期）。取自 http://www.tian-he.org.cn/guangzhou/effschweb05/content1/d1/d042.htm

孫邦正（1984）。教育視導大綱。臺北市：臺灣商務印書館。

秦夢群（1997）。教育行政：實務部分。臺北市：五南。

高雄市政府（2016）。高雄市政府教育局組織規程部分修正條文。取自 https://kpd.kcg.gov.tw/downloadfile.aspx? fid=2192AEB254E15CFC

高雄市政府教育局（2016）。高雄市政府教育局視導人員教育視導工作要點。取自 http://www.kh.edu.tw/filemanage/upload/53/1020514 高雄市政府教育局視導人員教育視導工作要點.pdf

張明輝（1996）。改進中小學教育視導的相關問題。取自 http://web.ed.ntnu.edu.tw/～minfei/artical/artical(eduadmin)-2.html

張清濱（1994）。臺灣省教育視導績效評估之研究（未出版之博士論文）。國立政治大學，臺北市。

張清濱（1996）。教學視導的模式與應用。研習資訊，13（1），5-13。

張德銳、李俊達（1999）。推動學校本位的教學視導與評鑑。技術及職業教育，52，1-6。

教育部（2013）。教育部督學視導及協助推動重要教育事務要點。取自 http://edu.law.moe.gov.tw/LawContentDetails.aspx? id=GL000114&KeyWordHL=

教育部國民及學前教育署（2017）。教育部國民及學前教育署教育視導實施要點。取自 http://www.k12ea.gov.tw/files/common_unit/015b4bb3-9909-4bcc-8051-cfded6624533/d oc/i001_教育部國民及學前教育署教育視導實施要點.pdf

陳倬民（1990）。**革新、實踐、開創教育新境界**。臺中縣：臺灣省政府教育廳。

湯志民（1988）。視導與評鑑。載於蔡保田（總校訂），**學校行政**（頁407-443）。高雄市：復文。

湯志民（1993）。現代教學革新的趨向與策略。載於臺灣省政府教育廳（編），**二十一世紀中小學教育新發展**。臺中縣：作者。

湯志民（2000）。**學校建築與校園規劃**（第二版）。臺北市：五南。

黃昆輝（1982）。**教育行政與教育問題**。臺北市：五南。

黃崴（1998）。**現代教育督導引論**。廣州：廣東高等教育出版社。

楊振昇（1998）。邁向二十一世紀我國教育視導制度之反省與展望。**教育政策論壇**，1（2），81-117。

楊振昇（1999）。我國教育視導制度之困境與因應。**課程與教學**，2（2），15-30。

雷國鼎（1977）。**教育行政**。臺北市：正中。

臺北市政府（2014）。**臺北市政府教育局組織規程**。取自 http://dop.gov.ta-ipei/public/Attachment/5123103784.pdf

臺北市政府教育局（2017a）。**臺北市政府教育局 105 學年度視導工作計畫**。取自 http://www.doe.gov.taipei/public/Attachment/68309251038.pdf

臺北市政府教育局（2017b）。**臺北市政府教育局督學視導要點**。取自 http://www.doe.gov.taipei/public/Attachment/46101831568.pdf

劉真（1980）。**教育行政**。臺北市：正中。

蔡炳坤（1995）。**中國大陸教育督導制度之研究**（未出版之碩士論文）。國立政治大學，臺北市。

謝文全（1993）。**教育行政：理論與實務**。臺北市：文景。

謝文全（1999）。教學視導的意義與原則：並以英國教學視導制度為例。**課**

程與教學，2（2），1-14。

英文部分

Castaldi, B. (1994). *Educational facilities: Planning, modernization, and management* (4th ed.). Boston, MA: Allyn & Bacon.

Good, C. V. (1973). *Dictionary of education* (3rd ed.). New York, NY: McGraw-Hill.

Senge, P. M. (1990). *The fifth discipline: The art and practice of the learning organization.* New York, NY: Bantam Doubleday Dell Publishing Group.

Shafritz, J. M., Koeppe, R. P., & Soper, E. W. (1988). *The facts on file: Dictionary of education.* New York, NY: Facts on File.

Wiles, J., & Bondi, J. (2000). *Supervision: A guide to practice* (5th ed.). Upper Saddle River, NJ: Prentice-Hall.

第十一章

教育行政評鑑

丁一顧

丁一顧

學習目標

1. 認識教育行政評鑑的意義與目的。

2. 了解教育行政評鑑的規準。

3. 明白教育行政評鑑的實施程序。

4. 認識教育行政評鑑的模式。

5. 了解教育行政評鑑的類型。

6. 明白教育行政評鑑的原則。

■ 摘要 ■

　　教育行政評鑑在行政三聯制居關鍵的地位，是以一種有系統的方法蒐集教育行政事務的資訊，並對其進行審慎分析與價值判斷，以便作為決定方案選擇或改進的歷程。而其目的則在於檢視過去、改進現在、策勵將來，亦即具有形成性與總結性兩大目的。

　　要實施教育行政評鑑，則非有一套完整有效的評鑑規準不可，而規劃、研究及設計評鑑規準所應考量的方向，則必須包括：⑴具體化；⑵明確化；⑶可行化；⑷核心化。

　　實施教育行政評鑑，應可包括三階段七步驟：第一階段為評鑑計畫階段，包括決定評鑑的目的、確定評鑑的規準、選擇評鑑的工具與方法；第二階段為評鑑實施階段，指的是評鑑資料的蒐集、評鑑資料的分析；第三階段則為評鑑考核階段，其下則包含提出評鑑報告、進行追蹤改進。

　　此外，有效及完整的教育行政評鑑則應掌握：⑴應建立發展性評鑑目的；⑵應建立具體可行且核心化的評鑑規準；⑶兼採內部與外部評鑑；⑷採取多元化資料蒐集；⑸強調評鑑後的追蹤輔導；⑹重視後設評鑑的實行；⑺關注評鑑協商與對話；⑻注意評鑑的倫理等原則。

第一節　教育行政評鑑的意義

完整而有效的教育行政工作應掌握行政三聯制的精神，亦即教育行政業務歷經「計畫」、「執行」之後，接下來的重點工作就是「評鑑」。誠如Stufflebeam（1983）所言，評鑑的目的乃在於改良（improve），而非證明（prove）。因此，進行教育行政評鑑主要在於充分了解教育行政工作的優劣得失，以提供教育行政實施的回饋，並做為重新計畫或執行的參照，而也唯有不斷的評鑑、回饋、改進，教育行政才可能精益求精，並臻於精緻、卓越及高品質的目標。

一、評鑑的意義

要了解教育行政評鑑之前，首先應對評鑑有基本的認識。評鑑（evaluation）一詞，又稱為考核、評量或評價（謝文全，2012）。而綜觀不同學術領域，除了心理計量的研究者較常使用「評量」的名稱外，教育行政學者則較常運用「評鑑」或「考核」的名稱。

謝文全（2012）認為，評鑑是對事物加以審慎的評析，以量度其得失及原因，並據以決定如何改進或重新計畫的過程。

張德銳（2000）指出，評鑑是健全專業服務最基本的構成要素之一，評鑑的目的在蒐集資料，從事價值判斷，提供決策的參考。評鑑可以廣泛運用在各種領域之中，無論是公共政策、社會福利措施、教育政策、教育行政視導、課程與教學發展、教師或其他專業人員的工作表現等，均需要評鑑來決定其績效或品質。

Stufflebeam（1971）則說明，評鑑乃是描述、獲得和提供有用的資料，以做為判斷、決定選擇方案的歷程。

Rogers 與 Badham（1992）認為，評鑑是系統性蒐集與分析資訊，以達到價值判斷的過程，其關注於特定目標的達成程度，並對引導發展有其決定性。

綜上所述，可見評鑑是有系統的蒐集資料，並對其進行審慎分析與價值判斷，然後藉以決定方案選擇或改進的歷程。詳而言之，評鑑是以科學性、邏輯性的系統方式，蒐集有關對象或活動的資訊，並針對所蒐集的資訊進行比較、分析與價值判斷，以了解其優劣得失，然後做為改進活動或選擇各種活動方案的參照。

 二、教育行政評鑑的意義

教育行政評鑑即是對教育行政事務的評鑑，其範圍包括教育評鑑、校務評鑑、校長評鑑、教師評鑑、課程評鑑、教學評鑑、方案評鑑等。因此，援引評鑑的意義來說，教育行政評鑑的意義，乃是以有系統的方法蒐集教育行政事務的資訊，並對其進行審慎分析與價值判斷，藉以做為決定方案選擇或改進的歷程。此一定義包括下述三項要點：

1. 教育行政評鑑是系統的資料蒐集：教育行政評鑑是以系統性的資料蒐集方法，對教育行政事務的各種相關資料進行蒐集；亦即，其所採取的方法是有科學性、邏輯性，且有一定步驟與實施的階段，而非雜亂無章、前後無序的資料拼湊。

2. 教育行政評鑑是資料的分析與判斷：教育行政評鑑不只是對教育行政事務進行資料蒐集，而且還要進一步進行分析與價值判斷，以了解其優劣得失與原因。換言之，教育行政評鑑不但要知其然，更要知其所以然。

3. 教育行政評鑑旨在決定方案選擇或改進：教育行政評鑑的目的乃是在對教育行政事務進行檢核，以了解其優劣得失及原因，以便做為方案

選擇或改進計畫的參酌，使教育工作精益求精、日趨完善。也就是說，教育行政評鑑的目的在檢視過去、改進現在、策勵將來。

第二節 教育行政評鑑的目的

教育行政評鑑既在於檢視過去、改進現在、策勵將來，因此其應該具有改進發展與確保績效之目的，亦即，教育行政評鑑包括形成性目的與總結性目的兩方面。

首先，進行教育行政評鑑不但可改進教育事務的缺失、確保教育的品質之外，也可提高個人表現、提升組織效能，更足以決定未來教育發展的目標。所以，教育行政評鑑具有形成性評鑑的目的（吳清山，2014；張德銳，2000；Danielson & McGreal, 2000; Provus, 1971; Rogers & Badham, 1992; Stufflebeam, 1971）。

其次，實施教育行政評鑑也可判斷各項教育活動的績效，以做為決定教育方案持續進行與否，或是表揚績優教育行政工作、處理不當的行政活動，甚或是決定經費補助的優先順序等。所以，教育行政評鑑具有總結性評鑑的目的（黃炳煌，1997；張德銳，2000；蘇錦麗，1997；Danielson & McGreal, 2000; House, 1993; Provus, 1971; Rogers & Badham, 1992）。

第三節 教育行政評鑑的規準

評鑑的規準即評鑑的參考依據，它是一種評定抽象事物或概念的一組特徵，可以被具體描述或予以界定，以做為判斷優劣或程度差異之依據。而教育行政評鑑要能有效實施，則非設計出良善的評鑑規準不可。

如前述所言，教育行政評鑑包羅萬象，舉凡與教育有關的活動或事務的

評鑑均屬之；然各種教育行政活動或事務都有其不同的特性，因此其評鑑規準當然就有所差異。此外，不同的學者對於同一教育活動所抱持的哲學理念或思維不一，其評鑑規準當然就人言人殊了。

例如：教育部自 2005 年所推展的教師專業發展評鑑，其評鑑規準包括「課程設計與教學」、「班級經營與輔導」、「專業精進與責任」三個層面；而各個層面底下各包括二至四個指標，共計十個指標；每個指標底下則各包括二至四項檢核重點，合計二十八項檢核重點。而目前臺北市所進行的國小校務評鑑（臺北市政府教育局，2013），其評鑑規準則包括十大向度，分別為：⑴學校領導與行政管理；⑵課程發展與評鑑運用；⑶教師教學與專業發展；⑷學生學習與成效表現；⑸學生事務與國民素養；⑹學生輔導與支持網絡；⑺校園環境與教學設備；⑻特殊教育與團隊運作；⑼公共關係與家長參與；⑽董事會設置與經營；每個向度都包括四至六個規準，每個規準則有三至五個項目。至於新北市，亦細分為十大向度（新北市政府教育局，無日期），分別為：⑴校長領導與董事會經營；⑵行政管理；⑶課程；⑷教學與評量；⑸教師專業發展；⑹學生事務；⑺學生輔導；⑻校園營造；⑼社群關係；⑽績效表現；每個向度各包括三至四個項目，每個項目則有二至四個指標。由此可見，不同的教育行政評鑑活動有不同的評鑑規準，而相同的教育行政評鑑活動，也不一定會有同樣的評鑑規準。

目前，雖然沒有一套眾所公認的教育行政評鑑規準，不過當前對於評鑑規準較有高度共識則是具體評鑑規準的標準；也就是說，研究、規劃與設計具體評鑑規準所應參照的觀點，例如：美國教育評鑑標準聯合會（Joint Committee on Standards for Educational Evaluation, JCSEE）訂定了三十個評鑑規準的五個適當向度，分別是：⑴效用性：用以確保評鑑可以為特定使用者提供所需資訊；⑵可行性：用以確保評鑑是可行且謹慎的；⑶適切性：用以確保評鑑的行為是合法且合乎倫理的；⑷精確性：用以確保評鑑的結果能

真正提供有效且適當的資訊；⑸績效責任：確保評鑑文件能滿足需求，並以後設評鑑觀點聚焦在評鑑過程及結果的改善和績效性（Yarbrough, Shulha, Hopson, & Caruthers, 2011）。

此外，Danielson 與 McGreal（2000）除了從輸入（教師教學）與輸出（學生成就）的兩個向度來思考教師評鑑之規準，也認為評鑑規準應具有：⑴可接受性：評鑑規準應為參與教育活動者所了解與接受；⑵具體性：評鑑規準應該包括教育活動各個向度的真實情況，而不可有過度抽象或多而不當的現象；⑶精確性：各個評鑑規準間之定義應明確清楚，不可含糊而造成規準間的重疊；⑷可評量性：評鑑的規準在進行評量（質或量的評量）時，應能區分出該規準優劣之不同差異。

準此而言，要訂定教育行政評鑑規準所應考慮的方向，可包括：⑴具體化：評鑑規準應具體不抽象；⑵明確化：評鑑規準間應獨立且定義清晰；⑶可行化：評鑑規準易了解並可進行量（或質）的評分；⑷核心化：包括各重要評鑑規準。

第四節　教育行政評鑑的實施程序

評鑑規準指的是「內容」（what）的問題，至於評鑑程序則是說明「如何進行」（how）的問題。當然，評鑑內容與過程是有所關聯，無法完全分割；也就是說，評鑑目的會決定評鑑規準，評鑑規準則會影響評鑑程序的設定。因此，在思考評鑑規準之際，即應慎思評鑑目的，以及後續評鑑程序實施的一致性，避免前後不一，衍生評鑑活動的矛盾與窒礙難行。

謝文全（2012）在歸納諸多學者專家的看法後認為，教育行政評鑑的步驟可分為十項，分別是：

1. 決定評鑑目標：也就是決定該次評鑑的目標，以做為設計整個評鑑實

施的依據。

2. 確定評鑑範圍與細目：亦即再根據評鑑的目標確認此次評鑑的範圍，以利聚焦。其次，將該範圍的內容分析成細目，如範圍為「行政」，則可再細分為教務、學務、總務、人事與公共關係五項細目。

3. 訂定衡量的標準：即是建立評鑑量度優劣得失的依據，換言之，乃是設定達到什麼樣的程度為「優良」，達到怎樣的程度叫做「尚可」等。

4. 編製評鑑表格與工具：即根據評鑑目標、範圍與細目，編製評鑑表格與工具，藉以提供評鑑人員有效率的進行評鑑。

5. 事前溝通協調：即評鑑實施前，與受評鑑者與評鑑委員進行溝通協調，並清楚說明評鑑目的、過程、規準及結果的應用等。

6. 宜以多法並用為原則：如兼採資料閱讀、觀察、晤談、問卷調查等，以便蒐集有關的資料。

7. 分析資料做成結論建議：乃是將蒐集到的資料進行分類、整理與分析，藉以了解優劣得失，其後再綜合歸納做成評鑑結論，並根據結論提出改進之建議。

8. 提出評鑑結果報告：係指以書面方式提出評鑑結果的報告，內容大致包括：緒論、評鑑過程、結論，以及建議。

9. 研擬改進計畫並追綜評鑑：包括受評鑑者應根據評鑑報告之建議研擬改進計畫，並進行改善之實施；而評鑑機關也應對受評鑑者的改進情況，進行必要的追蹤評鑑。

10. 實施後設評鑑：係指於評鑑後，針對此次的評鑑目的、方法、工具、資料蒐集與分析、評鑑結果及應用等進行評鑑，藉以改進評鑑的品質。

張德銳（1999）則將 Anderson（1991）的評鑑程序修正為「評鑑計

畫」、「形成性評鑑」、「總結性評鑑」等三個階段。在評鑑計畫階段，包括：⑴決定評鑑目的；⑵明定評鑑規準；在形成性評鑑階段，則包括：⑴評鑑資料的蒐集；⑵評鑑資料的回饋；至於總結性評鑑階段，則為：⑴做為年終考核的參考；⑵追蹤改進。

　　Tenbrink（1974）則認為，評鑑的過程可分為三階段十步驟。在準備階段，包括：⑴確定判斷決定的項目；⑵敘明所需資料；⑶知悉現成資料存放之處；⑷決定取得資料的時間和方法；⑸編製或選擇蒐集資料的工具；而在資料蒐集階段，則有：⑴蒐集所需資料；⑵分析與記錄資料；至於在評鑑階段，則是：⑴形成判斷；⑵做成決定；⑶總結並提出評鑑結果的報告。

　　Glickman、Gordon與Ross-Gordon（2001）則提出評鑑五步驟的觀點，分別包括：⑴選擇評鑑的範圍：也就是透過會議的方式討論即將接受評鑑的範圍與內容，例如：學校行政、教師教學、學生學習成就等；⑵確認明確的評鑑問題：即透過不同的組織或團體充分討論，並設計出確定的評鑑問題；⑶設計評鑑：亦即討論評鑑資料的來源、蒐集資料的方法、選擇資料蒐集工具等；⑷進行資料的蒐集與分析：即實施評鑑並根據評鑑問題蒐集資料，然後整理與分類所蒐集到的資料；⑸提出評鑑報告：此部分則包括評鑑結果與討論，並據以提出建議或方案選擇的優先順序等。

　　綜合上述國內外學者的看法，教育行政評鑑的步驟應可包括三階段七步驟（如圖 11-1 所示）。首先，第一階段為評鑑計畫階段，包括決定評鑑的目的、確定評鑑的規準、選擇評鑑的工具與方法；第二階段為評鑑實施階段，指的是評鑑資料的蒐集、評鑑資料的分析；第三階段則為評鑑考核階段，此則包括提出評鑑報告、進行追蹤改進。

　　從圖 11-1 可知，第一階段的主要工作在於確定實施教育行政評鑑的目的究竟是屬於形成性目的？或是較偏向總結性目的？其次，則是依據教育行政事務或活動的類型與內容，以決定教育行政評鑑的規準，並做為教育行政

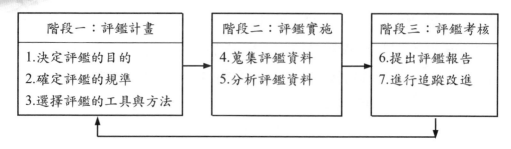

圖 11-1　教育行政評鑑實施程序圖

評鑑實施的參照；最後，則是決定教育行政評鑑的工具與方法，例如：是採取問卷調查方式，還是進行訪談，抑或是文件資料的檢視等評鑑工具，而諸如自評、外部評鑑、同儕評鑑等，則是有關評鑑方法的問題。

　　第二階段則是說明教育行政評鑑資料的蒐集與資料的分析。在資料的蒐集上，則是以第一階段中所決定的評鑑工具與方法，實地蒐集與教育行政活動或事務有相關的資料，並且立即進行資料的比較、分析與評斷，以了解資料所代表的意義。

　　至於第三階段的評鑑考核則是在於提出評鑑報告，並進行追蹤改進。也就是說，此階段的工作乃是根據前一階段的資料撰寫評鑑結果，提出評鑑報告；然後，再依照評鑑報告所列之各項優劣得失，進行表揚優良，改進缺失的追蹤及輔導。

第五節　教育行政評鑑的模式與類型

一、教育行政評鑑的模式

　　教育行政評鑑主要是參照教育評鑑的方式，而在教育評鑑模式的發展

上，評鑑專家與學者至少提出五十種以上的模式，茲簡介八種主要的教育評鑑模式如下（秦夢群，2013；黃光雄，1989；黃政傑，1993）：

其一是目標獲得模式：係由 Tyler 所提倡，並運用於 1930 年代的「八年研究」中。採用本模式時，評鑑者須依照預定目標，蒐集實際表現資料，然後再與目標做比較，以確定目標所達之程度。

其二為外貌模式：係由 Stake（1967）所提出，其運用兼具描述與判斷兩功能，亦即不但要描述，也要判斷，同時描述必須充分。而且，不論是為了描述或判斷，都要蒐集三方面的資料：先在因素、過程因素與結果因素，以做為描述與判斷之參照。先在因素指的是計畫或活動進行之前，任何可能與結果有關的條件；過程因素是計畫或活動實施中，有關人事物的遭遇；而結果因素則是計畫或活動進行後所產生的影響。

其三為差距模式：Provus（1971）認為，評鑑乃係比較標準與表現兩者間的差距，易言之，即是比較計畫或活動在應然與實然上的差距。此外，差距模式的進行共包括五個階段：⑴設計階段：即界定評鑑標準；⑵裝置階段：即了解所裝置的方案與原先計畫的符合程度；⑶過程階段：旨在了解導向最終結果的中間目標是否達成；⑷產出階段：即探討方案的最終目標是否達成；⑸成本效益分析階段：旨在回答哪個方案最經濟有效的問題。而除了成本效益分析階段外，其餘四個階段都要找出標準與方案的差距。

其四乃是背景、輸入、過程、結果評鑑（context, input, process, product，簡稱 CIPP）模式：Stufflebeam（1971）認為，CIPP 評鑑模式旨在描述、取得及提供資料，以供判斷或決策之依據。而背景評鑑旨在提供確定目標的依據；輸入評鑑在確定如何運用資源以達成目標；過程評鑑係提供定期回饋給予負責實施計畫和程序的人；結果評鑑則在於了解教育系統產生的結果。

其五係指評鑑研究中心模式：Alkin（1969）認為，評鑑係在蒐集、分

析資料供決策之用，而其實施的步驟則為：系統評估、方案計畫、方案實施、方案改進、方案授證。系統評估旨在找出教育系統目前需要做什麼改變；方案計畫旨在計畫或選擇各種變通方案，以便納入教育系統中；方案實施則在確定所實施的方案是否符合原來的計畫；方案改進在於提供方案各成分是否成功運作的資料，以供方案計畫者修正之參考；至於方案授證，則是確定方案是否終止、修正或推廣。

其六是認可模式：此模式主要在建立認可的最低標準，而其實施方式則是由受評單位自評後，再由專家前往訪視，如發現缺失則給予受評單位補助或改進機會，並安排複評。其次，本模式強調專業自主，希望運用專業知識與經驗以保障教育品質。

此外，則是闡明式評鑑模式：此模式認為，評鑑旨在描述與解釋，而非測驗與預測，其實施程序則包括：(1)探索：係評鑑者的觀察，亦即屬於廣泛的理解，儘量認識所評鑑的教育現象；(2)探究：是指評鑑者由探索所得的現象，選擇進一步觀察的焦點，並進行資料的蒐集；(3)解釋：則是分析特殊現象中有無共通原則，有哪些因果關係，為什麼會產生這個現象。

最後則為司法模式（Wolf, 1973）：此模式乃是利用法庭審理案件的方法，將政策內容訴諸大眾，以求得最客觀的判斷；其實施階段為議題形成、議題選擇、辯論準備、辯論法庭等四個階段，而其主要功用則在於陳述有爭議性的正反兩面意見。

值得說明的是，雖然教育行政評鑑可簡易區分如上述評鑑的模式，然而，並沒有一個評鑑模式足以完全滿足評鑑的複雜性，因此在實際進行教育評鑑之前，應充分了解各種評鑑模式的內容與優缺點，並分析所欲進行的評鑑計畫與活動性質，然後做最佳的運用與配對，以發揮評鑑的最大功效。

二、教育行政評鑑的類型

教育行政評鑑因其功能與內容之差異，而有不同的評鑑類型。不過，一般對教育行政評鑑類型的區分，大多依評鑑的實質內容加以細分，而其名稱則往往與其評鑑內容相呼應，茲列舉如下。

（一）校務評鑑

校務評鑑是針對學校所有行政與教學的評鑑，其目的在檢視學校整體辦學的成效，藉以協助學校改進校務與進行績效評核。至於校務評鑑的面向，則因設計理念不同，而有不同的呈現方式，不過大抵包含教務、訓導、總務、輔導、人事、主計、教師教學、學生學習，以及家長參與等內容。

此外，由於校務評鑑工作的進行，總是以眾多的學校為對象，因此其評鑑過程的規劃與實施總是比較詳盡，經常包括：組成評鑑小組、實施評鑑委員研習、辦理評鑑說明會、學校自評、訪視評鑑、撰擬評鑑報告、追蹤學校改進校務等。

（二）課程評鑑

針對學校課程的規劃、設計、發展、實施、評鑑及其內容所進行之評鑑工作，稱為課程評鑑。尤其是國內目前刻正實施十二年國民基本教育課程改革，不管是教科書內容、學校特色課程或學校本位課程等，均須定期或不定期進行檢視，以了解各個程序的價值和優劣，進而提供教學及課程設計與實施之改進回饋和再修正的動力，以達提升教師教學與學生學習整體效能之功效。

準此，課程評鑑在整體課程發展中係扮演著回饋與再修正的動力，並具有下述價值（黃政傑，1993；Eisner, 1979）：⑴診斷：協助課程發展人員

發現每一階段存在的問題；(2)修正：課程評鑑除了了解問題，也尋求解決問題的方法；(3)比較：將評鑑的課程和標準或其他課程比較，以顯示現行課程狀況；(4)價值判斷：課程評鑑可確定課程達成目標的程度或所產生的未預期結果；(5)選擇與決定：課程評鑑所蒐集的資料，可供課程發展成員決定或選擇。

（二）教師評鑑

教師評鑑是以教師教學相關的事務所實施的一種評鑑工作，而其所採用的評鑑規準則往往與有效能教學的理論或實務為要，例如：美國「州際新任教師評估及其支持聯盟」（Interstate New Teacher Assessment and Support Consortium，簡稱 INTASC），曾提出十個教師教學表現行為規準，亦常為美國中小學實施教師評鑑之參照。這十個規準內容分別為（Campbell, Cignetti, Melenyzer, Nettles, & Wyman, 2001）：(1)學科知識；(2)人類發展與學習的知識；(3)為個別需要所進行的教學調整；(4)多元的教學策略；(5)教室動機與管理技巧；(6)溝通技巧；(7)教學計畫技巧；(8)學習評估技巧；(9)專業的投入與責任；(10)夥伴關係。此外，評鑑結果則以協助教師改善教學現況、進行專業發展、教師考核或教師聘任為目的。

至於教師評鑑的進行，有採取教師自我評鑑、教師同儕相互評鑑、行政人員或學生進行評鑑，也有以評鑑小組方式為之。值得說明的是，雖然目前在大專校院由學生進行的教師評鑑相當盛行，不過為了避免被認為有損師道尊嚴，並降低師生間不必要的衝突，大多數的學校還是只將評鑑結果當作輔助性參考資料。

（三）校長評鑑

校長評鑑是對校長表現所進行價值判斷與決定的歷程，其方法乃是根據

校長表現的規準，蒐集相關資訊，以了解校長表現的優劣得失及其原因，進而協助校長改進表現或做為行政決定的依據。

然而，由於各層級（國小、國中、高中）校長的角色職責不盡相同，而且就算同一層級校長，其所處的學校環境亦不一樣，因此所建構出的校長評鑑規準也就不全然一致。不過，整體而言，校長評鑑規準可採取「教育政策」、「教學領導」、「行政管理」、「言行操守與人際溝通」、「專業精神」等五個領域（張德銳，1999）。

由上可知，教育行政評鑑因功能、內容不同，而分成各種不同的評鑑類型，不過當前國內中小學所實施的教育行政評鑑，則較常以校務評鑑、課程評鑑、專案評鑑（如開放教育、小班教學、特殊教育等）等方式區分。

第六節　教育行政評鑑的原則

教育行政評鑑要能落實有效，以檢視教育行政計畫或活動的優劣得失，並進而提高各行政機關的進步發展，則於實施時應注意下述原則。

一、應建立發展性評鑑目的

如前所述，評鑑的目的在於改良，而非證明；也就是說，教育行政評鑑的目的不應侷限於總結性目的，而更應包括形成性、發展性目的。然而，從我國歷年來的各項教育行政評鑑來看，似乎都較偏向於總結性評鑑目的，從考核獎懲的觀點進行，希望各教育（或學校）行政機關負起績效責任。

然而，積極與正向的目的才是教育行政評鑑所要追求的方向，亦即評鑑應以自動自發為起點，強調自我發展、自我改進、自我管理，最後達成自我成長的目的。準此，教育行政機關未來在規劃設計教育行政評鑑制度之際，

其於評鑑目的之規劃與建立上，可參酌下列兩個層面：(1)首重發展性評鑑目的：讓評鑑檢視活動能不斷循環進行，並能將過程與結果所發現的優劣得失，做為組織持續推動或改善的參酌，以促使教育行政工作的進步發展，並因而提高其專業形象；(2)兼顧總結性目的：也就是讓教育（學校）行政機關同時負起各項業務的績效責任，進而獎勵優良、改善缺失。

 ## 二、應建立具體可行且核心化的評鑑規準

評鑑規準是評鑑過程的關鍵與核心（Buser, 1984），因此務須謹慎研究、設計與選擇，務期使評鑑內容和功能有高相關為要。其次，為讓評鑑結果具客觀性、說服性，並讓評鑑委員於實施評鑑時，有一致的評斷標準，則非發展與建立一套具體、可行、有效的客觀評鑑規準不可。

具體而言，要建立一套具體可行的客觀衡量標準，可考量三大要求與五大步驟。首先，就其三大要求而言，評鑑規準的訂定要：(1)考量理論與實際；(2)合乎時代並具彈性；(3)廣徵多方意見。其次，評鑑規準的五大步驟則為：(1)歸納與各評鑑工作內容有高相關的標準；(2)從理論與實務分析這些相關規準的行為標準；(3)依規準與行為標準建立行為指標與評分檢核表；(4)實施評鑑；(5)不斷檢討改進。

 ## 三、兼採內部與外部評鑑

由組織內部人員所進行的評鑑，稱為內部評鑑；而外部評鑑則是由組織外部人員所做的評鑑。然而，只有受評單位最了解自己組織內的工作內容與表現，而且研究也發現（蘇錦麗，1997），內部評鑑係機關基於自動自發精神，發揮自我反省與批判能力，是有效提升機構教育品質之主要關鍵，其重要性可見一般。

然而，內部評鑑的缺點卻在於其不易做到客觀化，而且評鑑專業性的知

識往往不夠，相對造成評鑑結果公信度不足。有鑑於此，外部評鑑恰正足以彌補其缺失，因為客觀性、公信力、專業性、獨立性、專注度都是外部評鑑最大優勢。因此，在進行教育行政評鑑之際，實應兼採內部與外部評鑑，以互補長短。

 四、應採取多元化資料蒐集

當前教育行政評鑑最常為大家所詬病的，乃是因為在評鑑過程中，時間或人力不夠而為求簡便，往往只針對評鑑資料簿冊進行檢視，即撰寫評鑑報告。其實，要正確有效的蒐集評鑑資料，應利用多元管道與方式將所得資料相互佐證，才足以篩選資訊的正確與否，且不致造成結果的誤判；而此即如研究所強調的三角測定法，強調資料蒐集的多元管道，亦即不管是量化資料的取得，抑或是質化資料的獲取，管道與方法都應強調多元化，以促使評鑑結果更正確有效。

據此而論，評鑑資料的蒐集管道應包括：簡報、訪視、現場觀察、晤談、電話訪問、問卷調查、檔案查閱、調閱各項會議紀錄等，而其調查對象則可包括與此教育行政工作有相關的人員。

 五、強調評鑑後的追蹤輔導

評鑑目的的發展、評鑑規準的建立、評鑑過程的實施，都是為了評鑑結果的達成。然而，評鑑結果雖然可做為管控教育行政組織之績效責任外，其最重要的目的，卻在於改善與實施其組織發展計畫。因此，為了達百尺竿頭、永續進步發展的功效，評鑑結果的產生應是另一個評鑑發展活動的開始，而非是結束的意義，亦即評鑑工作結束後，應針對評鑑結果進行追蹤輔導。

準此，給予受評單位評鑑改善時間，並針對其缺失進行再檢核與評鑑似

乎是較恰當的辦法，因為此舉不但能進一步觀察受評單位進步與改善的成效，更可真正達成評鑑的目的。

 ## 六、重視後設評鑑的實行

評鑑制度再好，還是會因時空背景或其他因素，而產生若干的盲點，甚者產生窒礙難行之狀況，解決之道便是建立健全的後設評鑑機制，以做為完整評鑑制度的配套措施。

因此，每當一項教育行政評鑑工作結束後，即應召開評鑑工作的檢討會議，進行評鑑檢討與後設評鑑。而透過此會議，除可了解此教育行政評鑑的優缺點外，當然也可針對評鑑的計畫、執行、評鑑等歷程，進行評鑑檢核工作，以了解評鑑的目的、規準、歷程、結果運用等之優劣得失，並據以提出改進意見。當然，為充分了解其優缺點，也可邀請參與此次評鑑及受評人員提供相關意見，相信對於評鑑工作的推動，會更完整有效，使評鑑制度更趨完備。

 ## 七、關注評鑑協商與對話

Guba 與 Lincoln（1989）曾在《第四代評鑑》（*Fourth Generation Evaluation*）一書中，將 1910 年以後的評鑑典範區分為四代：第一代評鑑為測量、第二代評鑑為描述、第三代評鑑為判斷、第四代評鑑為協商與對話；也就是說，教育評鑑典範的發展，已漸漸發展至強調評鑑者與被評鑑者間的討論、協商、對話與溝通，藉以達成共識。

基於此，執行教育行政評鑑之際，理應關注評鑑者與被評鑑者間公平存在的關係，強調與該教育行政評鑑有關之利害關係人的參與，並確實落實評鑑者與被評鑑者間對評鑑過程和結果的協商、溝通與對話，藉以建立符合真實情況共識的評鑑報告。

八、注意評鑑的倫理

Popham（1988）指出，教育評鑑的實踐仍架構在政治的脈絡中，因此教育評鑑人員不可能不涉及倫理的議題。然而，教育行政評鑑所牽涉的對象，都是屬於人的問題，而且具有不可回溯性；也就是說，評鑑不當將可能對教育現場的人員造成不可抹滅的傷害。準此，執行教育行政評鑑時，更應當注意其評鑑倫理的問題。

有關如何注意評鑑倫理的問題，則是於計畫教育行政評鑑之際，即應盡量慎思評鑑的實施是否有其不當性，或者有其反教育的情況產生，並盡力完全將之排除；其次，於評鑑活動執行時，如發現評鑑隱含不道德性或將對受評者產生傷害，亦應立即修正或停止評鑑活動，以維護教育行政評鑑的客觀公正性。

第七節　教育行政評鑑的應用——發展性教師評鑑系統

「發展性教師評鑑系統」的研發可回溯至美國德州大學奧斯汀校區Ben M. Harris 教授在 1982 年所發展的「教師發展評鑑系統」（Developmental Teacher Evaluation Kit，簡稱 DeTEK）。根據 DeTEK，張德銳等人在 1996 年研發出一個本土化的「發展性教師評鑑系統」，而「發展性教學輔導系統」則又經過再一次本土化的歷程，更清楚的強調該系統在強化教學過程中所扮演之發展性、協助性的角色，以及是屬於形成性教師評鑑系統。

發展性教師評鑑系統是一種專業性、發展性及形成性評鑑，其實施時須充分尊重參與教師的意願。此系統設計的四個假定為：⑴教師是一群具有學

習能力的專業人員；(2)每個教師的教學活動固然有其個別特殊性，但是某些
重要的教學行為，即可以成為教師教學表現的核心；(3)教學是由一組可以分
析的複雜活動所組成；(4)教師的教學行為對學生的學習非常重要（張德銳等
人，1996）。

發展性教師評鑑系統係透過教師自我分析、同僚教室觀察、學生教學反
應等方式，來蒐集教師教學表現的資料，然後鼓勵教師和同僚在相互信任、
合作的基礎上，設定專業成長計畫並執行之，藉以不斷地促進教學專業的發
展，所以它是一種典型的形成性、發展性、診斷性教學評鑑，也是一種專業
性、服務性的教學輔導工作。茲將分述其目的、規準與實施歷程如下。

 一、評鑑目的

此系統的主要目標有四：其一為改進中小學教師的教學；其二為促進教
師專業發展；其三是發現教師教學表現成就，激勵教師工作士氣；最後一個
則為促進行政人員與教師之間，以及教師彼此之間的溝通、協調與合作，如
此將有助於學校的和諧氣氛。

 二、評鑑規準

此系統所使用的評鑑規準包含五個教學領域、十七項教學行為、五十個
行為指標。五個教學領域分別為「教學清晰」、「活潑多樣」、「有效溝
通」、「班級經營」、「掌握目標」，茲簡述如下：

第一個領域是教學清晰，指的是教師能掌握所授教材的核心概念，清楚
地教導概念及技能，形成完整的知識架構。其下則包括兩個行為，分別為：
(1)掌握所授教材的核心概念；(2)清楚地教導概念及技能，以形成完整的知識
架構。

第二個領域為活潑多樣，主要是運用多元的教學方法、教學媒體和各種

發問技巧來呈現教學。其所包含的行為則有：⑴引起並維持學生學習動機；
⑵運用多元的教學方法及學習活動；⑶使用各種教學媒體；⑷善用各種發問
技巧。

　　第三個領域為有效溝通，指的是教師能運用良好的語文和非語文技巧，
來表達教學內容。此領域的行為有：⑴運用良好的語文技巧；⑵適當地運用
身體語言；⑶用心注意學生發表，促進師生互動。

　　第四個領域是班級經營，指的是教師能營造班級氣氛，布置教學情境，
有效運用管教方法，維持教室常規，使教學順利進行。評鑑的行為有：⑴營
造和諧愉快的班級氣氛；⑵妥善布置教學情境；⑶建立良好的教室常規和秩
序；⑷有效運用管教方法。

　　此外，則為掌握目標領域，其意義乃是教師能掌握目標與歷程，實施教
學評量，達成預期學習成果。至於行為則是：⑴充分地完成教學準備；⑵有
效掌握教學時間；⑶評量學生表現並提供回饋與指導；⑷達成預期學習效
果。

三、評鑑歷程

　　教師發展評鑑系統的整個運作過程，具有四個階段、十個步驟，其關係
如圖 11-2 所示，而且此系統可經由再循環，使發展性評鑑變成持續的過程。

　　首先是階段一的「綜合診斷調查」。在此階段中，教師先完成工具一：
「教學行為自我檢視表」，來自我分析在五個教學領域和十七個教學行為上
的表現（步驟一）；接下來由輔導者（教師同儕、主任、校長）使用工具
二：「教學行為綜合觀察表」，以進行教室觀察（步驟二）；另外，則透過
教師與輔導者開會研商，對工具一和工具二之資料加以比較和分析後，填寫
工具三：「教學行為回饋分析表」（步驟三）。而在共同合作分析資料之
後，教師與輔導者可共同選取下述三方案之一，以做為繼續進行之基礎：⑴

直接進行成長計畫（步驟八）；⑵選擇一到三個教學行為，進一步進行重點
診斷分析；⑶重新回到步驟一和二，由教師重新自我檢視，以及由輔導者再
進行教室觀察。

其次則為階段二的「重點診斷分析」。此階段中的四個步驟分別為：

1. 步驟四：教師完成工具四：「教師自我報告表」中適用在步驟三、方
   案2所選定分析的教學行為部分。就像工具一一樣，工具四是一種教
   師自我分析工具，係用來決定教師是否表現出教學行為所附屬的每一
   個行為指標。

2. 步驟五：輔導者完成工具五：「教室觀察報告表」中適用步驟三、方
   案2所選定的教學行為部分。工具五同樣欲分析教師是否表現出教學
   行為所附屬的每一個行為指標。

3. 步驟六：由一組學生完成工具六：「輔助性學生報告表」中適用步驟
   三所選定的教學行為部分。此一工具中的每一個行為指標都需以更淺
   顯的文字重新改寫，以便讓學生了解與作答。

4. 步驟七：由教師、輔導者與其他可能合作的專業人員，使用工具四、
   五、六所提供之資料，開會共同完成工具七：「資料分析表」。這些
   分析可能引導下列行動：確認教師教學成就、確認教學需要改進之
   處、重新進行步驟四至六。

此外，則是階段三的「專業成長計畫」。此階段所包含的則是步驟八，
乃是以步驟三、方案1或步驟七所診斷出來的教師需求為基礎，由教師、輔
導者及其他可能合作的專業人員開會共同完成工具八：「專業成長計畫」。
這個計畫不但要求教師進行某些成長活動，並使用「資源檔」中所列明的資
料，而且也確認每一個共同合作者在教師專業成長過程中所應負的責任。

最後則為階段四的「改進之努力」。此階段包含步驟九、十。在步驟九
中，主要是在完成工具八之後，每一位教師與共同合作者必須確實執行成長

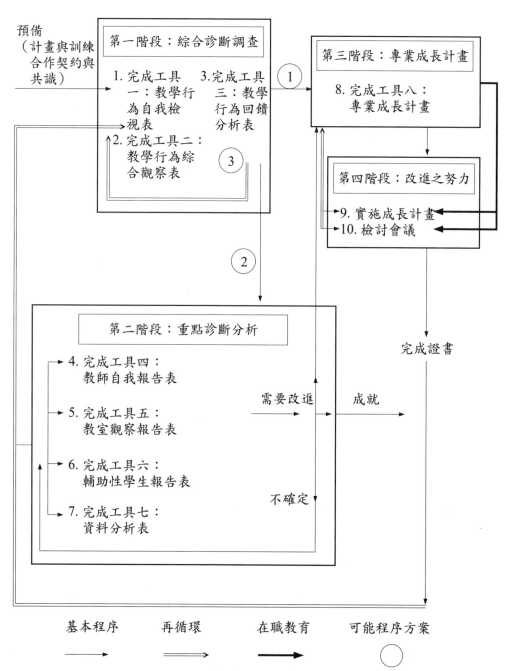

圖 11-2　發展性教師評鑑系統的運作過程

資料來源：張德銳等人（2000，頁 104）

計畫中所指定之任務，包括教師在職教育活動。而在步驟十中，則是由教師與輔導者開會檢討執行成果；此步驟一方面肯定教師經由改進、努力所獲得的成就，另一方面也為下一個新的輔導循環做準備。新的循環可能由步驟一開始，即用新的工具重複全部過程；或者，另行選定一至三個欲詳細診斷教學行為，並重複步驟四至十；也可以由步驟十回到步驟八，來重新擬定專業成長計畫。

關鍵詞彙

- 教育行政評鑑
- 評鑑規準
- 形成性評鑑
- 總結性評鑑

- 內部評鑑
- 外部評鑑
- 後設評鑑
- 第四代評鑑

- 評鑑倫理
- 發展性教師評鑑系統

自我評量

1. 「評鑑的目的在於改善，而非證明」，此種觀點是否完全適用於教育行政評鑑？你的看法為何？

2. 在你的印象中，貴校曾接受何種教育行政評鑑，請從教育行政評鑑的目的、規準與實施程序等角度，說說你對這些評鑑的看法？

3. 教育行政評鑑因功能與內容不同，而有不同的評鑑類型。但如果同時實施數種教育行政評鑑，似乎會給學校帶來不少的負擔與困擾。請問你對此問題的看法及其解決之道為何？

個案研究

理想或現實？

　　林美麗（化名）今年通過國民小學校長甄試後，旋即參加教育局所舉辦的校長遴選作業；然而，可惜的是，今年的校長職務出缺太少，她最想要的學校已有人捷足先登，只好退而求其次，到眾多校長口中難纏的金光國小（化名）。

　　金光國小是一所十幾班的小型學校，由於學校進修風氣鼎盛，全校二十幾名老師中幾乎有三分之二強都是研究所畢業，甚至也有三名老師正在攻讀博士學位。不過，在二十幾名的老師中，還是分為以教務主任為主的改革派，希望為教育開創出一片天，因此積極主動辦理各項教師與學生活動；另一派則是以學務與總務主任為主的輕鬆派，凡事只要不增加業務量，萬事OK，但是一旦推出新的教育措施會產生壓力時，便結合其他老師於會議上反對到底。

　　林校長到金光國小就任後，為了安定人心，促使校園的和諧氣氛，因此不論教務主任多次提出新的教育活動計畫，總被林校長擋下，希望等過一陣子人事安定再說，一次又一次的暫緩，一年來大家竟也相安無事。

　　日前，教務主任急步走進校長室，拿出教育局剛到的公文，滔滔不絕地向校長說明今年校務評鑑是林校長來的第一年，這三個月一定要好好準備，讓校長往後有大展鴻圖的機會。看著教務主任詳細的規劃、精心的分工，以及所預期達到的結果，林校長不免有點心動。只不過，一看要短時間請各處室製作這麼多的表冊資料、活動成果照片，又看到要各處室協助完成的檔案、海報、布置、Powerpoint等，想到學務與總務主任可能帶領老師反對的場景，林校長頓時心頭有點猶豫，這簽呈要怎麼處理呢？

問題討論

1. 就教育行政評鑑的觀點而言，你認為實施校務評鑑應注意哪些問題？

2. 請從教育行政評鑑的觀點，分析金光國小要如何進行校務評鑑？

3. 如果你是林校長，會如何處理輕鬆派抗拒的這個問題呢？

❧ 參考文獻 ❧

中文部分

吳清山（2014）。學校行政（第七版）。臺北市：心理。

秦夢群（2013）。教育行政：實務部分。臺北市：五南。

張德銳（1999）。國民中小學校長評鑑系統的初步建構。初等教育，7，15-38。

張德銳（2000）。教育行政研究。臺北市：五南。

張德銳、蔡秀媛、許藤繼、江啟昱、李俊達、蔡美錦、…賴志鋒（2000）。發展性教學輔導系統理論與實務。臺北市：五南。

張德銳、簡紅珠、裘友善、高淑芳、張美玉、成虹飛（1996）。發展性教師評鑑系統。臺北市：五南。

黃光雄（編譯）（1989）。教育評鑑的模式。臺北市：師大書苑。

黃政傑（1993）。課程評鑑。臺北市：師大書苑。

黃炳煌（1997）。大學自主與大學評鑑。載於陳漢強（主編），大學評鑑（頁 3-22）。臺北市：五南。

新北市政府教育局（無日期）。新北市 105 學年度下學期至 109 學年度上學期（第二週期）國中小校務評鑑實施計畫。取自 https://ntcse.cher.ntnu.edu.tw/news/document.html

臺北市政府教育局（2013）。臺北市 102 至 106 學年度公私立國民小學校務鑑實施計畫。取自 http://www.doe.gov.taipei/ct.asp? xItem=68345537&ctNode=66143&mp=104001

謝文全（2012）。教育行政學（第四版）。臺北市：高等教育。

蘇錦麗（1997）。**高等教育評鑑理論與實務**。臺北市：五南。

英文部分

Alkin, M. C. (1969). Evaluation theory development. *Evaluation Comment, 2*, 2-7.

Anderson, M. E. (1991). *Principals: How to train, recruit, select, induct, and evaluate leaders for America's schools.* Eugene, OR: Eric Cleaninghouse on Educational Management.

Buser, R. L. (1984). *A self-directed program for developing teacher and administrator evaluation procedures.* Falls Church, VA: National Study of School Evaluation.

Campbell, D. M., Cignetti, P. B., Melenyzer, B. J., Nettles, D. H., & Wyman, R. M. (2001). *How to develop a professional portfolio: A manual for teachers* (2nd ed.). Boston, MA: Allyn & Bacon.

Danielson, C., & McGreal, T. L. (2000). *Teacher evaluation: To enhance professional practice.* Princeton, NJ: Educational Testing Service Princeton.

Eisner, E. W. (1979). *The educational imagination.* New York, NY: Macmillan.

Glickman, C. D., Gordon, S. P., & Ross-Gordon, J. M. (2001). *Supervision and instructional leadership: A developmental approach* (5th ed.). Boston, MA: Allyn & Bacon.

Guba, E. G., & Lincoln, Y. S. (1989). *Fourth generation evaluation.* London, UK: Sage.

House, E. R. (1993). *Professional evaluation.* Newbury Park, CA: Sage.

Popham, W. J. (1988). *Educational evaluation* (2nd ed.). Englewood Cliff, NJ: Prentice-Hall.

Provus, M. M. (1971). D*iscrepancy evaluation for educational program impro-vement and assessment*. Berkeley, CA: McCutchan.

Rogers, G., & Badham, L. (1992). *Evaluation in schools: Getting started on training and implementation*. New York, NY: Routledge.

Stake, R. E. (1967). The countenance of educational evaluation. *Teachers College Record, 68*, 523-540.

Stufflebeam, D. L. (1971). *Educational evaluation and decision making*. Itasca, IL: Peacork.

Stufflebeam, D. L. (1983). The CIPP model for program evaluation. In G. F. Madaus, M. S. Scriven, & D. L. Stufflebeam (Eds.), *Evaluation models: Viewpoints on educational and human services evaluation* (pp. 117-141). Hingham, MA: Kluwer Academic.

Tenbrink, T. D. (1974). *Evaluation: A practical guide for teachers*. New York, NY: McGraw-Hill.

Wolf, R. L. (1973). *Application of select legal concepts to educational evaluation*. Unpublished doctoral dissertation, University of Illinois, IL.

Yarbrough, D. B., Shulha, L. M., Hopson, R. K., & Caruthers, F. A. (2011). *The program evaluation standards: A guide for evaluators and evaluation users* (3rd ed.). Thousand Oaks, CA: Sage.

教育行政的回顧與展望

吳清山

1. 了解教育行政發展的成果。
2. 認清教育行政發展的問題。
3. 掌握教育行政未來發展的趨勢。

■ **摘要** ■

　　我國自從政府遷臺以來，在教育經費和人力方面投入甚鉅，故不管在量的增加或質的提升，都是有目共睹。回顧過去教育行政發展的成果，主要有：(1)教育行政機關組織的調整；(2)學校教育的發展頗為快速；(3)教育經費支出的大幅增多；(4)弱勢族群學生教育受重視；(5)教育法制漸趨於成熟完備；(6)教育行政專業組織的成立；(7)教育改革報告書相繼提出。

　　檢視當前教育行政發展的問題，可歸納如下：(1)地方行政人員的專業素質待提升；(2)教育決策遭受壓力團體所左右；(3)教育行政法制趕不上時代潮流；(4)城鄉教育發展及資源分配不均。

　　展望教育行政未來發展的趨勢，約可列舉下列五項：(1)重建教育行政體制，因應社會變遷需求；(2)因應實驗教育發展，確保學生受教品質；(3)推動民主化行政決策，擴大全民參與教育；(4)推展績效化教育行政，提升教育行政品質。

　　未來的教育行政發展，將會受到「國際化、資訊化、民主化、自由化和本土化」的衝擊，建構一套兼顧國際視野和本土需求、結合資訊科技與傳統文化、融匯行政民主與行政倫理的教育行政體制，追求「品質、效率、廉潔、公義、效能」的教育行政願景，將是我們共同追求的目標。

工業革命奠定了現代社會的基礎，資訊革命改寫了人類科技的歷史，不管是工業革命或資訊革命，都直接或間接衝擊行政的發展。

自從 Taylor 於十九世紀初提倡科學管理理論之後，行政管理開始揚棄過去憑經驗法則的管理工作，逐漸開始進入系統化、客觀化和科學化的研究，讓行政管理更具績效。教育行政發展深受此一潮流以及後來行為科學管理理論、系統理論的影響，對於整個教育效率和效能的提升，助益甚鉅。隨後，世界各國的教育行政學者紛紛致力於探究適合本國需要的行政理論，以提供政府改進教育事業，達成教育目標的參考。

我國自從政府遷臺以來，勵精圖治、發憤圖強、有為有守，無論在政治、經濟或教育方面均締造了卓越的成就，尤為世界各國所讚許與肯定。「教育」為立國的根本，所以政府在教育經費和人力方面投入甚鉅，故不管在量的增加或質的提升，都是有目共睹，例如：國民教育階段的普及化、師資培育的多元化、技職教育的精緻化、高等教育的卓越化等，在在都顯示政府對於教育的重視；這些成就都必須有賴於行政的規劃與執行，所以教育行政對於整個國家教育發展扮演著關鍵性的角色。是故，就教育發展而言，教育行政具有主導和推手的雙重功能。

值此二十一世紀之際，回顧我國教育行政的發展成果，以及剖析當前教育行政的問題，並策劃教育行政未來發展方面，實在是一件很有價值和意義的工作。因此，本章乃就上述三方面逐一說明。

第一節　回顧過去教育行政發展的成果

我國中央教育行政機關的雛形，可追溯至清末的「學部」，到了民國成立時，臨時政府設於南京，即設有教育部，以作為中央教育行政機關。1927年，國民政府決定仿效法國的「大學院制度」，成立大學院作為全國最高學

術和教育行政機關；但由於人才及條件皆未能配合，實施一年之後不得不放棄。1928 年，國民政府公布《教育部組織法》，確立教育部的法制地位。1946 年制定我國第一部憲法，將教育文化列入基本國策，可見全體國民對於教育建設寄望殷切。1949 年政府遷臺以後，仍維持教育部之體制，但在 1968 年和 1973 年進行《教育部組織法》的修正，以適應教育發展之需求（徐南號，1985）。到了 2012 年，《教育部組織法》再行修正，2013 年正式施行。回顧近百年來，政府積極作為，使我國的教育行政展現傲人的成就，尤其近十年教育改革的成果，更為社會各界所肯定。當然，教育行政學者的投入研究與建言，也提供我國教育行政發展一個有力的發展方向。茲將我國過去教育行政發展的重要成果，扼要說明如下。

一、教育行政機關組織的調整

　　民國初年的教育部組織，只有承政廳、普通教育司、專門教育司及社會教育司等單位。1928 年公布的《教育部組織法》，大致沿襲民初舊制，分設總務司、高等教育司、普通教育司、社會教育司及編審處，並設大學委員會及其他委員會。1949 年，教育部設總務司、高等教育司、普通教育司、社會教育司、國際文教處、主計室及人事室。1973 年，教育部基於業務需要，將組織調整為八司、五處、一室，比過去之組織擴增至一倍以上。後來，教育部配合行政院組織改造，於 2013 年調整為八司、六處、三署（國民及學前教育署、體育署、青年發展署）（教育部，2012）。綜觀自中央政府設置教育部以來，其組織已隨著社會變遷和業務需要逐漸擴增。除了中央教育行政機關組織的調整外，直轄市和縣市教育局（處）之組織也不斷調整，例如：臺北市政府教育局增加了學前教育科、特殊教育科、工程及財產科、資訊教育科等；新北市、高雄市、臺中市、臺南市、桃園市紛紛改為直轄市，也調整了教育行政組織的規模。值得一提的是，隨著《憲法》增修條

文中的精省方案，臺灣省政府教育廳之組織已經在 1999 年正式步入歷史，改為教育部中部辦公室，這是政府遷臺以來最大的教育行政組織之調整。

二、學校教育的發展頗為快速

我國學校教育發展之成效，可謂有目共睹。根據教育部（2016a）出版的《中華民國教育統計》的資料顯示：在民國 58 學年度，學校數（含幼兒園）只有 581 所，到了 104 學年度，已經增為 10,948 所；民國 58 學年度，學生數（含幼兒園）為 3,809,930 人，到了 104 學年度，已經增為 4,616,125 人；民國 58 學年度，教師數（含幼兒園）為 111,670 人，到了 104 學年度，已經增為 299,921 人。而各級學校每位教師平均教導學生數，民國 65 學年度為 29.90 人，到了 104 學年度，降為 15.39 人。

就國民教育階段（6 至 14 歲）的學齡人口淨在學率來看，民國 65 學年度為 92.63%，到了 104 學年度，已經提升為 97.70%。至於中等以下學校平均每班學生人數，民國 65 學年度為 47.39 人，到了 104 學年度，已經降為 27.32 人。從這些數據發現，我國的義務教育階段已達普及化程度，而平均每班學生人數有降低現象，對於提升教育品質的確是有其助益。

三、教育經費支出的大幅增加

教育經費為教育發展的關鍵力量，無論是硬體建設或軟體經營，教育經費是不可或缺的要件之一。我國近三十多年來的教育經費支出，如本章附錄所示。1981 年度，教育經費總支出為 7,347,494 千元，到了 1983 年度，已經突破至 11,236,766 千元，1995 年度更增加至 110,942,492 千元，十二年之間增加了十倍之多，2015 年度，更高達 632,686,033 千元，可見教育經費支出有大幅增加之趨勢。

從附錄的資料顯示，我國歷年來的教育經費支出占國民生產毛額比率，

約在 2.90 至 6.64 %之間，最低的一年是在 1986 年，最高的一年是在 2005 年。而教育經費支出年增加率最高的一年是在 1987 年（42.88%），三十多年來首次出現教育經費負成長的是在 2012 年，達-8.63 %，其一部分原因來自政府財稅收入不佳所致，而減少教育經費支出，但在國民生產毛額比率上仍達 5.23 %。

值得一提的是，政府為充實、保障並致力於推動全國教育經費之穩定成長，2000 年總統公布施行的《教育經費編列與管理法》第 3 條第 2 項規定：「各級政府教育經費預算合計應不低於該年度預算籌編時之前三年度決算歲入淨額平均值之百分之二十一點五。」2011 年修正為百分之二十二點五，2016 年再修正為百分之二十三（教育部，2016b），每調升百分之○‧五，大約增加 120 億，對於教育經費之充實，是有其保障作用。

 ## 四、弱勢族群學生教育受重視

弱勢族群學生主要包括有：身心障礙學生、原住民學生、新住民學生，以及低收入戶學生。雖然《憲法》明文規定國民受教育機會一律平等，但是從過去的行政作為來看，他們並無受到應有的重視。直到政府公布《特殊教育法》，明定特殊教育工作方向及經費比例，並公布《原住民族教育法》、推動「教育優先區」，以及各種弱勢學生扶助措施，才逐漸感受到政府對於弱勢族群學生教育的重視。對於一個開放、多元和民主的社會來說，人權的維護與保障，代表著一個國家的進步指標；所以，重視弱勢族群學生教育，的確有其實際的社會進步意義。

 ## 五、教育法制漸趨於成熟完備

「依法行政」為施政的準繩，唯有透過法治的行政，才能減少人治的色彩，避免「人存政舉、人亡政息」的現象。民國成立以後，最早的教育法規

大約可追溯於 1928 年 12 月 8 日公布的《教育部組織法》，至於最早的學校組織法規則為 1929 年 7 月 26 日公布的《大學組織法》（教育部，1948）。目前有關的教育法規相當龐雜，若從中央和地方政府所定的教育法規（法律和命令）而言，簡直可以說是多如牛毛，不計其數。單純從總統公布的法律來看，計有《教育基本法》、《幼兒教育及照顧法》、《國民教育法》、《高級中等教育法》、《技術及職業教育法》、《專科學校法》、《大學法》、《學生輔導法》、《教師法》、《師資培育法》、《社會教育法》、《補習及進修教育法》、《特殊教育法》、《藝術教育法》、《原住民族教育法》、《私立學校法》、《學位授予法》、《國民體育法》、《教育人員任用條例》、《空中大學設置條例》、《強迫入學條例》、《學校教職員退休條例》、《高級中等以下教育階段非學校型態實驗教育實施條例》、《學校型態實驗教育實施條例》、《公立國民小學及國民中學委託私人辦理條例》等。從教育基本法到各類教育法，正漸趨於完備。

六、教育行政專業組織的成立

歐美教育行政專業組織的成立歷史，已經有一段相當長的時間，例如：全美學校行政人員協會（American Association of School Administrators, AASA）成立於 1865 年、美國小學校長協會（National Association of Elementary School, NAESP）成立於 1921 年、美國中學校長協會（National Association of Secondary School, NASSP）成立於 1916 年、加拿大不列顛哥倫比亞校長和副校長協會（British Columbia Principals' and Vice Principals' Association, BCPVPA）亦成立於 1988 年。反觀國內教育行政專業組織的成立歷史甚短，例如：中華民國教育行政研究學會和中華民國學校行政研究學會分別於 1999 年 4 月、5 月相繼成立；中華民國中小學校長協會於 2008 年 3 月成立；高雄市中小學校長協會、臺北市國民小學校長協會、臺北市中學校

長協會、臺北縣國民中小學校長協會則在 1999 年紛紛成立。基本上,教育行政專業組織的成立,除了促進組織成員的溝通聯繫、維護成員權益之外,亦可進行學術研究、增進成員專業發展。我國的教育行政組織已漸具雛形,將來發展的空間相當大。

七、教育改革報告書相繼提出

　　1990 年代可說是政府遷臺以來教育改革最熱絡時期,不管是政府或民間都相繼提出各類教育改革報告書或教育改革建議書。就政府面而言,計有教育部提出的「中華民國教育報告書:邁向二十一世紀的教育遠景」(1995 年)、「中華民國身心障礙教育報告書:充分就學‧適性發展」(1995 年)、「中華民國原住民教育報告書」(1997 年)、「邁向學習社會白皮書」(1998 年)、「中華民國教育報告書:黃金十年、百年樹人」(2011 年)、「中小學國際教育白皮書」(2011 年)、「中華民國師資培育白皮書」(2012 年)、「教育部人才培育白皮書」(2013 年)、「原住民族教育白皮書」(2014 年),以及行政院教育改革審議委員會提出的「教育改革總諮議報告書」(1996 年)。至於民間也提出各種教育建議書,1994 年 4 月臺灣研究基金會、澄社及人本基金會共同舉辦「全國民間教育改革會議」,針對教育改革提出建言;1995 年 9 月,國立臺灣師範大學教育研究中心與財團法人泰山文化基金會共同舉辦「開放與前瞻:新世紀中小學教育改革建議書」研討會,提出中小學教育改革的策略;1995 年 12 月,國家政策中心舉辦「民間教育改革建議書」研討會,提出教育改革的構想(吳清山,1998)。這些民間的研討會會後都印成專輯,提供政府教育改革之參考。

第二節　檢視當前教育行政發展的問題

　　我國教育行政的發展，在行政界與學術界的共同努力下，的確展現了不少的績效。但是，由於社會變遷快速及資訊科技高度發展，導致整個教育行政發展遭遇很大的瓶頸，相對地，也產生了一些有待解決的問題。茲說明如下。

一、地方行政人員的專業素質待提升

　　教育行政人員是推動教育行政工作的核心人物，其素質的優良與否，正是教育行政工作績效關鍵之所在。不可諱言的，地方行政機關的行政人員由於職等低、升遷不易、工作繁重，常常留不住優秀人才；此外，地方行政機關之人才，高考及格者亦較少，大部分屬於特考及格者，素質亦參差不齊。整體而言，中央教育行政機關的行政人員之素質要比地方為佳，高學歷者也較多。過去偏重於中央一條鞭式的教育行政體制，地方教育行政人員大都依賴中央規定，照章行事，不必花費太多心力和知能，地方教育行政工作即能夠運作如常。但是隨著《地方制度法》的公布實施，地方教育文化事業屬於地方自治事項，最令人擔心的是，地方教育行政人員是否有足夠的能力負起教育計畫、執行和評鑑之工作。

二、教育決策遭受壓力團體所左右

　　教育決策過程的適當與否，常常影響決策的品質，以及爾後政策執行的成效。過去我國的教育決策過程常被批評流於個人英雄式的決策，居高位者無所不知、無法不能，未經深思熟慮即貿然做決策，導致只有新聞賣點，對於教育的實質意義有限。但隨著民主化的過程中，教育決策日趨透明化和公

開化,可以很明顯看到的是,教育決策受到壓力團體影響太大,民眾對於某項教育政策不滿,常常訴諸於民意代表舉行公聽會向政府施壓;或是其他民間利益團體也會透過媒體或其他方式向政府機關施壓。行政機關為減少不必要麻煩,常常在一夕之間,整個政策大逆轉,此乃顯示政府抗壓的能力還有待考驗。

 ## 三、教育行政法制趕不上時代潮流

人類從傳統農業社會走向工業現代社會,目前已經走向資訊後現代社會;後現代社會最大的特徵就是差異性、多元性、散漫性、模糊性和不可確定性。以現代社會的法制來約束或規範後現代社會,常常感到力有未逮,教育法制尤其明顯,例如:私立學校立案和經營、私立幼兒園經營、補習班管理等,都發現以現有的教育法規是很難加以規範,他們只好遊走於法律邊緣。此外,隨著高等教育的快速發展,現行的《大學法》亦不符合學校需求、社會發展及教育思潮。教育發展一直往前走,然而立法過程又相當冗長,整個教育法制根本趕不上時代潮流,致使所衍生的一些教育問題常常無法有效的解決。

 ## 四、城鄉教育發展及資源分配不均

我國的教育發展已產生偏頗的現象,城鄉資源分配相當不均,導致城鄉教育發展差距甚大。這種現象到 1996 年實施「教育優先區」方案,優先補助偏遠、離島地區教育經費,城鄉教育發展差距才得到紓解。雖然政府花費相當龐大的教育經費於教育優先區,但是這些偏遠地區有其先天上的限制,相對的文化資源少、社會刺激少;至今,城鄉教育發展的差距仍是存在。高品質學校大都存在於大都會地區,對於偏遠地區學生而言,可說是相當不公平,他們所接受的教育空間可能較大、班級學生人數也較少,可是師資素質

卻參差不齊，致使學生受教權益大受影響。

第三節　展望未來教育行政發展的趨勢

　　百年來，我國的教育行政發展經過數次政治體制的更迭，難免受到波及，幸好有一些教育先知先覺之士，致力於國家教育行政的規劃與執行，整個國家教育發展也因而能在混亂中重建與發展。教育行政發展在穩定中求發展，可能是政府遷臺以後之事，教育行政才逐漸展現其績效。1980 年代隨著政府的解嚴以後，教育改革的聲音愈來愈高，教育行政為了因應民眾的要求及社會的需求，也做了相當大幅度的改革；1990 年代可說是教育行政改革的高峰期，「教育改革行動方案」和《教育基本法》都是在這個時候提出來的。未來，教育行政將會是在穩健改革中求發展，茲就其未來發展趨勢扼要說明如下。

一、重建教育行政體制，因應社會變遷需求

　　1973 年修正的《教育部組織法》，已於 2012 年再次修正公布，自 2013 年施行，然而仍未明顯看出中央教育權力下放的趨勢。為因應「分權化」的教育體制，未來的教育行政體制仍有重建必要，主要工作如下。

（一）發揮地方教育審議委員會的功能

　　根據《教育基本法》（教育部，2013）第 10 條規定：「直轄市及縣（市）政府應設立教育審議委員會，定期召開會議，負責主管教育事務之審議、諮詢、協調及評鑑等事宜。……」地方教育審議委員會之成員包括：教育學者專家、家長會、教師會、教師、社區、弱勢族群、教育及學校行政人員代表。所以，地方教育行政的決策力量，將不僅限於主管教育行政機關，

地方教育審議委員會將會扮演舉足輕重的地位。地方政府應積極設置地方教育審議委員會，發揮其功能，此乃教育行政革新的大事。

（二）設立中央教育審議委員會

地方教育審議委員會已經立法明文規定，為民主化的教育行政邁進一大步。未來，社會大眾可能也會要求中央設置教育審議委員會，提供教育諮議功能。為使其成員具有代表性，其成員可能類似地方教育審議委員會之成員，例如：家長代表、教師代表、行政人員代表、弱勢族群代表，以及學者專家等，以達到集思廣益之效。目前在法國、英國、日本和德國都有類似中央審議委員會之設置，象徵教育民主化的趨勢。

二、因應實驗教育發展，確保學生受教品質

2014 年 11 月，立法院三讀通過「實驗教育三法」（《高級中等以下教育階段非學校型態實驗教育實施條例》、《學校型態實驗教育實施條例》、《公立國民小學及國民中學委託私人辦理條例》），並經總統公布施行，象徵我國的實驗教育邁入一個新的里程碑。家長除了為孩子可選擇進入公立、私立學校的就讀機會，亦可選擇公辦公營、民辦民營、公辦民營實驗學校，以及個人式、團體式和機構式非學校型態的實驗教育，擴大了家長選擇學校的機會。基於維護孩子的受教權，教育行政機關應有更多的作為。

（一）強化實驗教育教師之培力

實驗教育之成效與否，師資扮演著重要的角色。教師除了對於學生之個別差異有基本的認識外，對於實驗教育的精神，課程、教學和評量的知能充實，更有其必要性。基本上，實驗教育屬於理念教育、另類教育的一環，特別重視學生的學習自主性，與傳統教育不太一樣，身為實驗教育教師必須有

更深厚的課程、教學和評量之素養。因此，值此如火如荼的發展實驗教育之際，教育行政機關，以及辦理實驗教育的學校或機構，應該積極辦理教師培力工作坊，才能發揮實驗教育的功能，也才能讓學生從實驗教育獲益。

（二）落實實驗教育的評鑑工作

鼓勵實驗教育，促進教育創新，為教育發展的重要趨勢。但為了保障學生受教福祉，教育行政機關應該有一些積極性的作為，包括：輔導、訪視和評鑑等工作，才能發揮實驗教育的功效。目前，《學校型態實驗教育評鑑辦法》和《非學校型態機構實驗教育評鑑辦法》已經發布施行，主要是針對實驗教育計畫之執行、學生權益之維護、學生學習之發展、財務之透明健全、相關法規之遵循，以及實驗成果之發表等方面進行評鑑，教育部應責成地方教育行政機關落實相關的實驗教育評鑑工作，才能為參與實驗教育學生的學習品質把關，進而有效維護學生的受教權益。

三、推動民主化行政決策，擴大全民參與教育

政策的民主化已經是一種不可逆的歷程，只有透過全民參與的決定過程，才能爭取民眾對於政策的支持。未來在促進教育政策民主化，下列方式是必經的途徑。

（一）政策制定之前事先徵詢民意

任何民主化的國家都不能忽視民意的力量，所以在政策的制定過程中，一旦有民意作為基礎，政策將更為順利；如果背離民意，將來在政策執行上必是困難重重。為了了解民意，除了蒐集民眾在媒體所反映的意見外，舉辦公聽會也是一項很好的作法。未來在教育決策的影響力，民意的力量將會是有增無減。

（二）邀集專業團體參與政策制定

教育政策的制定採取由上而下的方式，已經不符時代潮流。是故，在決策與執行過程中，尊重專業團體的意見，實屬未來行政發展之取向。目前，國內的教育學術團體相當多，其中與教育行政關係較為密切者有：中華民國學校行政研究學會、中華民國教育行政學會、臺灣教育政策與評鑑協會等，政策制定最好邀請其派代表參加，使政策能夠充分反映專業意見。此外，全國教師會為全國教師的代言人，也是教師權益的法定代表人，教育政策之制定也宜邀請其參加；而全國家長會團體和中華民國中小學校長協會，在教育政策的制定上也應該徵詢他們的意見，以利研訂更周延可行的教育政策。

四、推展績效化教育行政，提升教育行政品質

教育行政作為不僅計畫和執行面而已，還包括評鑑績效面。任何教育行政作為如果缺乏績效，就很難能夠達到預定的目標。為了達到績效化教育行政，提升教育行政品質，下列的方式可供參考。

（一）採行資訊化行政管理

目前已走入資訊化的時代，運用資訊科技強化行政效能，已經是大勢所趨。企業界的資訊化管理遠遠超過政府機關，所以企業界的反應、效率、速度、競爭力都比政府機關為強。Bill Gates 在其《數位神經系統》（*Business @ the Speed of Thought*）一書所提到的數位神經系統，是一種數位神經基礎設施，透過個人電腦與網路的連接，讓企業成員廣泛的分享與應用數位資訊；一方面擴大個人的分析能力，另一方面也創造企業整體性的智慧，以及統一行動的能力（樂為良譯，1999）。未來，教育行政資訊化管理將不會僅限於文書、財產、會計作業系統管理，個人與網際網路的連接，以及數位資

訊的應用，將會成為很重要的一環。是故，教育行政人員資訊能力的在職教育，能提升其資訊素養，實為刻不容緩之事。

（二）力行全面品質管理

「品質」是組織生存與競爭關鍵之所在。「全面品質管理」（Total Quelity Management, TQM）之核心在於事先預防、持續改進、顧客至上、品質第一、全面參與，對於突破當前企業管理的瓶頸，助益甚鉅；因此，企業界紛紛加以引進並付諸實施，其效果深得企業界好評。值此政府提倡「小而精」、「小而能」的時代，力行「全面品質管理」，不失為提高效能和品質的有效作法。因此，在未來的教育行政機關和學校機構推動「品質管理」之制度，相信也是必須走的一條路。

（三）倡導建立學習型組織

教育行政機關本身是一個有機體，需要不斷調適，才能適應社會發展；為了增進組織的活力和適應力，確保組織學習力是一項必要的條件。所以，在未來的教育行政組織裡，必須發展為學習型組織（learning organization），透過個人學習、團隊學習和組織學習的方式，培養個人和組織的系統思考能力，並激發個人自我超越，改進個人心智模式，建立共同願景，成員同心協力為組織目標而努力。未來的社會將是一個「知識經濟」（knowledge-base ecomomy）的社會，人腦所積極研發的「知識」將會取代被動消極的「機器」，成為帶動經濟發展的主角。以知識引領創新與發展，取得領導地位，學習型組織正是「知識經濟社會」的根基。

我國的教育行政發展，在政府、學校、家長和學者專家努力之下，已經建立一套相當不錯的制度，但是因為社會變遷實在太快，很多教育行政作為

很難趕上社會大眾的需求，所以產生一些亟待解決的教育行政問題，實在是無可避免之事。當今之計，就是設法了解問題之根源，提出有效因應策略，方屬上策。

　　未來的教育行政發展，將會受到「國際化、資訊化、民主化、自由化和本土化」的衝擊，建構一套兼顧國際視野和本土需求、結合資訊科技與傳統文化、融匯行政民主與行政倫理的教育行政體制，追求「品質、效率、廉潔、公義、效能」的教育行政願景，將是我們共同追求的目標。

關鍵詞彙

- 教育基本法
- 教育部組織法
- 地方制度法
- 教育行政專業組織
- 教育改革報告書

- 教育改革行動方案
- 知識經濟
- 地方教育審議委員會
- 中央教育審議委員會
- 終身學習體系

- 國家教育研究院
- 全國教育資料庫
- 數位神經系統
- 全面品質管理

自我評量

1. 請列舉當前教育行政嚴重的三個問題，並說明因應的有效途徑。

2. 面對教育行政人員來源多元化的時代趨勢，如何確保教育行政人員的專業力？

3. 值此「國際化、資訊化、民主化、自由化、本土化」的衝擊，教育行政如何有效因應？

❦ 參考文獻 ❦

中華民國統計資訊網（無日期）。**教育經費統計**。取自 https://www.stat.gov.
　　tw/ct.asp?xItem=39009&CtNode=6216&mp=4

行政院教育改革審議委員會（1996）。**教育改革總諮議報告書**。臺北市：作
　　者。

吳清山（1998）。解嚴以後教育改革運動之探究。**教育資料集刊**，23，
　　261-276。

徐南號（1985）。中日中央教育行政機關之比較。載於中華民國比較教育學
　　會（主編），**教育行政比較研究**。臺北市：臺灣書店。

教育部（1948）。**第二次中華民國教育年鑑**。上海市：商務印書館。

教育部（2012）。**教育部組織法**。臺北市：作者。

教育部（2013）。**教育基本法**。臺北市：作者。

教育部（2016a）。**中華民國教育統計**。臺北市：作者。

教育部（2016b）。**教育經費編列與管理法**。臺北市：作者。

樂為良（譯）（1999）。**數位神經系統**（原作者：B. Gates）。臺北市：商
　　業周刊。（原著出版年：1999）

附錄 1981 至 2015 年的教育經費支出表

（單位：千元）

年度	教育經費支出		占國民生產毛額比率（%）
	原始值	年增加率	
1981	7,347,494	--	3.94
1982	8,697,692	18.38	4.09
1983	11,236,766	29.19	4.49
1984	11,852,384	5.48	4.02
1985	12,505,683	5.51	3.50
1986	14,743,223	17.89	2.90
1987	21,064,637	42.88	3.72
1988	25,377,015	20.47	3.87
1989	30,855,390	21.59	3.98
1990	36,690,330	18.91	4.01
1991	43,269,554	17.93	3.88
1992	56,907,853	31.52	4.18
1993	74,112,578	30.23	4.44
1994	94,673,666	27.74	5.05
1995	110,942,492	17.18	5.46
1996	111,121,049	0.16	4.79
1997	123,915,028	11.51	4.92
1998	137,899,432	11.29	4.97
1999	148,047,536	7.36	4.56
2000	168,382,593	13.74	4.75
2001	200,549,624	19.10	5.13
2002	245,279,765	22.30	5.59
2003	300,965,051	22.70	6.20
2004	351,140,259	16.67	6.44

年度	教育經費支出		占國民生產毛額比率（%）
	原始值	年增加率	
2005	401,130,100	14.24	6.64
2006	428,109,963	6.73	6.51
2007	449,691,445	5.04	6.27
2008	505,683,604	12.45	6.45
2009	547,227,576	8.22	6.49
2010	567,147,236	3.64	6.18
2011	600,599,956	5.90	6.19
2012	548,764,226	-8.63	5.23
2013	590,444,164	7.60	5.70
2014	614,797,386	4.12	5.63
2015	632,686,033	2.91	5.60

資料來源：中華民國統計資訊網（無日期）

▪ 筆 記 欄 ▪

國家圖書館出版品預行編目資料

教育行政學 / 林天祐等著.
　--二版.--新北市：心理，2017.07
　　面；　公分.--　（教育行政系列；41435）
　　ISBN 978-986-191-729-0（平裝）

1. 教育行政

526　　　　　　　　　　　　　　　　106011616

教育行政系列 41435

教育行政學（第二版）

策畫主編：林天祐
作　　者：林天祐、吳清山、張德銳、湯志民、
　　　　　丁一顧、周崇儒、蔡菁芝、林雍智
責任編輯：郭佳玲
總 編 輯：林敬堯
發 行 人：洪有義
出 版 者：心理出版社股份有限公司
地　　址：231 新北市新店區光明街 288 號 7 樓
電　　話：(02) 29150566
傳　　真：(02) 29152928
郵撥帳號：19293172　心理出版社股份有限公司
網　　址：http://www.psy.com.tw
電子信箱：psychoco@ms15.hinet.net
駐美代表：Lisa Wu（lisawu99@optonline.net）
排 版 者：辰皓國際出版製作有限公司
印 刷 者：辰皓國際出版製作有限公司
初版一刷：2003 年 8 月
二版一刷：2017 年 8 月
I S B N：978-986-191-729-0
定　　價：新台幣 500 元